VOTRE BÉBÉ

AU JOUR LE JOUR

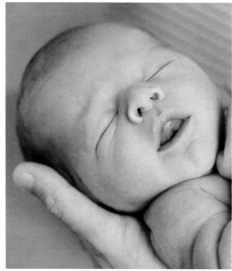
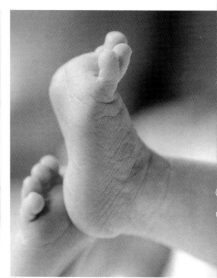

VOTRE BÉBÉ
AU JOUR LE JOUR

TOUTES LES ÉTAPES DU DÉVELOPPEMENT
DE 0 À 2 ANS

SU LAURENT pédiatre et
Peter Reader médecin généraliste

VOTRE BÉBÉ AU JOUR LE JOUR

Copyright © 2008, Hurtubise HMH ltée
pour l'édition en langue française au Canada

Titre original de cet ouvrage :
Your Baby Month by Month

Édition originale produite et réalisée par :
Dorling Kindersley Limited
A Penguin Company
80 Strand Street
Londres WC2R 0RL Royaume-Uni

Copyright © 2007, Dorling Kindersley Limited, Londres
Copyright © 2007, Su Laurent pour le texte
Copyright © 2008, Pearson Education France pour la traduction française

DIRECTION ÉDITORIALE : Penny Warren, Glenda Fisher et Esther Ripley
DIRECTION ARTISTIQUE : Peter Luff, Marianne Markham
MISE EN PAGE : Compo-Méca et Olivier Lasser
COUVERTURE : Olivier Lasser
TRADUCTION : Chantal Kolb
RÉVISION ET CORRECTION : Myriam Quéré et Christine Barozzi

ISBN : 978-2-89647-061-7

Dépôt légal : 1er trimestre 2008
Bibliothèque nationale et Archives du Québec
Bibliothèque et Archives Canada

Éditions Hurtubise HMH ltée
1815, avenue De Lorimier
Montréal (Québec) H2K 3W6

Mise en garde
Cet ouvrage ne remplace nullement une visite médicale. Si vous avez
le moindre doute, demandez l'avis d'un médecin. L'éditeur ni les auteurs
ne peuvent être tenus responsables pour les éventuels problèmes résultant
de l'utilisation de cet ouvrage.

Imprimé à Singapour

www.hurtubisehmh.com

Pour
**Alex, Emily, Edward,
Vanessa, Chris, and
Rowan**

Sommaire

« Aucun lien n'est aussi fort
que celui qui unit les parents
à l'enfant. »

« Gérer les colères n'est pas
une chose facile. Il faut
parfois savoir prendre
du recul... »

Petits soucis de santé

Préface

Quel que soit le temps consacré par les futurs parents à la préparation de leur vie avec leur premier bébé, la naissance représente toujours une formidable aventure. Dans les heures qui suivent l'accouchement, la majorité des couples doit apprendre à maîtriser rapidement un certain nombre de gestes essentiels. Le suivi de l'enfant se révèle à la fois plus facile et plus complexe que prévu, car il n'existe aucune période de la vie où l'être humain se développe aussi rapidement que durant les deux premières années.

Si je devais préconiser une source idéale d'informations et de conseils pour les nouveaux parents, ce serait une personne ayant une bonne expérience des besoins des nouveau-nés. Je recommanderais également quelqu'un capable de donner un avis médical, car rien n'est plus inquiétant qu'un bébé malade. Il est enfin utile de recevoir des conseils de parents expérimentés – des personnes ayant vu grandir leurs propres enfants et susceptibles de prendre les choses avec du recul. Dans cet ouvrage, vous trouverez les trois : Su Laurent, pédiatre et collègue spécialiste des nouveau-nés et des prématurés, écrit avec son mari Peter Reader, médecin généraliste possédant une longue expérience en matière de santé familiale. Ensemble, ils ont trois enfants.

Ce livre est remarquable en ce sens que les auteurs ne se posent pas en mentors avec des principes rigides. Ils proposent des éléments de réponse aux besoins des nouveau-nés et des jeunes enfants. Ces éléments sont clairement organisés en sections traitant d'un âge et d'un stade de développement particuliers, et ils laissent aux parents la possibilité de les appliquer à leur façon, selon leur instinct. De plus, Peter et Su soulignent les grandes différences existant dans le développement de l'enfant et mettent en garde contre les comparaisons inutiles et irréalistes entre les bébés. Cet ouvrage vous autorise enfin à vous détendre et à apprécier votre bébé, à lui accorder la liberté de grandir et de se développer – et à vous occuper de vous également.

Dre Tanya Byron
PSYCHOLOGUE CLINICIENNE

« Vous avez enfin l'autorisation de vous détendre et
d'apprécier votre bébé, de lui accorder la liberté de grandir
et de se développer – et de vous occuper de vous. »

Introduction

Le fait de devenir parent est probablement l'événement le plus excitant, le plus édifiant et le plus émouvant de notre vie. Malgré tous ces points positifs, nous connaissons tous des soucis et des inquiétudes. Vais-je être un bon parent ? Comment vais-je assumer la responsabilité d'un bébé totalement dépendant de moi ? Comment vais-je gérer un jeune enfant têtu ? Suis-je suffisamment désintéressé(e) pour abandonner la liberté qui m'est chère ?

Su Laurent et Peter Reader

À partir du moment où elles découvrent leur grossesse, la plupart des futures mères ressentent un mélange d'anxiété et d'anticipation. Ce sentiment se poursuit tout au long de l'enfance et au-delà encore. Nous adorons tous notre bébé et nous nous émerveillons devant ses progrès, mais nous nous inquiétons également à son sujet : mange-t-il trop ou pas assez, dort-il trop ou pas assez, le cajolons-nous trop ou pas assez, jouons-nous suffisamment avec lui, est-il trop ou pas assez stimulé, à quelle garderie ou à quelle école doit-il aller ?

En tant que médecins (pédiatre et médecin généraliste) et parents, nous nous trouvons souvent confrontés à ces angoisses et nous avons été amenés à constater qu'il était impossible d'épargner toute culpabilité et inquiétude aux parents. Tous les parents, aussi merveilleux soient-ils, trouveront quelque chose à se reprocher ou au sujet duquel s'inquiéter – cela fait partie du jeu.

Chaque bébé possède son propre caractère. Mais en tant que parents, nous imposons nos valeurs et préoccupations à nos enfants. Ainsi, la nature et le milieu jouent un rôle essentiel dans le développement de la personnalité d'un enfant et, que nous le voulions ou non, notre propre éducation et nos propres valeurs sont celles que nous transmettons à notre progéniture. La bonne nouvelle est que, bien que nous nous posions tous de nombreuses questions en matière d'éducation, nous nous montrons pour la plupart de bons parents et faisons de notre mieux pour nos enfants.

Lorsque vous avez un bébé, les personnes de votre entourage vous abreuvent de conseils en fonction de leur propre expérience. Mais inévitablement ces recommandations sont en opposition : devez-vous laisser votre bébé pleurer ou venir le réconforter immédiatement ? Devez-vous suivre un programme strict ou vous laisser porter par le courant ? Devez-vous reprendre votre travail ou rester à la maison ? Quelle que soit votre opinion, votre bébé s'épanouira s'il est aimé et chéri, et si vous essayez de voir les choses sous cet angle. Dans cet ouvrage, nous reviendrons sur les thèmes clés en tâchant de ne jamais perdre ceci de vue.

■ **Comportement :** combien de temps sera nécessaire avant que le bébé comprenne les concepts de « bon » ou de « mauvais » comportement ? Il a besoin de votre attention et répétera inévitablement le comportement pour lequel il obtient une réponse. Si vous encouragez systématiquement le comportement désirable et que vous ignoriez celui qui ne l'est pas, il se comportera plus volontiers comme vous le souhaitez en recherchant votre approbation. Inversement, si vous l'ignorez alors qu'il joue joyeusement et lui prêtez attention lorsqu'il vide le bol du chat, il sera plus enclin à recommencer.

■ **Jeu :** il est essentiel pour le développement de votre enfant. À travers le jeu, les enfants découvrent le monde qui les entoure, ils développent leur motricité et apprennent à communiquer. En jouant tôt avec votre enfant, vous tisserez des liens étroits avec lui. Il se sentira ainsi aimé et sécurisé.

■ **Sommeil :** il aura une importance capitale dans votre nouvelle vie de parent. À la naissance, les nourrissons dorment généralement autant le jour que la nuit. Parvenu à son premier anniversaire, votre bébé dormira principalement la nuit. Mais les réveils nocturnes seront encore fréquents. Nous vous aiderons à comprendre comment conserver un bon rythme de sommeil et nous vous indiquerons ce que vous pouvez faire si les choses ne se passent pas comme prévu.

■ **Alimentation :** ce thème est traité dans la section concernant les enfants difficiles. Vous découvrirez ce que vous pouvez faire si, malgré vos efforts, votre jeune enfant refuse tous les fruits et légumes et ne mange que du pain et des frites. Pour régler ce problème, il vous faut comprendre combien la nourriture peut être une arme puissante.

DE 0 À 2 ANS

LE DÉVELOPPEMENT DE VOTRE BÉBÉ

Dans chaque section, nous décrivons les étapes clés du développement, les soins essentiels du bébé et du jeune enfant ainsi que les jouets et jeux intéressants.

Son nouveau monde

Premier sourire

Adresse physique

Sur le point de ramp

MOIS	1	2 et 3	4, 5, et 6	7, 8, et 9

▶ Première année

En transformant le terrain de conflits qu'est le repas de votre jeune enfant en une expérience familiale agréable, celui-ci peut devenir une partie de plaisir pour tous.

Dans cet ouvrage, nous avons mêlé notre expérience de parents à nos connaissances médicales pour vous guider efficacement. Nous vous expliquons ce à quoi vous pouvez vous attendre à chaque âge et à chaque étape du développement de votre enfant, quel soutien vous pouvez obtenir des services de santé et comment remédier aux maladies et problèmes courants. En minimisant les règles rigides et en soulignant les aspects importants, nous encourageons une approche détendue. Nous espérons que, en abordant ces points essentiels, vous acquerrez la confiance nécessaire pour mettre en place votre propre style d'éducation. Souvenez-vous simplement de ces cinq règles d'or :

■ Le meilleur environnement pour le développement d'un enfant est celui qui est chaleureux et peu critique.

■ Ne comparez jamais vos compétences parentales à celles de vos amis.

■ Ne comparez jamais les possibilités de votre enfant à celles de ses amis.

■ Lorsque votre enfant adopte un comportement provocateur, n'oubliez jamais lequel de vous deux est le parent.

■ Appréciez pleinement cette expérience – l'enfance est une période magique qui passe très rapidement. N'oubliez pas non plus que la plupart des enfants se développent bien, car en suivant nos instincts nous leur offrons un amour inconditionnel et un environnement dans lequel ils peuvent s'épanouir et donner le meilleur d'eux-mêmes. Bonne route et savourez pleinement votre rôle de parent !

r ses pieds	Marche	Nouveaux jouets	Nouvelles aptitudes	Amusement
0, 11, et 12	13, 14, et 15	16, 17, et 18	19, 20, et 21	22, 23, et 24

▶ Deuxième année

LA PREMIÈRE ANNÉE

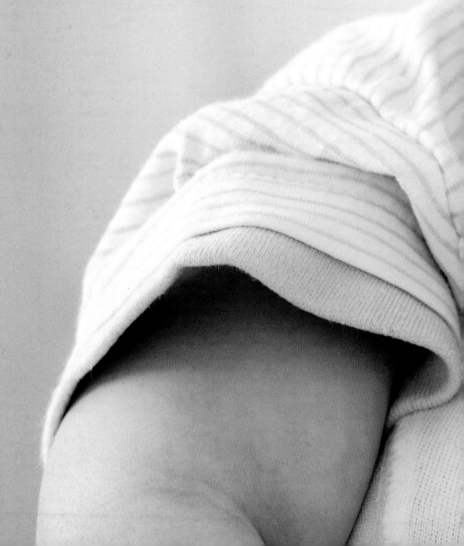

Du minuscule nouveau-né ridé à la petite personne vive et pleine d'entrain, la première année de la vie est une aventure excitante. Par la suite, votre enfant ne connaîtra plus jamais une croissance et un développement aussi rapides. C'est une période de joies et de découvertes pour tous.

Table des matières

VOTRE NOUVEAU-NÉ

CONTRÔLES MÉDICAUX VOTRE BÉBÉ SUBIRA UN CONTRÔLE MÉDICAL COMPLET LORS DE SES PREMIÈRES VINGT-QUATRE HEURES

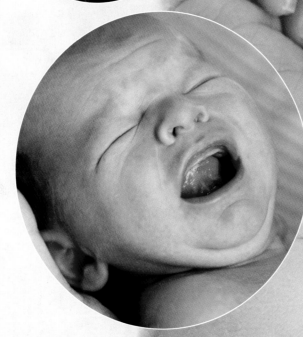

ADAPTATION AU MONDE SES CRIS SONT UNE RÉPONSE NATURELLE À SON NOUVEL ENVIRONNEMENT. VOUS COMPRENDREZ RAPIDEMENT LEUR SIGNIFICATION

VOTRE ÉTONNANT NOUVEAU-NÉ PIEDS ET DOIGTS MINUSCULES – VOUS NE VOUS LASSEREZ JAMAIS D'OBSERVER VOTRE BÉBÉ

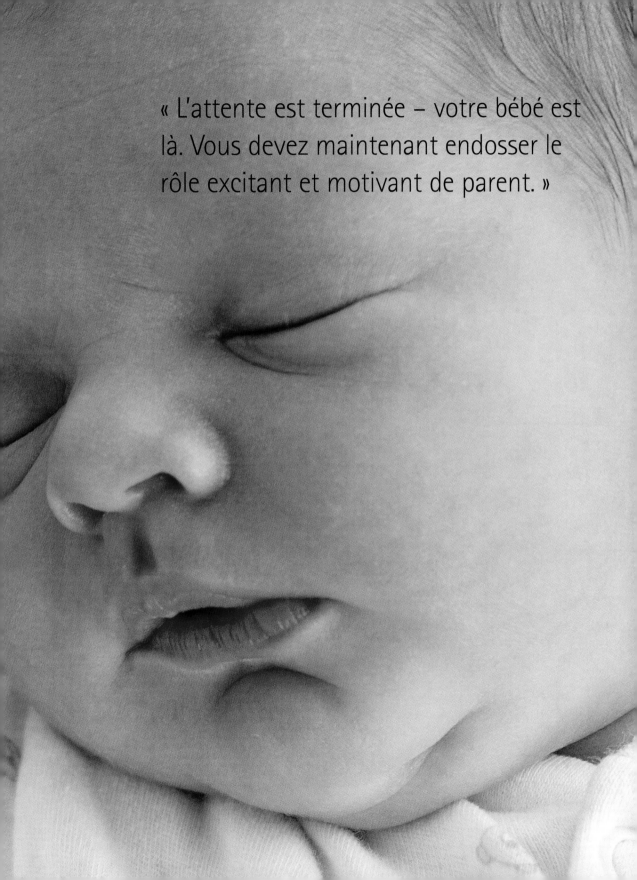

« L'attente est terminée – votre bébé est là. Vous devez maintenant endosser le rôle excitant et motivant de parent. »

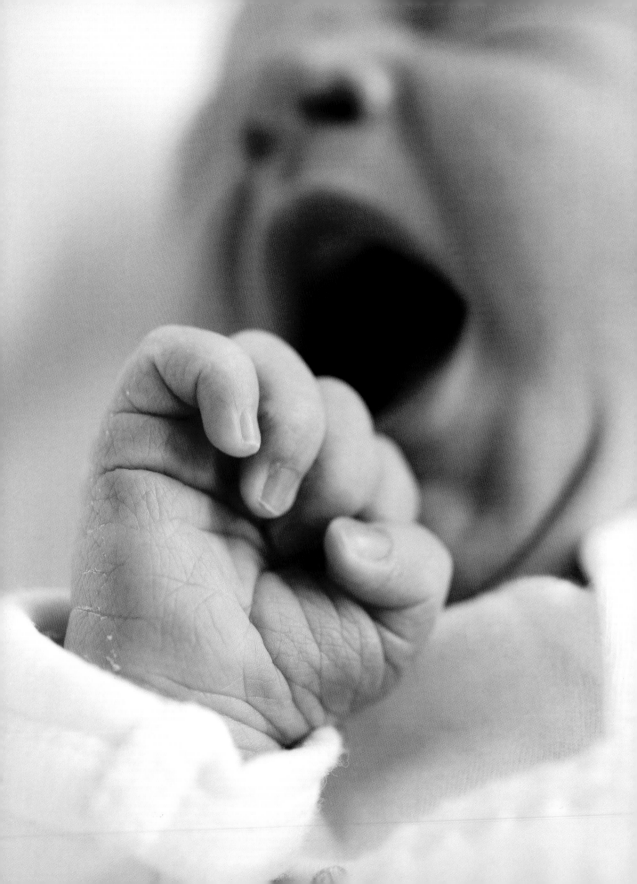

Au début

La rencontre avec votre nouveau-né est sans aucun doute l'une des expériences les plus fabuleuses de la vie. Vous ressentirez probablement un mélange d'épuisement, d'allégresse et de bouleversement. Mais il n'existe pas de bonne ou de mauvaise réaction – laissez faire les choses et accueillez votre bébé de la façon qui vous semble la meilleure.

À quoi ressemblera votre bébé

Après l'accouchement, préparez-vous à ce que votre bébé ait un aspect physique assez étrange. Il ne ressemblera probablement pas à ce que vous imaginiez. Lorsqu'il apparaîtra, il sera de couleur violacée, mais ne vous inquiétez pas – après sa première respiration, il prendra la couleur rosée typique des nouveau-nés. Cependant, sa circulation étant encore imparfaite, ses extrémités risquent de rester bleues un moment encore.

Si vous avez accouché par voie vaginale, la tête de votre bébé sera moulée par son passage à travers la filière pelvigénitale. Elle sera assez allongée et même pointue. Son apparence de petit extraterrestre disparaîtra au bout de quelques jours, lorsque la tête reprendra une forme normale. Si une ventouse a été utilisée lors de l'accouchement, votre bébé conservera une marque circulaire proéminente sur le cuir chevelu pendant trois à quatre jours. Si vous avez accouché par forceps, il est possible qu'apparaissent des bleus et des hématomes sur ses tempes, mais tout rentrera dans l'ordre assez rapidement.

Les organes génitaux de votre bébé peuvent sembler enflés et les filles présentent quelquefois un écoulement vaginal. Un élargissement ou un gonflement des seins peut être observé chez les deux sexes durant les premiers jours de la vie, avec même un petit épanchement de lait. Ces caractéristiques physiques ne sont pas préoccupantes – elles sont causées par la transmission d'hormones de la mère à l'enfant pendant la grossesse. Les choses reviennent à la normale dans les jours suivant la naissance. Le nourrisson peut être couvert de vernix, une substance blanche et grasse qui protégeait sa peau lorsqu'il était environné par le liquide amniotique. Sans elle, sa peau aurait réagi de la même façon que la vôtre si vous étiez restée trop longtemps dans votre bain. Si votre bébé naît après terme, vous remarquerez probablement que sa peau est assez sèche, car le vernix a déjà été absorbé. Tous les bébés naissent avec une légère pilosité, appelée lanugo. Elle disparaît rapidement. Plus un bébé naît tôt, plus sa pilosité est importante. Lorsque vous regardez ses yeux, ne vous étonnez pas s'ils sont bleus, et ce, même si toute votre famille a les yeux marron.

PREMIÈRES HEURES *Des marques ainsi que des cheveux doux et duveteux sont les caractéristiques communes des nouveau-nés. Le visage et les paupières peuvent sembler légèrement gonflés.*

La plupart des bébés caucasiens commencent leur vie avec des yeux bleu foncé, alors que les bébés asiatiques et afro-caribéens ont souvent les yeux gris foncé ou même marron. Ils changeront de couleur progressivement. Parfois, il faut attendre six mois à un an pour que les yeux acquièrent leur coloration définitive.

Vos sentiments envers votre bébé

Cette petite personne s'est tortillée, a donné des coups de pied et a peut-être même hoqueté alors qu'elle se trouvait encore en vous et vous vous êtes immanquablement forgé une opinion sur son caractère. Mais que se passe-t-il si vous attendiez une fille et que c'est un garçon ? Ou si votre bébé ne ressemble pas à ce que vous espériez ? Il est possible qu'une immense affection vous envahisse ou, à l'inverse, que vous ne ressentiez rien.

Problèmes mineurs chez les nouveau-nés

Les bébés présentent couramment des taches ou des problèmes bénins à la naissance.

▷ **Morsure de la cigogne** (hémangiome capillaire) – ce sont des zones de la peau plates de couleur rose ou saumon qui peuvent être observées sur le front entre les yeux, sur les paupières ou à la base du cou chez le nourrisson et qui sont dues à de petits vaisseaux sanguins affleurant la surface de la peau. Elles sont bénignes et disparaissent naturellement, souvent avant la deuxième année et dans presque tous les cas avant l'âge de cinq ans.

▷ **Tache de vin** (angiome plan) – elles sont dues à un développement anormal des vaisseaux sanguins sur une zone de la peau. Elles ne régressent pas spontanément mais répondent très bien au traitement laser, dont la durée peut varier entre deux et quatre ans. L'amélioration constante de cette technologie réduit les risques de cicatrices.

▷ **Tache mongoloïde** (nævus bleu) – zones plates et bleues qui apparaissent sur la peau, en général sur le dos ou les fesses. Elles peuvent cependant être présentes n'importe où sur le corps. Elles affectent généralement les enfants de descendance afro-caribéenne ou asiatique et disparaissent souvent spontanément vers l'âge de trois ans.

▷ **Fraise** (hémangiome) – elles sont souvent invisibles immédiatement après la naissance. Elles sont proéminentes et de couleur rouge vif, car constituées de nombreux petits vaisseaux sanguins. Bien qu'elles puissent continuer à grossir, elles disparaissent généralement spontanément sans laisser de cicatrice avant la cinquième année de l'enfant.

▷ **Pieds bots positionnels** – le bébé est né avec un pied qui semble orienté vers l'intérieur ou vers l'extérieur, ceci à partir de la cheville. Ce léger défaut est généralement provoqué par une mauvaise position des pieds dans l'utérus à la fin de la grossesse. Ce problème n'est généralement que bénin. Il est différenciable des malformations plus sérieuses par le fait que le pied du bébé reprend une position normale lorsqu'il est en appui sur le sol. Le traitement des pieds bots positionnels consiste en un massage doux et régulier pour encourager le pied à revenir à la position correcte. Un kinésithérapeute vous indiquera comment vous y prendre. La croissance et la position debout permettront au pied de reprendre une position normale.

Bien que certains parents tombent immédiatement amoureux de leur progéniture et disent « reconnaître » leur bébé dès la naissance, ce cheminement prend plus de temps pour d'autres. Ceci est tout à fait normal – c'est une petite personne que vous n'avez encore jamais rencontrée et qui peut vous sembler étrangère. Détendez-vous et laissez le temps faire son œuvre ; le lien se développe petit à petit.

Développer un lien

Il n'existe pas de délai pour créer un lien, mais certaines méthodes peuvent vous y aider. S'il vous est possible de tenir votre bébé sur votre poitrine immédiatement après la naissance, votre relation commencera sur de bonnes bases. La recherche tend à prouver qu'une période de repos avec un contact prolongé peau contre peau contribue au succès de l'alimentation au sein. Si, par exemple, vous avez dû subir une césarienne et que vous n'ayez pas bénéficié de ces instants de proximité avec votre bébé, vous pouvez lui caresser doucement la main et le câliner dès que vous vous

en sentez capable. L'alimentation au sein est possible immédiatement après la naissance de votre bébé et, comme de nombreux nourrissons se montrent très éveillés après l'accouchement, c'est un très bon moyen de développer un lien avec lui. Cela étant dit, ne vous inquiétez pas s'il dort trop ou si vous ne vous en sentez pas capable, le principal étant que quelqu'un reste auprès de vous pour installer votre bébé correctement lorsque vous vous sentez prête (voir page 31). Il faudra peut-être un certain temps pour y arriver parfaitement – s'il s'agit de votre premier bébé, l'alimentation au sein sera une découverte pour les deux.

Ayez un contact peau contre peau dès que possible. Cette expérience est non seulement agréable, mais également bénéfique au développement de votre bébé et au rapprochement entre vous deux. Assurez-vous qu'il est sec et que la chambre est suffisamment chauffée. Ne vous inquiétez pas au sujet d'un éventuel refroidissement : si vous tenez votre bébé contre votre peau, il conservera sans problème sa température corporelle. Mais si vous êtes anxieuse à ce sujet, enveloppez-vous avec une serviette ou une légère couverture.

Au cours de la grossesse, votre bébé s'est habitué à entendre votre voix. Par la suite, il la trouvera apaisante. N'hésitez donc pas à parler avec lui. Le nourrisson s'intéresse naturellement aux visages, et ce, dès sa naissance. Si vous le maintenez face à vous et que vous tiriez lentement votre langue, il est même possible qu'il essaie de vous imiter.

CONTACT RAPPROCHÉ
Maintenir votre bébé contre vous – peau contre peau – permet de renforcer le lien et profite au développement du nouveau-né.

Le point de vue du père

La venue d'un bébé peut être une perspective déroutante, ce « petit paquet » étant livré sans mode d'emploi. De nos jours, les autorisations de sortie de la maternité se font très tôt, ce qui entraîne une transition particulièrement rapide de la situation de « couple » à celle de « famille ».

Lors de la naissance de notre fille, je suis arrivé à la salle d'accouchement à dix-sept heures. À ma surprise, à vingt-deux heures j'étais assis sur le sofa en train de déguster une pizza avec ma fille endormie à mes côtés. Il me semblait que nous étions sortis un instant à l'hôpital pour aller chercher le bébé, un peu comme la pizza. (Mais Su n'a sûrement pas vécu les choses de la même façon !) Après une étape aussi brève, nous avions une toute nouvelle personne dans notre vie.

Toutes les naissances ne sont pas aussi simples (avec notre deuxième bébé, Su a dû être hospitalisée en urgence pour une césarienne), mais le passage de la vie de couple à celle de famille est aussi soudain et réel. Des semaines ou même des mois pourront vous être nécessaires pour vous adapter à votre nouveau bébé et tisser des liens avec lui. Des émotions telles que la jalousie, la frustration et l'anxiété sont normales. Ne soyez donc pas trop dur envers vous-même. Dialoguez avec votre partenaire – il est important de se comprendre et de se soutenir mutuellement pendant cette période de transition. J'étais quelque peu inquiet de l'impact d'un nouveau bébé dans notre vie, mais j'en suis immédiatement tombé amoureux.

POINT DE VUE DU PÈRE

Si vous avez eu une césarienne

La césarienne étant une chirurgie majeure, vous aurez besoin d'encore plus de temps pour récupérer. Ne surestimez pas vos forces après cette intervention. Je me souviens qu'il m'était difficile d'atteindre un verre d'eau, alors ne parlons pas du bébé ! Le côté positif de cette situation est que les heures et les jours suivant une césarienne représentent une période idéale de familiarisation avec le bébé pour le nouveau père.

Dans un premier temps, votre cicatrice sera douloureuse. N'hésitez pas à demander un antalgique en cas de besoin. Votre cicatrice apparaîtra d'abord violacée, puis s'atténuera pour ne devenir qu'une ligne pâle, à peine perceptible. Les déplacements seront difficiles, mais vous serez encouragée à quitter votre lit le plus tôt possible pour accélérer la récupération. Demandez de l'aide pour l'alimentation au sein. Évitez de placer votre bébé sur votre abdomen. Allongez-le plutôt à côté de vous. Si vous avez subi une césarienne en urgence, il est possible que vous vous sentiez contrariée et déçue. Vous aurez peut-être même l'impression d'un échec. Pour vous aider à surmonter ce sentiment, parlez-en avec les infirmières et l'obstétricien. Souvenez-vous que personne n'est coupable – le plus important est que votre bébé soit né en sécurité.

Premiers examens médicaux

Au cours de ses premières vingt-quatre heures, votre bébé subira un certain nombre d'examens. Dans les minutes qui suivent la naissance, on cherchera à déterminer l'état de santé de l'enfant en fonction de critères simples à évaluer. C'est le test d'Apgar. Le nourrisson sera également pesé et mesuré – ce seront les points de départ de sa courbe de croissance (voir pages 62-63).

L'échelle d'Apgar

Les tests d'Apgar permettent de contrôler l'état de santé du nouveau-né afin de mettre rapidement en place un traitement médical si nécessaire. Le rythme cardiaque, la respiration, le tonus musculaire, la coloration de la peau, les cris et la réactivité sont évalués dès la naissance, puis dix minutes plus tard afin de s'assurer que le nourrisson s'adapte à la vie extra-utérine. Les tests sont effectués tellement rapidement et efficacement par le personnel hospitalier que vous n'en serez peut-être même pas consciente.

Le score d'Apgar

Il se décompose en cinq tests auxquels on attribue un score de 0 à 2. Ces points sont ensuite additionnés entre eux. Pour la plupart des bébés, le score total varie entre 7 et 10. Un nourrisson avec un score inférieur à 7 a probablement besoin d'une aide médicale.

CE QUI EST MESURÉ	0	1	2
▷ Respiration	Absente	Lente, irrégulière ou laborieuse	Respiration normale, sans effort
▷ Fréquence cardiaque	Absente	Moins de 100 battements à la minute	Plus de 100 battements à la minute
▷ Coloration	Cyanosée (bleue) ou grise	Rose, mais avec les extrémités bleues (mains et pieds)	Rose, y compris les extrémités
▷ Tonus musculaire	Hypotonie globale	Léger mouvement des extrémités	Mouvements spontanés actifs
▷ Réactivité à la stimulation	Aucune réactivité à une stimulation telle qu'un petit pincement	Grimace	Réponse vive – se débat, éternue, tousse ou pleure

Examen général

Au cours de ses premières vingt-quatre heures, votre bébé subira un examen médical complet afin de s'assurer qu'il est en bonne santé et détecter tout problème ou anomalie. Un pédiatre ou votre médecin généraliste contrôlera son cœur, ses poumons, sa tête, sa bouche, ses mains, ses pieds, ses hanches et son dos (voir ci-après). On observera les yeux à la recherche d'un larmoiement ou d'une éventuelle anomalie. Une lumière sera dirigée vers ceux-ci pour détecter une cataracte. Son abdomen sera examiné afin de déterminer si le ventre présente un aspect normal et si le nombril semble sain. Après avoir compté le nombre de doigts de pied, on recherchera un éventuel pied bot (pieds tournés vers l'intérieur ou l'extérieur à partir de la cheville). On prendra le pouls en haut des jambes du bébé et sa peau sera examinée à la recherche de marques de naissance (voir page 22).

Les organes génitaux et l'anus seront auscultés afin de s'assurer qu'ils sont formés normalement. Chez un garçon, on cherchera à savoir si ses testicules sont bien descendus dans le scrotum et si l'orifice urétral se situe bien à l'extrémité du pénis et non en dessous. Dans de rares cas, il est difficile de déterminer avec certitude le sexe du bébé. Les médecins procéderont alors à quelques tests supplémentaires pour lever l'ambiguïté sexuelle.

On vous demandera si votre bébé a uriné et déféqué durant ses premières vingt-quatre heures. L'urine de certains nourrissons contient des cristaux rougeâtres ressemblant à de la poussière de brique. Ce phénomène est généralement normal, mais signalez-le à votre médecin. Ce peut être le signe d'une légère déshydratation parce qu'il ne boit pas assez de lait. Dans ce cas, il aura peut-être besoin d'un complément.

EXAMENS DE SANTÉ

LE CŒUR ET LES POUMONS *sont auscultés pour s'assurer qu'ils sont normaux.*

LA FORME DE LA TÊTE *et les fontanelles (points mous entre les os du crâne) sont examinées.*

LA BOUCHE ET LE PALAIS – *les sections séparées doivent avoir fusionné.*

Les réflexes de bébé

Votre nouveau-né a des réflexes «primitifs», dont la succion, la préhension et le réflexe des points cardinaux – lorsque vous effleurez sa joue ou ses lèvres, il tourne la tête vers vous et ouvre grand la bouche. Ces réactions indiquent que son système nerveux est en bon état.

Quand votre enfant est effrayé (en cas de bruit soudain ou lorsqu'on le manipule brutalement), il déploie ses bras, doigts écartés pour se protéger. C'est le réflexe de Moro. S'il est maintenu en position debout, ses pieds touchant une surface plane, vous remarquerez qu'il a immédiatement le réflexe d'essayer de marcher. J'ai ainsi réussi à convaincre ma belle-mère que son petit-fils pouvait marcher à la naissance ! À l'origine, ces réflexes se sont mis en place pour assurer la survie des bébés mammifères. Certains d'entre eux, tels que le réflexe de la marche automatique, ne sont pas importants pour les humains mais vitaux pour les bébés animaux devant marcher immédiatement. D'autres, tels que les réflexes de succion et des points cardinaux, sont essentiels pour tous les bébés.

Ces réflexes primitifs doivent disparaître dans les premiers mois de la vie de l'enfant, afin de lui assurer un développement normal.

Contrôle de l'audition du nouveau-né

Il existe un test simple grâce auquel on peut contrôler l'audition de votre bébé dans les premiers jours ou les premières semaines. Il s'agira de l'un des deux tests suivants :

■ **Test d'autoémissions acoustiques (OAE) :** une oreillette molle munie d'un microphone est placée dans l'oreille externe de votre bébé, et des sons de claquements sont émis. Grâce à ce dispositif, il est possible de déterminer s'il entend normalement.

■ **Test de réponse auditive automatique du tronc cérébral (AABR) :** si l'enfant a moins d'un jour, ou si le test OAE ne donne pas de résultat clair, des sons sont émis par le biais d'un casque et les réponses du cerveau sont suivies via des électrodes.

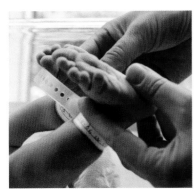

LES MAINS ET LES PIEDS *sont examinés. Les doigts sont dénombrés.*

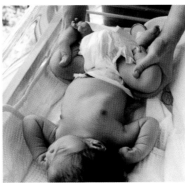

LES HANCHES *sont auscultées afin de s'assurer de l'absence de luxation.*

LA COLONNE VERTÉBRALE *est observée pour s'assurer qu'elle est droite et qu'elle ne présente pas d'anomalies.*

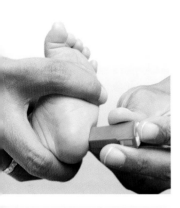

PRISE DE SANG *Avant la première semaine du bébé, une goutte de sang sera prélevée au talon et analysée afin de rechercher des maladies rares.*

Test de Güthrie

Ce test consiste à piquer le talon du nouveau-né pour obtenir quelques gouttes de sang. On détecte ainsi des maladies rares mais soignables. Le résultat est généralement négatif, mais pour les bébés souffrant de l'une de ces maladies, le test est essentiel. La mise en place rapide d'un traitement évite des infirmités sévères et épargne la vie de nombreux enfants. On recherchera les maladies suivantes :

■ **Phénylcétonurie :** maladie génétique grave en relation avec un trouble du métabolisme de la phénylalanine (acide aminé d'origine alimentaire). Elle est responsable d'une arriération mentale progressive en l'absence de traitement. Les bébés qui en sont atteints doivent suivre un régime spécial, grâce auquel ils mèneront une vie normale.

■ **Hypothyroïdie congénitale :** dans cette maladie, des taux réduits d'hormone thyroxine risquent de freiner la croissance et le développement cérébral. Une fois cette maladie diagnostiquée, on administre de la thyroxine à l'enfant, qui se développe ensuite normalement.

■ **Drépanocytose ou anémie falciforme :** ces désordres génétiques entraînent une forme anormale des globules rouges qui ont alors des difficultés à passer à travers les petits vaisseaux sanguins. Cette maladie provoque des douleurs importantes, des infections et peut même quelquefois entraîner la mort. Un traitement précoce réduit les effets de la maladie.

■ **Mucoviscidose ou fibrose kystique :** cette maladie génétique affecte les poumons et le système digestif. Pour prolonger leur durée de vie, les bébés atteints de mucoviscidose ont besoin d'un régime spécial, de kinésithérapie pour expulser les sécrétions accumulées dans leurs poumons et d'un traitement médical.

■ **Hyperplasie congénitale des surrénales :** cette maladie entraîne un trouble du métabolisme des graisses, qui peut aboutir à des problèmes graves et peut être lié à la mort subite du nourrisson. Si elle est identifiée tôt, elle est traitée à l'aide de médicaments et d'un régime particulier.

Injection de vitamine K

Les nourrissons n'ont pas une très bonne réserve de vitamine K, vitamine qui est essentielle pour la coagulation sanguine. Il existe donc un risque minime d'hémorragie spontanée. C'est pourquoi on leur administre cette vitamine juste après la naissance. Cette pratique a fait l'objet d'une controverse, car on pensait jusqu'à présent qu'elle entraînait un risque accru de leucémies, mais des recherches ont prouvé le contraire.

Si vous désapprouvez cette injection, il est possible d'administrer la vitamine K par voie orale.

La première alimentation

Pour sa santé, il est très important d'alimenter votre enfant au sein dès les premières heures. Avant votre montée de lait (environ trois jours après la naissance), vous lui donnerez du colostrum. Ce liquide jaune contient des anticorps et des nutriments indispensables à l'immunisation du nouveau-né.

Chercher un soutien

Lors de la naissance de mon premier enfant, je n'étais absolument pas préparée au fait que l'alimentation au sein ne me viendrait pas naturellement. Mes seins sont devenus douloureux et je suis rapidement passée au biberon. Pour mon deuxième enfant, j'étais déterminée à ce que les choses se passent différemment. Je me suis préparée durant la grossesse, puis j'ai demandé à une infirmière de m'aider à placer le bébé sur ma poitrine après la naissance. J'ai rapidement pris confiance en moi.

L'alimentation au sein est un processus naturel, mais elle n'est pas toujours facile, et je comprends les difficultés de certaines femmes. Je sais cependant que des conseils éclairés et le fait de prendre son temps pour acquérir le savoir-faire nécessaire conditionnent la réussite. Il est même possible que la proximité induite par ce type d'alimentation vous procure beaucoup de plaisir. Et même si ce n'est pas le cas, vous aurez offert à votre enfant un départ fantastique dans la vie. Le meilleur conseil m'a été donné par une infirmière qui m'a dit : « Enfoncez la plus grande partie possible de l'aréole dans la bouche de l'enfant et maintenez-le fermement contre le sein jusqu'à ce qu'il prenne le coup. » Et cela a fonctionné pour moi.

Dans un premier temps, vous sentirez peut-être des contractions pendant la tétée de votre enfant, car les hormones entrant en jeu dans la lactation font partie des hormones sexuelles dont le rôle est de stimuler la contraction utérine. Ce phénomène ne dure que quelques jours.

LE MEILLEUR DÉPART Le lait maternel est extrêmement bénéfique pour votre bébé. Même si vous n'êtes pas sûre de vous, efforcez-vous d'alimenter votre bébé au sein dès les premiers jours – c'est peut-être plus facile que vous ne le pensiez.

Pourquoi l'alimentation au sein ?

L'alimentation au sein présente plusieurs avantages pour votre bébé. Elle est :

■ **Nutritive :** le lait maternel est très digeste et contient tous les nutriments dont votre enfant a besoin. Il a donc ainsi moins de risque d'être constipé et de produire des selles malodorantes.

■ **Protectrice :** votre bébé recevra ses anticorps par le biais du lait maternel. Il sera ainsi mieux protégé de maladies telles que les infections auriculaires, les vomissements et les diarrhées, les infections urinaires, la toux et les rhumes. La recherche a montré que le risque de mort subite du nourrisson (voir page 39) était moindre chez les bébés nourris au sein. Ce type d'alimentation est également bénéfique à la croissance et au développement de l'enfant et réduit le risque d'allergies, telles que l'asthme et l'eczéma.

■ **Pratique :** une fois la technique maîtrisée par vous et votre bébé, ce type d'alimentation est très pratique et facile. Il est beaucoup plus simple de sortir avec le bébé si tout ce dont vous avez besoin est une couche dans votre poche, plutôt que tout l'attirail nécessaire pour l'alimentation au biberon.

■ **Bénéfique pour vous :** l'alimentation au sein stimule les contractions de l'utérus après la naissance et contribue à vous faire perdre du poids (tant que vous ne mangez pas trop de gâteaux et de biscuits). La recherche a montré que plus une femme allaitait longtemps et souvent, moins elle présentait de risque de développer un cancer du sein.

Les quelques inconvénients que présente l'allaitement au sein sont aisément surmontables :

■ **Il nécessite de la patience :** sans conseil et soutien, l'alimentation au sein peut être difficile et insuffisante. Demandez donc de l'aide à l'infirmière ou trouvez un conseiller (voir page 312).

■ **Il peut être douloureux dans un premier temps :** vous ressentirez presque inévitablement une certaine tension lors de la première semaine d'adaptation. Bien que cet effet soit courant, le risque est réduit si votre bébé est positionné correctement sur votre poitrine.

■ **Il prend du temps :** en nourrissant un enfant au biberon, il est possible de répartir la tâche entre les deux parents, et donc de faire une pause.

AIDE D'UN EXPERT

N'hésitez pas à demander de l'aide. Le fait d'adopter la bonne technique dès le début est un gage de réussite et de plaisir.

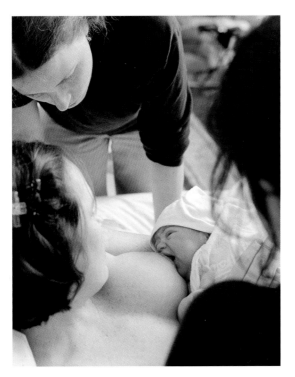

Nourrir votre bébé

J'espère que les informations que je vous ai fournies jusqu'à présent vous inciteront à allaiter votre bébé, au moins pendant une certaine période. La section suivante vous aidera à vous lancer en vous indiquant comment positionner l'enfant contre votre poitrine et comment gérer quelques problèmes susceptibles de se poser. Les pages 52-55 vous livreront également quelques conseils sur le type d'alimentation à adopter pendant que vous allaitez.

La séquence ci-après vous montrera comment positionner votre bébé contre votre poitrine et comment le détacher de votre sein. Pour être certaine qu'il tète correctement et éviter les problèmes de mamelons douloureux (voir page 32), assurez-vous qu'il ait dans sa bouche la totalité de votre mamelon ainsi que la majeure partie de l'aréole. C'est la mâchoire inférieure du bébé qui fait pratiquement tout le travail en « tirant » le lait, mais il ne peut l'utiliser efficacement que s'il est positionné correctement. Si tel est le cas, il tète en rythme et vous pouvez voir sa mâchoire bouger régulièrement à chaque déglutition. Dans le cas contraire, il ne peut pas téter correctement et votre sein risque de devenir douloureux. Il est alors préférable de glisser un doigt dans sa bouche pour arrêter la succion (voir ci-après) et recommencer. Plus votre bébé tétera souvent, plus vos seins produiront de lait.

ADOPTER LA BONNE MÉTHODE

1 POSITIONNEMENT PAR RAPPORT AU SEIN *Veillez à ce que le visage et le corps entier du bébé soient tournés vers le sein. Placez-le au même niveau que votre sein, votre mamelon pointant vers son nez.*

2 PRISE DU SEIN *Si votre bébé prend correctement le sein, sa lèvre inférieure doit venir s'enrouler en dessous de votre mamelon et ses oreilles doivent bouger pendant la succion.*

3 DÉTACHEMENT DU SEIN *Une fois la tétée terminée, glissez votre petit doigt dans le coin de sa bouche pour créer un appel d'air. Votre bébé ne peut plus téter et se détache sans problème du sein.*

Problèmes relatifs à l'allaitement

QUESTIONS ET RÉPONSES

▷ **Mes seins sont gonflés et douloureux. Que puis-je faire ?**

Il est courant d'avoir les seins gonflés, durs et engorgés au début de l'allaitement. Vous pouvez les soulager en plaçant deux feuilles de chou froides (sortant du réfrigérateur) dans votre soutien-gorge. Faire apparaître un peu de lait avant la tétée (voir page 89) aidera le bébé à saisir des seins engorgés. Un moyen aisé d'y parvenir consiste à prendre une douche chaude et à masser doucement les seins du haut ou des côtés vers le mamelon pour faire couler le lait.

▷ **Pourquoi mon bébé âgé d'une semaine a-t-il perdu du poids ?**

Il est habituel pour les bébés de perdre jusqu'à 10 % de leur poids de naissance durant les premiers jours. Ce phénomène se produit avant votre montée de lait, environ trois ou quatre jours après la naissance. Mais le poids repart à la hausse une fois votre bébé adapté à l'allaitement. Les infirmières pèseront votre bébé régulièrement et estimeront la perte de poids. Si celle-ci est supérieure à 10 % du poids de naissance, elles vous donneront des conseils. Il ne s'agit généralement que d'un problème mineur.

▷ **Mon bébé a une cloque sur la lèvre. Dois-je m'inquiéter ?**

Ces cloques se nomment cloques de succion et sont provoquées par le frottement de la lèvre pendant la tétée. Elles surviennent dans les premières semaines, mais ne gênent pas votre bébé et disparaissent spontanément.

▷ **Est-il normal pour un nouveau-né de régurgiter le lait ?**

Oui – ce phénomène n'est pas inquiétant. Votre bébé semble régurgiter des quantités importantes de lait, mais ceci ne l'affecte pas nutritionnellement et il continuera probablement à prendre du poids. Si la quantité vous inquiète, demandez un avis médical.

Si ce phénomène s'accroît et si les vomissements deviennent projectiles (si votre bébé les expulse avec puissance), il vous faudra consulter un médecin pour éliminer des problèmes de reflux gastro-œsophagien ou de sténose du pylore (voir page 275). Au cours de sa première semaine, si votre bébé a des vomissements jaunes ou verts, consultez immédiatement votre médecin, car il peut souffrir d'une occlusion intestinale. Chez les bébés plus âgés, de tels vomissements sont probablement le signe d'un simple dérangement digestif, ce qui n'est pas le cas chez le nouveau-né.

▷ **Comment puis-je apaiser des mamelons douloureux ?**

Demandez à votre infirmière de contrôler la position de votre bébé sur la poitrine, celle-ci étant une cause principale de mamelons douloureux. Après la tétée, utilisez une petite quantité de crème pour les seins à base de lanoline ou de calendula. Pour soulager la douleur, prenez du paracétamol toutes les quatre à six heures ou de l'ibuprofène toutes les six à huit heures (ne dépassez pas la dose conseillée). Pour empêcher les mamelons de devenir douloureux, faites-les sécher à l'air après la tétée. Vérifiez également que votre soutien-gorge est bien adapté et évitez d'utiliser des compresses doublées d'une feuille de plastique, car elles risquent de conserver vos seins humides. Vous pouvez acheter des protège-seins. Ainsi, le bébé peut téter sans toucher le mamelon, mais ils sont souvent difficiles à mettre en place. Si les douleurs persistent, vous souffrez peut-être d'une candidose ou muguet (voir page 283). Demandez donc à votre médecin généraliste de diagnostiquer cette mycose.

Nourrir le bébé au biberon

Si vous préférez ne pas allaiter votre enfant au sein ou si cela vous est impossible, voyez ci-après comment procéder pour donner le biberon. Si vous avez rencontré des difficultés lors de l'allaitement au sein, demandez d'abord l'avis d'une infirmière au CLSC de votre quartier. Mais si l'alimentation au sein a échoué malgré tous vos efforts, ne culpabilisez pas. Il est préférable pour votre bébé d'avoir des parents détendus et heureux qui le nourrissent au biberon avec amour et bienveillance.

La bonne nouvelle est que le lait infantile est conçu pour se rapprocher le plus possible du lait maternel. Votre enfant bénéficiera donc également d'un bon départ dans la vie. L'alimentation au biberon présente l'avantage de pouvoir être partagée. Vous pourrez ainsi souffler un peu pendant que son père ou sa grand-mère prend le relais. L'inconvénient du biberon est que vous devez vous montrer plus organisée. Assurez-vous de bien avoir acheté tout ce dont vous avez besoin – biberons, tétines et lait – et de ne rien oublier lorsque vous sortez avec votre bébé. Voir les pages 58-59 pour plus d'informations concernant la stérilisation.

Débuts de l'alimentation au biberon

Une fois le lait dans le biberon, les bactéries se multiplient rapidement. Préparez-le donc au fur et à mesure de vos besoins.

Si votre bébé n'a pas fini son biberon, jetez le lait restant après une demi-heure pour limiter les risques de dérangements digestifs.

1 Lavez-vous les mains et remplissez un biberon avec la quantité voulue d'eau bouillie et refroidie.

2 Ajoutez la quantité correcte de lait en poudre (l'emballage vous fournira toutes les indications utiles) en utilisant le doseur fourni. Respectez exactement la quantité indiquée, car un surdosage risque d'entraîner des problèmes tels que la constipation.

3 Vissez le bouchon sur le biberon et secouez-le, puis placez la tétine.

4 Il n'est pas nécessaire de chauffer le biberon, mais vous pouvez le placer

quelques minutes dans une casserole d'eau chaude, puis tester la température sur la face interne de votre poignet (le liquide doit être environ à la température du corps). Les fours à micro-ondes ne sont pas conseillés pour réchauffer les biberons, car ils génèrent des points de chaleur qui risquent de brûler le bébé. Si vous le faites, secouez ensuite le biberon et testez soigneusement la température du lait.

5 Renversez le biberon de sorte que le lait remplisse totalement la tétine avant de le présenter à votre bébé. Vous éviterez ainsi qu'il n'avale trop d'air.

Premiers problèmes

Il est naturel que vous vous inquiétiez de la santé de votre nouveau-né. Vous êtes, en effet, totalement responsable de cette petite personne. Au cours de vos soins, il vous sera donc utile de pouvoir distinguer ce qui est normal de ce qui ne l'est pas. Mais, n'oubliez pas que, les premiers jours, vous aurez une infirmière à vos côtés.

Les selles de bébé

Les premières selles de votre bébé seront collantes, épaisses et de couleur verdâtre. C'est l'apparition du méconium qui a tapissé les intestins du bébé durant la grossesse. Durant les deux premiers jours, il est préférable d'étaler de la vaseline officinale sur les fesses de votre bébé avant de lui mettre sa couche afin de simplifier sa toilette. Si le méconium n'apparaît pas dans les premières vingt-quatre heures, il est possible qu'il y ait une obstruction, prévenez alors votre médecin.

Le cordon ombilical

Lorsque le cordon ombilical de votre bébé est coupé, il ressemble à un tube blanc caoutchouteux d'environ 4 cm de long qui pend de la zone qui deviendra son nombril. À la naissance, il est pincé avec un clip en plastique qui est retiré lorsque le cordon est totalement sec. Dans les sept à dix jours qui suivent, le cordon séchera totalement, deviendra brun et tombera. Il peut quelquefois devenir collant et, plus rarement, présenter une légère infection. Généralement, ce n'est pas inquiétant. Il vous suffit de le laver avec de l'eau bouillie et du coton hydrophile. Montrez-le à votre infirmière au cours de la visite. Dans de très rares cas, le bébé a besoin d'antibiotiques.

Lorsque le cordon sèche, le nombril de votre bébé cicatrise. Il est néanmoins possible que la peau en dessous du cordon reste très humide et rose. Dans ce cas, votre médecin généraliste règlera le problème à l'aide d'un stick de nitrate d'argent. Ce geste n'est aucunement douloureux pour l'enfant.

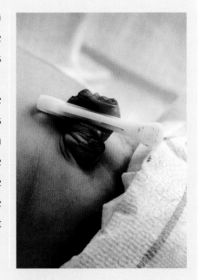

Une fois l'allaitement ou les biberons commencés, les selles de votre bébé changeront d'aspect. Elles pourront varier considérablement en couleur et en consistance : du jaune ou de l'orange au brun, du liquide au semi-solide, ce qui est tout à fait normal. Les selles des enfants nourris au sein ont généralement une odeur moins forte que celles des bébés nourris au biberon.

Jaunisse

Cette affection est assez courante au troisième ou quatrième jour de vie des nourrissons (qui prennent alors un aspect légèrement jaunâtre). Elle survient chez la moitié des bébés nés à terme et est provoquée par un foie immature qui se révèle incapable de faire face à certains déchets du corps. Une jaunisse légère ne nécessite pas de traitement, mais certains bébés devront être exposés à l'action des rayons d'une lampe « bleue » ou de néons (photothérapie). Cette opération facilite la destruction de ces déchets, mais implique malheureusement une courte hospitalisation, qui ne dure généralement pas plus de quarante-huit heures.

Les nouveau-nés présentant une jaunisse dans les vingt-quatre heures suivant la naissance, ou restant malades plus de dix jours, devront subir des tests complémentaires afin de rechercher une autre cause, plus rare. Il peut s'agir d'une maladie du foie, d'une infection, d'hypothyroïdie et de problèmes sanguins.

PHOTOTHÉRAPIE *Avec un traitement adapté, la jaunisse ne laissera aucune séquelle à votre enfant.*

Problèmes courants

▷ **Est-il normal pour un nouveau-né d'avoir des boutons ?**

Oui – de nombreux nouveau-nés ont de petits boutons blancs (milia) qui disparaissent dans les premières semaines. Si c'est le cas, lavez normalement le visage de votre bébé et ne pressez pas les boutons. L'érythème toxique est une autre éruption courante qui survient sur tout le corps et qui ressemble à des taches rouges, certaines avec une petite bosse blanche au centre. Là encore, aucun traitement n'est requis.

▷ **Les yeux de mon nouveau-né sont collants. Est-ce grave ?**

Les yeux collants sont courants. Ce phénomène est généralement provoqué par le contact avec les bactéries du vagin durant l'accouchement. Nettoyez l'écoulement avec de l'eau bouillie et du coton hydrophile (utilisez un morceau distinct pour chaque œil). Le problème doit se régler en quelques jours, mais il est préférable de prendre un avis médical au cas où il y aurait une infection. Des yeux collants sont quelquefois dus à des canaux lacrymaux bouchés. La situation revient généralement à la normale sans traitement.

▷ **Mon bébé est toujours en train de renifler. Peut-il avoir un rhume ?**

Votre bébé ne peut pas encore respirer par la bouche. Ainsi, s'il a du mucus dans le nez, il le renifle quand il respire. Ce phénomène est courant et, s'il semble bien se porter par ailleurs, ne vous inquiétez pas. Si, cependant, il a des difficultés pour respirer ou pour se nourrir, consultez votre médecin.

Les bébés bénéficiant de soins particuliers

Certains nouveau-nés ont besoin d'une assistance médicale et passeront quelque temps dans une unité spéciale. Il peut s'agir d'une unité néonatale pour les soins intensifs, ou d'une unité pédiatrique classique pour les bébés ayant des besoins moins complexes.

RAISONS DES SOINS PARTICULIERS

Les bébés nécessitent des soins particuliers pour les raisons suivantes :

▷ Si votre enfant naît avant 35-36 semaines, il aura probablement besoin de soins particuliers, car il sera plus sujet aux infections et ses poumons immatures risqueront de provoquer des difficultés respiratoires.

▷ S'il naît à terme, mais est plus petit que prévu, il passera probablement un certain temps dans une unité pédiatrique pour s'assurer que son corps s'adapte bien à la vie extra-utérine.

▷ Si vous souffrez de diabète, votre bébé aura peut-être besoin de soins particuliers. Il pourra être très gros, car il aura reçu trop de glucose.

▷ Si votre bébé souffre d'une jaunisse sévère, il bénéficiera d'une photothérapie (voir page 35).

▷ Les bébés nécessitant une intervention chirurgicale après l'accouchement seront admis dans un service pédiatrique.

▷ En cas de jumeaux, de triplés ou plus, le risque de prématurité est plus élevé. Ils auront alors besoin de soins spéciaux.

À QUOI RESSEMBLE UNE UNITÉ NÉONATALE ?

Il est généralement très pénible de voir son nouveau-né dans un environnement aussi froid, entouré par un équipement technologique de pointe. Les chocs émotionnels sont très courants dans toutes les unités néonatales.

Bien que cela semble difficile à croire, toute cette technologie deviendra une seconde nature pour vous si l'enfant doit rester un certain temps dans le service. Et il pourra vous être utile de savoir à quoi sert ce matériel.

▷ **Couveuse ou incubateur :** votre bébé sera peut-être placé dans une couveuse, qui est un lit clos où la température et l'humidité seront contrôlées et où il recevra de l'oxygène si nécessaire. La couveuse présente des hublots latéraux, de sorte que l'équipe médicale puisse s'occuper de votre enfant et que vous soyez également en mesure de l'atteindre et de le toucher.

▷ **Ventilateur :** cette machine prend en charge la respiration de votre bébé. Un tube passe dans la trachée et de l'oxygène est insufflé dans ses poumons en attendant qu'il soit capable de respirer par lui-même.

▷ **Ventilation en pression positive continue (CPAP pour *Continuous Positive Air Pressure*) :** à l'aide de ce dispositif, il est possible de prendre en charge la respiration de l'enfant sans placer de tube dans sa trachée. L'oxygène est insufflé sous pression dans son nez, ce qui aide les poumons à rester gonflés et ce qui évite souvent de recourir au ventilateur ou permet de le débrancher plus tôt.

SOINS AU BÉBÉ

Bien que votre bébé ait besoin de soins spéciaux, l'équipe médicale vous encouragera à lui parler s'il n'est pas trop fatigué et à le prendre dans vos bras s'il se porte assez bien. Même des bébés minuscules sous ventilateur peuvent être pris dans les bras. L'enfant reconnaîtra ainsi très tôt votre voix.

S'il est trop malade ou trop petit pour être allaité de façon classique, du lait lui sera donné par le biais d'un tube souple entrant par le nez et descendant dans l'estomac. Vous serez invitée à fournir votre propre lait, procédé qui présente l'avantage de stimuler la production de lait pour le moment où il sera en mesure de téter. Les grands prématurés ou les bébés très malades sont nourris par un goutte-à-goutte. C'est la nutrition parentérale.

S'il est suffisamment bien portant, tenir votre bébé contre votre poitrine

« La période passée par mon bébé en unité néonatale a été incroyablement difficile à vivre. »

lui sera bénéfique. Ce sont les « soins kangourous » qui représentent pour la mère un bon moyen d'apprendre à gérer son enfant. Au fur et à mesure du développement de l'enfant, elle prend en charge une partie de plus en plus importante de ses soins.

Les parents se demandent souvent quoi faire lorsqu'ils se retrouvent assis aux côtés de leur bébé dans une unité de néonatologie. Mon avis est qu'il n'est jamais trop tôt pour commencer à lui lire des histoires. Le bébé sera apaisé par votre voix et vous revivrez vos histoires favorites lorsque vous étiez enfant. Si vous n'êtes pas trop embarrassée, le fait de lui chanter des berceuses sera apaisant à la fois pour lui et pour vous.

S'OCCUPER DE SOI

Si vous découvrez pendant votre grossesse que votre bébé risque de naître prématurément ou avec une maladie nécessitant des soins particuliers, vous aurez la possibilité de visiter l'unité de néonatologie pour vous préparer. Pour de nombreux parents, cependant, apprendre que leur enfant aura besoin de soins spéciaux est un véritable choc. Pendant cette période, vous connaîtrez inévitablement des hauts et des bas, et l'équipe médicale sera toujours présente pour vous expliquer ce qui se passe et pour vous soutenir. C'est un moment très éprouvant. N'hésitez donc pas à poser plusieurs fois si nécessaire toutes les questions qui vous préoccupent. Si vous avez besoin

d'une discussion plus détaillée concernant l'état de votre bébé, demandez un rendez-vous avec le pédiatre.

Évitez pour autant de vous négliger – ce conseil est également valable pour le père. Vous souhaiterez être présents aux côtés de votre bébé, mais aménagez-vous des pauses afin de ne pas saturer. Si une urgence se produit alors que vous n'êtes pas sur place, vous serez immédiatement rejoints par l'équipe médicale.

PÉRIODE SUR LE VENTRE *Les prématurés se portent souvent mieux lorsqu'ils sont installés sur le ventre, mais ils doivent apprendre à dormir sur le dos avant de rentrer à la maison.*

PREMIER VOYAGE *Pour ramener votre bébé à la maison, il vous faut un siège adéquat. Un siège coque ou lit nacelle dos à la route devra être muni d'un cale-tête, un petit renfoncementrembourré destiné à supporter sa tête.*

Rentrer à la maison

Quitter l'enceinte de hôpital peut être assez angoissant, en particulier si vous bénéficiez d'une sortie précoce, moins d'une journée après la naissance. Acceptez toutes les offres d'aide, notamment pour des tâches telles que l'épicerie et la cuisine, et n'exigez pas trop de vous-même ces premiers jours.

Trajet de l'hôpital à la maison

Au Québec, vous ne pourrez pas rentrer chez vous en voiture ou en taxi si vous ne disposez pas d'un siège d'auto adéquat pour votre bébé. Certains magasins vérifient l'adaptation du siège à votre voiture. La sécurité étant essentielle, veillez à n'utiliser un siège d'occasion que si vous avez le manuel d'installation et si vous connaissez son histoire – un siège ayant déjà subi un choc ne protégera pas votre enfant. Si votre voiture est munie de coussins gonflables, ne placez pas le siège face à ceux-ci, car ils risquent de blesser gravement votre enfant en cas de déclenchement.

Il vous faudra habiller votre bébé en fonction du temps. Un body, un chandail, un manteau et une tuque s'il fait froid, seront tout à fait adéquats. Vous pouvez toujours prendre une couverture pour l'enrouler dedans si une couche supplémentaire se révèle nécessaire.

Soutien personnel

Cette période peut se révéler déroutante et représenter un véritable défi, avec de nombreuses choses à apprendre et un flot continuel de visiteurs prodiguant leurs conseils et réclamant du thé. Veillez à ce que les personnes vous rendant visite dans les premiers jours représentent une aide et non une gêne. N'hésitez pas à demander à vos proches de vous assister dans certaines tâches telles que la préparation d'un repas. Si vous bénéficiez d'une sortie précoce, une infirmière vous rendra visite à domicile durant deux à trois jours. Vous pouvez également bénéficier d'une visite régulière d'une infirmière de votre CLSC de quartier dans les mois qui suivent la naissance (voir page 61).

Sommeil

Les nouveau-nés dorment environ seize heures par jour, mais bien évidemment pas d'affilée et surtout pas en fonction de vos conventions. Après avoir travaillé de nuit pendant des années dans un hôpital, je pensais être rodée en matière de privation de sommeil. Or, j'ai été intimidée en réalisant qu'avec un nouveau-né je serais de garde toute la nuit, et ce, chaque nuit. Efforcez-vous de rattraper le sommeil durant la journée, lorsque votre bébé dort. Dans les premières semaines, les tétées ne devraient pas être espacées de plus de six heures. Vous devrez donc le réveiller s'il est toujours endormi. Une fois cette période passée, il peut dormir plus longtemps. Si votre nouveau-né a des mouvements saccadés pendant son sommeil, ne vous inquiétez pas – c'est normal.

Un berceau ou un couffin équipé de draps de taille adéquate et de couvertures légères à mailles ajourées est idéal pour votre nouveau-né. Les draps et les couvertures sont également utiles pour envelopper ou emmailloter un bébé remuant (voir pages 64-65). Il est conseillé de faire dormir votre enfant dans la même pièce que vous jusqu'à l'âge de six mois.

Sécuriser le sommeil

En tant que médecin, il est accablant de se trouver confronté à la mort soudaine et inexpliquée d'un bébé. La mort subite du nourrisson, bien que rare, est une source d'anxiété pour tous les nouveaux parents. De nombreuses précautions peuvent être prises pour réduire le risque.

À ne pas faire :

▷ Fumer (ceci est également valable pour le père), ou autoriser quiconque à fumer dans la même pièce que votre bébé.

▷ Laisser le bébé avoir trop chaud – évitez les duvets, les édredons, les couettes et les oreillers. Retirez le bonnet de votre enfant ainsi que tout vêtement inutile lorsque vous rentrez.

▷ Partager un lit avec votre bébé, surtout avant les trois premiers mois, s'il est prématuré ou s'il est né avec un poids inférieur à la normale. Allaitez-le, puis placez-le dans un petit lit à côté de vous. Ne dormez pas non plus avec lui sur un sofa ou un fauteuil. Si vous décidez néanmoins de dormir avec lui après les trois premiers mois, ne partagez jamais votre lit si vous ou votre partenaire avez bu de l'alcool, pris des médicaments causant de la somnolence, si vous êtes fatigués ou avez fumé.

À faire :

▷ Placer votre bébé dans la position correcte dans son lit (voir sur la droite).

▷ Allaiter votre bébé au sein.

▷ Prendre votre bébé dans votre chambre pendant les six premiers mois.

▷ Solliciter immédiatement un avis médical si le bébé n'est pas bien.

Positionner le bébé dans son lit
Placez toujours votre bébé sur le dos pour dormir. Assurez-vous que ses pieds sont au pied du lit de sorte qu'il ne puisse pas descendre sous les couvertures.

Soins quotidiens

Dans un premier temps, vous manquerez certainement de confiance en vous pour les soins du nouveau-né, mais les infirmières seront présentes pour vous aider et vous conseiller. Vous constaterez rapidement que s'occuper du bébé devient une seconde nature. Prenez toujours votre temps et veillez à tout avoir à portée de main avant de vous lancer dans les soins quotidiens.

Soulever et porter votre bébé

Même si le nouveau-né doit être manipulé avec douceur, n'oubliez pas que les bébés sont très résilients. Agissez en confiance. Vous ne pouvez pas lui faire de mal.

Le point le plus important à savoir est que la tête du bébé est lourde. Il n'a aucun contrôle sur les

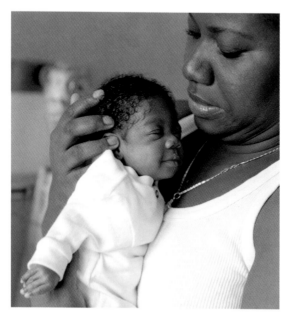

PREMIERS CÂLINS *Prenez votre bébé contre vous de la façon qui vous semble la plus confortable, mais veillez à bien tenir sa tête et son cou.*

muscles du cou avant quatre semaines. Vous devez donc toujours tenir sa tête lorsque vous le portez. Voici comment procéder :

■ **Pour le soulever :** prenez-le sous les bras en écartant vos doigts sous sa tête ou placez une main sous ses fesses et l'autre sous ses épaules et sa tête.

■ **Pour le porter :** soulevez-le pour le placer contre votre épaule, en soutenant ses fesses d'une main et sa tête de l'autre, ou positionnez-le dans la pliure de votre bras. Bien qu'il aime voir votre visage pendant que vous le portez, il trouvera peut-être aussi agréable d'être tenu le visage vers le sol, avec son menton et sa joue dans le creux de votre bras.

■ **Pour le reposer :** lorsque vous reposez votre bébé, il vous faut également soutenir sa tête. Tenez-le avec une main sous ses fesses et l'autre sous sa tête et son cou, puis abaissez-le doucement.

■ **Réflexe de Moro :** si vous soulevez votre bébé et le reposez soudainement, il sursautera en écartant les membres et se mettra à pleurer. C'est un réflexe naturel (voir page 27). S'il est un peu nerveux, tentez de lui parler avant de le soulever. Il saura alors que vous êtes là et se calmera au son de votre voix.

Changer les couches

Il n'est pas nécessaire de changer les couches du bébé avant qu'elles soient souillées. En règle générale, il vous faudra moins de couches jetables (environ quatre à six par jour) que de couches en tissu, mais ceci ne doit pas vous dissuader d'adopter la solution la plus respectueuse de l'environnement (voir page 67). Placez tout ce dont vous avez besoin à portée de main, y compris des débarbouillettes pour vous essuyer les mains si vous utilisez une crème. Si vous changez votre bébé sur une surface élevée, ne le quittez pas, car il risque de bouger suffisamment pour se déplacer et tomber.

■ **Retirez sa vieille couche :** utilisez-la pour essuyer les fesses de votre enfant du mieux possible. Si vous avez un garçon, vous remarquerez qu'il a tendance à uriner dès que vous retirez sa couche. Ayez donc un essuie-tout à portée de main ou ne retirez pas totalement la couche et maintenez-la sur son pénis pendant qu'il urine.

■ **Nettoyez soigneusement les fesses de votre bébé :** utilisez de l'eau et du coton hydrophile ou une débarbouillette. Lorsque vous changez une fille, essuyez du haut vers le bas pour éviter de répandre des germes de l'anus vers le vagin ou l'urètre. Il n'est pas nécessaire de nettoyer l'intérieur des lèvres de votre fille ou le prépuce de votre garçon. Il suffit de laver les zones facilement accessibles. S'il est vraiment très sale, lavez toute la zone de la couche dans un bol d'eau tiède.

■ **Utilisation de crème :** si vous utilisez une couche en tissu, étalez une crème qui protégera sa peau, telle que de l'huile de ricin ou un baume à l'oxyde de zinc. Si vous utilisez une couche jetable, évitez la crème si les fesses de votre bébé sont saines, car elle réduit l'absorption de la couche.

■ **Séchez les fesses de votre bébé :** une fois les fesses de votre enfant propres et sèches, placez une nouvelle couche.

Habillement

Les principaux vêtements dont aura besoin jour et nuit votre nouveau-né sont des bodys et des pyjamas.

■ **Bodys :** ouvrez l'encolure et remontez le reste du tissu. Soulevez doucement sa tête, placez l'arrière de l'encolure derrière celle-ci, puis ramenez l'avant du vêtement par-dessus son visage. Prenez chaque manche, ouvrez-la et passez votre main à l'intérieur pour attraper celle de l'enfant. Passez la manche sur sa main et son bras en tirant sur le tissu plutôt que sur le bébé. Descendez le corps du body et fermez les pressions.

■ **Pyjamas :** étendez totalement le pyjama après avoir défait toutes les pressions. Placez votre bébé dessus. Faites entrer ses jambes dans les jambières puis ramenez chaque manche et enfilez les bras du bébé à l'intérieur. Fermez toutes les pressions.

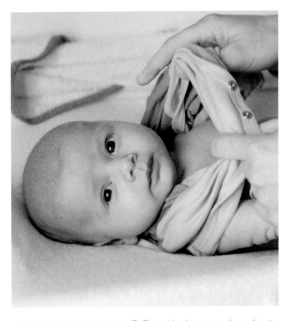

NOUVEAUX APPRENTISSAGES *Enfiler un body ou un pyjama à votre bébé peut sembler difficile dans un premier temps, mais vous serez bientôt experte dans l'art de l'habillage et du déshabillage.*

Hygiène de votre bébé

Au cours de la première semaine, vous n'aurez pas à stresser concernant le bain de votre bébé. Les nouveau-nés, contrairement aux adultes et aux enfants plus âgés, ne se salissent pas vite. Des toilettes plus espacées seront donc tout à fait suffisantes. De plus, la plupart des nouveau-nés détestent se retrouver nus. Limitez donc le traumatisme en réduisant les bains au minimum et en ne lavant que les régions en ayant réellement besoin. La toilette des mains, du visage et de la zone de la couche est suffisante. Tout ce dont vous avez besoin est un bol d'eau, du coton hydrophile, une débarbouillette et une serviette. Le savon et le gel pour le bain sont inutiles, mais si vous souhaitez en utiliser, veillez à ce qu'ils soient conçus pour les bébés, car les produits de toilette pour adultes irriteront sa peau. Lavez simplement les zones que vous pouvez aisément atteindre – l'intérieur du nez et des oreilles ainsi que les parties cachées de ses organes génitaux sont autonettoyants. Commencez par le visage et lavez ses fesses en dernier. Ainsi, vous ne répandez pas de germes. Ne vous inquiétez pas au sujet des fontanelles. Ces zones molles du crâne du nouveau-né sont plus résistantes qu'elles n'en ont l'air. Vous pouvez donc laver sa tête de la même façon que le reste de son corps. Séchez soigneusement votre bébé, notamment dans les replis de la peau (au niveau du cou et de la région de la couche) pour prévenir les crevasses.

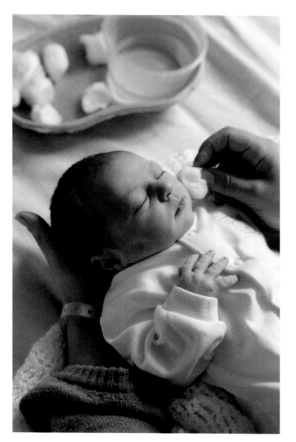

« Pour mon premier bébé, j'étais intimidée de lui donner son bain à l'hôpital sous le regard de l'infirmière. J'avais peur de le tenir dans l'eau tout en le lavant. Avant qu'il n'apprécie le bain, mon deuxième bébé n'a été lavé que quand il en avait besoin, et ce, sans effet préjudiciable. »

LA TOILETTE *L'utilisation de coton hydrophile et d'eau pour la toilette de votre bébé est tout à fait suffisante jusqu'à ce que vous vous sentiez prête à lui donner un bain. Utilisez toujours un coton distinct pour le visage et les parties génitales.*

Problèmes courants

▷ **Comment puis-je savoir si mon bébé a assez chaud ?**

Durant les premières semaines, les bébés ne sont pas en mesure de réguler efficacement leur température corporelle et, comme ils sont plus petits et moins actifs que les adultes, ils se refroidissent plus facilement. Une bonne règle consiste à l'habiller en fonction de ce que vous porteriez si vous deviez rester assise sans bouger dans le même environnement.

Le point le plus important est de ne pas le couvrir exagérément, car vous risquez ainsi d'accroître le risque de mort subite du nourrisson (voir page 39). Veillez tout spécialement à ne pas utiliser trop de couvertures, et si vous n'êtes pas encore certaine qu'il ait assez chaud, posez votre main sur l'arrière de son cou – il doit être raisonnablement chaud, mais non brûlant ou moite. Ne vous inquiétez pas si ses mains et pieds sont froids, car la circulation du nourrisson n'est pas aussi efficace qu'elle le sera plus tard.

▷ **Mon nouveau-né est très perturbé. Ceci est-il dû à un accouchement difficile ?**

Nul doute que la naissance est un épisode traumatisant. Même lors de l'accouchement le plus facile, un bébé doit endurer plusieurs heures de travail suivies par une forte pression sur la tête en passant par un couloir étroit. Lorsqu'une aide est nécessaire, que ce soit avec les forceps ou la ventouse, il est normal que certains bébés restent traumatisés quelque temps après la naissance.

Dans la plupart des cas, le bébé récupère vite. Mais certains nourrissons semblent irritables et ont besoin de plus de temps pour se tranquilliser et s'adapter à l'allaitement. Ces bébés peuvent bénéficier d'une prise en charge par un ostéopathe crânien qui, par des manipulations pratiquement imperceptibles, détectera et corrigera des problèmes résultant du stress de la naissance.

▷ **Je ne peux pas m'empêcher de pleurer, principalement le soir. Est-ce normal ?**

Oui, il est rare qu'une nouvelle mère ne ressente pas une baisse de moral trois ou quatre jours après l'accouchement. Votre corps s'adapte à la fin de la grossesse et au début de l'allaitement. On pense que la chute brutale des concentrations en œstrogènes et progestérones ainsi que les bouleversements hormonaux qui surviennent avec le début de la production de lait sont responsables de cet état de déprime pratiquement universel. Plus connu sous le terme de « baby blues », ce phénomène se produit souvent lorsque l'excitation de la rencontre avec le bébé fait place au choc d'avoir à répondre jour et nuit à ses besoins alors que vous tentez toujours de récupérer de la naissance.

Il est parfaitement normal d'en vouloir au bébé, en particulier si la naissance a été difficile ou si vous n'avez pas encore réussi à tisser un lien avec lui. Pour la plupart des mères, c'est un problème transitoire qui se résout rapidement de lui-même. Votre infirmière et votre médecin généraliste peuvent vous apporter leur soutien, des conseils et vous rassurer pendant cette période. N'hésitez donc pas à dialoguer avec eux ainsi qu'avec votre partenaire. Si les symptômes persistent, vous souffrez peut-être de dépression postnatale (voir page 101). Dans ce cas, il vous faut consulter un professionnel de santé.

▷ **Le temps est froid et humide. Mon bébé risque-t-il de s'enrhumer si je le sors ?**

Ne vous inquiétez pas. Votre bébé ne s'enrhumera pas dans ces conditions, mais il vous faut bien l'habiller avant de la sortir en hiver, car la déperdition de chaleur est rapide chez un jeune enfant. Il est préférable de le vêtir avec plusieurs couches de vêtements, afin de pouvoir les retirer successivement en fonction de la température ambiante.

QUESTIONS ET RÉPONSES

APPRENDRE À SE CONNAÎTRE

SOMMEIL VOTRE BÉBÉ A BESOIN DE BEAUCOUP DE SOMMEIL, MAIS MALHEUREUSEMENT POUR VOUS, IL LUI FAUDRA QUELQUE TEMPS AVANT DE POUVOIR DISTINGUER LE JOUR DE LA NUIT

COULEUR DES YEUX LA PIGMENTATION DES YEUX DU NOUVEAU-NÉ N'EST PAS ENCORE DÉFINITIVE, ET LEUR COULEUR CHANGERA PROGRESSIVEMENT DANS LES SEMAINES ET LES MOIS À VENIR

J'AI FAIM EN APPRENANT À CONNAÎTRE VOTRE BÉBÉ, VOUS ALLEZ COMMENCER À COMPRENDRE POURQUOI IL PLEURE

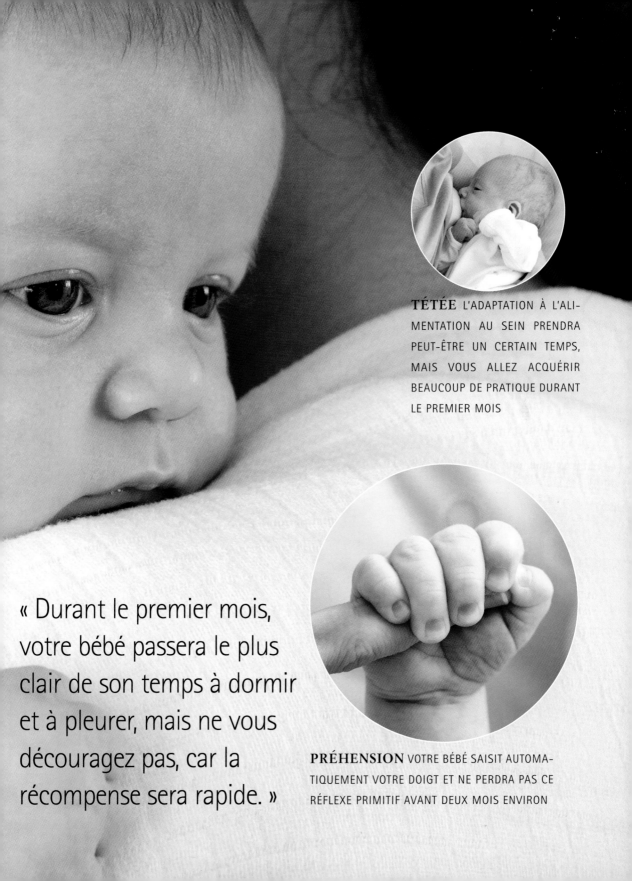

TÉTÉE L'ADAPTATION À L'ALI-
MENTATION AU SEIN PRENDRA
PEUT-ÊTRE UN CERTAIN TEMPS,
MAIS VOUS ALLEZ ACQUÉRIR
BEAUCOUP DE PRATIQUE DURANT
LE PREMIER MOIS

« Durant le premier mois,
votre bébé passera le plus
clair de son temps à dormir
et à pleurer, mais ne vous
découragez pas, car la
récompense sera rapide. »

PRÉHENSION VOTRE BÉBÉ SAISIT AUTOMA-
TIQUEMENT VOTRE DOIGT ET NE PERDRA PAS CE
RÉFLEXE PRIMITIF AVANT DEUX MOIS ENVIRON

Adaptation à la vie

Il faudra deux semaines environ à votre bébé pour s'adapter à son nouvel environnement, période au cours de laquelle il deviendra progressivement plus éveillé et communicatif. Vous aurez également besoin d'un certain temps pour acquérir certains gestes de base, tels que changer une couche, allaiter, etc.

Les sens de votre bébé

Pour l'aider à s'adapter à l'univers extra-utérin et tisser des liens avec vous, votre nouveau-né est totalement dépendant de ses cinq sens :

■ **La vue :** tous les nouveau-nés voient à une distance d'environ 30 cm – ce qui est parfait pour vous observer pendant que vous l'allaitez ou que vous le tenez dans vos bras. Les visages sont fascinants pour le bébé et il observera attentivement le vôtre. À la fin du premier mois, il suit votre visage des yeux si vous vous déplacez dans son champ de vision.

■ **L'odorat :** c'est un sens très important pour un nouveau-né. La recherche a montré que même les enfants âgés de quelques heures tournaient la tête vers l'odeur du lait de leur mère plutôt que vers celui d'une autre mère. Ainsi, non seulement votre bébé reconnaît votre odeur, mais il la préfère aux autres.

■ **Le goût :** le goût du bébé se développe alors qu'il se trouve encore dans l'utérus. Les scientifiques pensent que le fœtus peut différencier différents goûts dans le liquide amniotique, et qu'il avale plus rapidement lorsqu'il est sucré et plus lentement quand il est amer. Votre nouveau-né sera capable de détecter de légères modifications dans la composition de votre lait en fonction de ce que vous avez mangé. C'est pourquoi les chercheurs pensent que les bébés nourris au sein accepteront une plus grande variété d'aliments une fois sevrés que ceux nourris avec du lait industriel.

■ **L'ouïe :** votre bébé pouvait déjà entendre ce qui se passait autour de lui lorsqu'il se trouvait dans l'utérus. Ainsi, votre voix comme celle des personnes partageant votre vie lui sont déjà familières à la naissance. À présent, il aime particulièrement vous entendre lui parler, chanter, raconter des histoires. Même à ce stade précoce, son ouïe est parfaitement développée, mais il ne prête guère attention aux sons autres que les voix. Cependant, des bruits violents le font sursauter et pleurer.

LA VUE *Il faudra plusieurs semaines à votre nouveau-né pour être en mesure de voir au-delà de 30 cm. Il peut sembler loucher en fixant quelque chose, mais ce phénomène est normal.*

■ **Le toucher :** c'est ce sens qui aide votre bébé à se sentir en sécurité lorsque vous le prenez dans vos bras. C'est pourquoi un contact peau contre peau lui est bénéfique. Les études montrent que les prématurés qui sont trop faibles pour être pris dans les bras sont apaisés et réconfortés par une petite caresse. Certains bébés apprécient un massage doux (voir pages 84-85) et d'autres se détendent quand ils sont emmaillotés (voir pages 64-65), car cela leur rappelle probablement leur séjour douillet dans l'utérus maternel.

À quoi ressemblera votre bébé

Votre bébé regagnera son poids de naissance dix jours environ après l'accouchement, puis il commencera à prendre du poids régulièrement. Il changera donc rapidement. S'il est né avec beaucoup de poils, ils auront commencé à disparaître pour révéler une couleur de peau qui peut s'avérer totalement différente. Tous les bleus et bosses consécutifs à l'accouchement seront en phase d'atténuation, mais il est possible qu'il présente un milia ou un épanchement de lait important (voir page 35). C'est à cet âge que mes bébés ont toujours eu le plus de boutons. Il peut développer un « chapeau » ou « casque séborrhéique » (voir page 97) et sa peau apparaîtra marbrée.

Soins quotidiens

Votre bébé n'a aucune idée de la différence entre le jour et la nuit, et son petit estomac (dont la taille est équivalente à celle d'un petit citron quand il est rempli) nécessite un apport régulier de nourriture. Si votre bébé est nourri au sein, il doit téter très fréquemment – certains nourrissons tètent une heure toutes les deux heures. Dans les premières semaines, vous devez l'accepter. Gardez simplement à l'esprit que c'est une phase transitoire. Entre six et dix semaines, la plupart des bébés dorment principalement la nuit. Vous pouvez également encourager la différenciation entre le jour et la nuit en tamisant la lumière, en baissant la voix et plus généralement en ne le stimulant pas excessivement durant les tétées nocturnes.

Durant cette période, j'ai trouvé les changements perpétuels de rythme nocturne épuisants, mais l'amour inconditionnel que je portais à mes bébés m'a permis de traverser les moments difficiles. De plus, je pouvais partager le fardeau avec Peter. N'oubliez pas que, une fois le bébé allaité, votre partenaire peut très bien le remettre au lit ou aller s'asseoir avec lui s'il est éveillé. Partager les tâches difficiles peut faire toute la différence et représente également un bon entraînement pour l'avenir, lorsque vous sortirez et que votre partenaire restera à la maison avec le bébé. Il est important pour lui d'avoir une place pour apprendre toutes ces choses.

PEAU SÈCHE *Il est normal que la peau d'un nouveau-né pèle dans les premières semaines. Les choses rentreront dans l'ordre naturellement. Il est donc inutile de dépenser de l'argent en produits hydratants.*

Vous ne pouvez pas accuser votre partenaire de ne pas vous assister s'il n'en a jamais eu la possibilité. Si vous vivez seule, et que vous assuriez les nuits sans assistance, tentez d'obtenir de l'aide durant la journée afin de pouvoir récupérer un peu de sommeil.

Que l'enfant soit nourri au sein ou au biberon, il est naturel de s'inquiéter du rythme de ses apports. Devez-vous suivre un programme d'alimentation rigide ou le nourrir à la demande ? Il n'existe pas de « bonne » réponse à cette question. Ne contrariez pas vos instincts. Il est préférable pour votre enfant que vous adoptiez la solution qui vous convient le mieux. Si vous préférez respecter des horaires stricts, vous vous sentiriez probablement mal à l'aise en le nourrissant à la demande. Inversement, si votre instinct est de suivre l'horloge biologique de votre enfant et de ne pas le laisser pleurer pendant les premières semaines, vous préférerez proba-

blement le nourrir à la demande. Les bébés sont généralement de bons baromètres de l'humeur de leurs parents et, si vous n'êtes pas heureuse, il ne le sera pas non plus, alors que si vous êtes détendue, il se montrera plus calme et apaisé.

Réconforter votre bébé

Tous les bébés pleurent, et ils ont toujours une raison pour cela. Dans les premiers jours, les moyens de communication du bébé avec sa mère sont très limités. Il pleure donc quand il a faim, quand il est fatigué, mal à l'aise ou encore s'il a besoin d'un câlin. En apprenant à le connaître, vous reconnaîtrez ses différents pleurs et pourrez ainsi répondre rapidement à ses attentes. Ainsi, ses pleurs diminueront progressivement.

Les pleurs dus à la douleur sont généralement faciles à interpréter. Par exemple, si votre bébé souffre de colique (voir page 98), il criera en remontant les jambes. Mais ces cris stridents et inconsolables sont bouleversants et vous paraîtront peut-être difficilement supportables dans un premier temps.

Il existe de multiples façons de réconforter un bébé en train de pleurer. Essayez le mouvement (en le berçant) ; le bruit blanc (en le plaçant devant la machine à laver sur le cycle d'essorage ou à proximité d'une radio déréglée) ; ou une suce s'il a besoin de téter. Vous connaîtrez cependant des moments où, votre bébé captant votre stress, plus vous essaierez de le calmer, plus il s'énervera.

PARENTS DÉTENDUS *Vous n'avez pas à vous occuper de votre bébé selon des règles prédéfinies. Restez calmes et en harmonie avec lui. Vous constaterez rapidement que vous savez instinctivement de quoi il a besoin.*

Si votre bébé a une couche propre, l'estomac plein et ne montre pas de signe de douleur, laissez-le dans un endroit calme pour qu'il dorme – il essaie peut-être de vous dire qu'il a besoin de tranquillité. Une autre stratégie consiste à le confier à une personne qui est moins impliquée que vous émotionnellement afin de pouvoir faire une pause.

Les conseils de votre entourage

Avec une nouvelle petite personne dans votre vie, vous recevrez probablement de nombreux conseils des grands-parents, d'amis et de divers étrangers. Bien que sensés et quelquefois utiles, nombre de ces conseils seront contradictoires et vous laisseront dans l'incertitude quant au comportement à adopter. Un certain tact est nécessaire envers les grands-parents, même si vous ne partagez pas leur vision de l'éducation des enfants, mais il est important de commencer à croire en vous en tant que parent et à faire les choses telles que vous les ressentez. Vous ferez peut-être des erreurs, mais en apprenant à connaître votre bébé, vous découvrirez par vous-même le meilleur moyen de vous en occuper. Vous pouvez vous informer en lisant des livres consacrés aux enfants, par exemple *La Science au service des parents* de Margot Sunderland (2007). De nombreux sites Internet incluent aussi des forums de discussion où vous pouvez partager vos problèmes et préoccupations avec d'autres parents dans la même situation que vous. Enfin, si vous avez réellement des doutes concernant un aspect des soins de votre bébé, parlez-en à un professionnel de santé.

Quand les choses s'enveniment

Il arrive quelquefois que les pleurs d'un bébé semblent sans fin, tout spécialement si vous vous retrouvez seule avec lui, sans personne à qui le confier. Tout parent a été confronté à ce problème. Il est important que vous sachiez reconnaître le moment où votre état d'exaspération risque de vous amener à agir brutalement avec l'enfant. Des secousses peuvent porter gravement atteinte au cerveau du bébé. Si vous vous sentez à bout, placez-le dans un endroit sûr, tel que son couffin, sortez de la pièce et accordez-vous dix minutes afin de vous calmer. Ne culpabilisez pas de le laisser seul quelques minutes – il sera parfaitement bien. Il est normal de connaître des périodes difficiles et des baisses de forme (voir page 43), mais si vous devez vraiment lutter pour tenir le coup, parlez-en à quelqu'un.

Les premiers pas du père

C'est une très bonne idée de prendre quelques semaines de congés à la naissance de l'enfant. Au Québec, vous avez droit à cinq semaines de congés de paternité et, comme votre partenaire sera épuisée en rentrant à la maison, elle sera heureuse de votre présence à ses côtés. De nombreuses tâches vous attendent, comme assurer du repos à votre conjointe, faire le café pour les invités et apprendre à connaître votre bébé.

La plupart des nouveaux pères se sentent anxieux à propos de leur nouvelle responsabilité, ce qui n'a pas lieu d'être – les bébés sont remarquablement robustes. Certains pères ne jugent pas les nouveau-nés très intéressants et, bien qu'ils semblent ne pas s'impliquer beaucoup dans un premier temps, les apparences peuvent être trompeuses. Vous serez surpris de la rapidité à laquelle votre bébé commencera à tisser des liens avec vous, et c'est une période que vous ne revivrez jamais, alors ne la ratez pas. Si votre partenaire nourrit l'enfant au sein, impliquez-vous en l'encourageant et en vous occupant de votre bébé avant et après. Faites en sorte que votre partenaire souffle un peu – j'avais l'habitude d'emmener notre fille faire une promenade dans son porte-bébé après la tétée.

Prenez quelques jours de congés supplémentaires lorsque votre bébé sera âgé de quelques semaines. Les mères peuvent se sentir un peu abandonnées à ce stade ; c'est pourquoi se retrouver en famille constitue souvent un moment magique.

POINT DE VUE DU PÈRE

Apprendre à connaître votre bébé

Même si vous avez peu d'expérience des bébés, faites confiance à votre instinct et tâchez de vous détendre pour vous occuper de votre nouveau-né. Il se sentira en sécurité dans vos bras. Il observera alors votre visage et écoutera attentivement votre voix. N'ayez pas peur de parler avec lui : la plupart des bébés aiment communiquer, et lui parler en prenant soin que votre visage soit proche du sien afin qu'il puisse vous voir l'apaisera très rapidement. Mimez ses expressions faciales. Voilà qui le fascinera. Vous le connaîtrez rapidement mieux que quiconque. Apprenez donc à l'apprécier sans culpabiliser ou vous inquiéter si les choses ne se passent

pas exactement comme vous l'auriez souhaité. Il est intéressant de constater que la plupart des parents sont d'accord pour dire que leur premier enfant leur a causé beaucoup plus de soucis que les cadets qui ont reçu moins d'attention, le père et la mère ayant moins de temps à leur consacrer. Ces deuxième et troisième bébés sont souvent plus détendus et plus « faciles ».

UN TEMPS POUR LE PÈRE

N'oubliez pas que vous êtes un parent à part entière, et non simplement l'assistant de la maman.

Allaitement au sein

L'allaitement au sein peut sembler difficile dans un premier temps, mais d'ici quelques semaines, vous et votre bébé deviendrez des experts. Commencez par vous assurer que vous êtes confortablement installée, avec le dos et les bras soutenus. Placez votre bébé dans une bonne position pour téter. Testez les différentes positions qui vous sont présentées ici jusqu'à identifier celle qui vous convient le mieux.

Le réflexe d'éjection

Lorsque vous mettez votre enfant au sein, sa succion encourage votre corps à produire deux hormones. L'une d'elles, la prolactine, envoie des signaux à vos seins afin qu'ils produisent du lait, et l'autre, l'ocytocine, provoque la contraction des fibres musculaires tout au long des canaux galactophores, ce qui pulse le lait vers la sortie. C'est le « réflexe d'éjection ». Ce phénomène se produit plus facilement si vous êtes calme, ce qui explique pourquoi l'allaitement est souvent plus difficile dans la soirée, lorsque vous êtes fatiguée.

Une fois le processus d'allaitement bien en place, le réflexe d'éjection est si sensible que vous pourrez le ressentir en entendant votre bébé pleurer ou même par le simple fait de penser à le nourrir. L'utilisation de compresses stériles vous évitera les inévitables taches à l'avant de vos vêtements.

Le lait maternel est plus liquide que le colostrum crémeux produit par vos seins dans les premiers jours, mais il est nutritionnellement parfait pour votre bébé. Lors de ses premières succions, votre bébé étanche tout d'abord sa soif et satisfait son besoin immédiat de premier lait qui est déjà stocké dans le sein. Au fur et à mesure de la tétée, le lait devient plus riche et nourrissant. Laissez-le téter autant qu'il le souhaite au même sein afin qu'il puisse profiter de ce lait gras. Si vous changez de côté trop tôt, il ne pourra absorber que du premier lait. L'adaptation à l'allaitement au sein peut se révéler difficile dans les premiers temps, mais votre bébé améliorera rapidement son efficacité de succion.

Votre enfant a du caractère

Il vous faut ajuster votre mode d'alimentation en fonction de l'humeur ou du tempérament de votre enfant.

▷ Un bébé excitable risque de s'agiter et de rencontrer des difficultés pour se concentrer sur la tétée. L'emmailloter dans une couverture légère (voir pages 64-65) peut le calmer et l'immobiliser suffisamment pour qu'il puisse téter.

▷ Un bébé dormeur requiert des encouragements pour se nourrir, ce que vous pouvez faire en tapotant doucement ses pieds lorsqu'il s'arrête de téter.

▷ Si votre bébé est affamé, il est possible qu'il soit trop impatient pour se nourrir correctement. Câlinez-le ou chantez-lui une chanson pour le calmer, puis renouvelez l'expérience.

S'INSTALLER CONFORTABLEMENT

POSITION EN BERCEUSE *Tenez votre bébé dans la pliure de votre coude, sa tête et son corps étant tournés vers vous. Vous pouvez également l'allonger sur un coussin pour le soulever à la hauteur de votre poitrine.*

POSITION ALLONGÉE *Allongez-vous sur le côté en installant le bébé latéralement en face de vous. Cette position est particulièrement conseillée si vous avez subi une césarienne, car l'enfant ne repose pas sur votre estomac.*

POSITION EN BALLON DE FOOTBALL *Asseyez-vous avec votre bébé calé sous votre bras, ses pieds orientés vers votre dos et sa tête soutenue par votre main. C'est une bonne position pour un bébé remuant ou des jumeaux. De nouveau, vous pouvez soulever le bébé à hauteur de votre poitrine à l'aide d'un coussin.*

Allaitement et alimentation

Une bonne alimentation est capitale, car beaucoup d'énergie vous sera nécessaire pour prendre soin du bébé et de vous-même ainsi que pour produire le lait essentiel à son développement. Un régime pauvre durant ces premiers mois peut ralentir votre rétablissement et vous serez trop fatiguée pour apprécier pleinement votre enfant. Une alimentation saine vous redynamisera, redonnera de l'éclat à votre chevelure et à votre peau et assurera la protection de vos os et de vos dents à long terme.

Quelle que soit votre impatience à revenir à votre poids habituel, ne tentez pas de maigrir durant l'allaitement. Vous devez suivre un régime équilibré qui inclut beaucoup de fruits et de légumes frais, une bonne combinaison de glucides tels que du pain, du riz, des pâtes et des pommes de terre (les glucides lents du riz brun et du pain complet sont les meilleurs), des produits laitiers tels que le fromage, les yogourts et le lait, et finalement des protéines présentes dans la viande, le poisson et les légumes.

Il est possible que vous n'ayez pas envie de repas copieux. Ce n'est pas un problème – des repas légers mais plus nombreux seront parfaits pour vous aider à recharger les batteries. Gardez une boisson et une collation à portée de main lorsque vous allaitez.

Aliments à éviter

Durant l'allaitement, vous pouvez manger pratiquement de tout. Certains aliments sont néanmoins à consommer avec modération ou à bannir en fonction des réactions de votre enfant. Vous découvrirez peut-être qu'une alimentation épicée ou que des aliments provoquant des gaz, tels que les haricots secs ou les choux, amènent votre bébé à produire des couches spectaculaires. Ces aliments, lorsqu'ils sont présents dans le lait, engendrent la même réaction dans le système digestif de votre bébé que dans le vôtre. Votre enfant risque donc d'avoir des gaz et des selles molles. Si c'est le cas et que ceci vous pose problème, modifiez votre régime pendant un moment.

Si vous pensez que votre bébé ne supporte pas des groupes entiers d'aliments, tels que les produits laitiers, parlez-en à votre généraliste. En cas d'élimination totale de ces aliments de votre régime, compensez les nutriments manquants. Par exemple, si vous ne buvez plus de lait, veillez à conserver un bon apport de calcium à partir d'autres sources, telles que les légumes verts à feuilles et les produits à base de soja. Certaines recherches ont montré que manger des fruits comme des noix et des noisettes pendant la période d'allaitement accroissait le risque d'allergies chez les bébés sensibles. D'autres études ont démenti cette affirmation. En cas d'antécédents allergiques (asthme, eczéma ou rhume des foins) dans votre famille, il reste néanmoins préférable d'éviter les noix et les noisettes durant l'allaitement.

Boissons

Une bonne hydratation est extrêmement importante pendant l'allaitement. Veillez donc à absorber beaucoup de liquide, notamment de l'eau. Évitez les excès de boissons caféinées, car elles sont déshydratantes. Vous pouvez boire de l'alcool, mais avec modération. Une consommation trop importante d'alcool risque d'affecter votre production de lait. Ne buvez pas plus de deux à quatre verres par semaine. De petites quantités d'alcool peuvent passer dans votre lait. Si vous souhaitez boire un verre, faites-le donc deux à trois heures avant la tétée.

Médicaments

Tous les médicaments passent dans le lait maternel. Il est donc sage de demander un avis médical avant d'avaler quoi que ce soit. Vous pouvez cependant prendre sans inconvénient du paracétamol, de l'ibuprofène ainsi que de nombreux antibiotiques. Évitez toutes les drogues récréatives.

Problèmes d'allaitement

▷ **Comment puis-je savoir si mon bébé nourri au sein boit assez de lait ?**

Vous ne saurez pas exactement combien il boit de lait, mais ce qui importe est qu'il soit en bonne santé et qu'il se développe bien. Une pesée régulière – toutes les deux semaines au début – permettra de vous assurer que votre bébé prend suffisamment de poids. L'allaitement au sein est une expérience agréable et rassurante pour votre bébé. Il est donc possible qu'il tète longtemps encore avec l'estomac plein. En règle générale, une fois votre enfant adapté à l'allaitement maternel, dix à quinze minutes de tétée par sein lui seront nécessaires pour obtenir les nutriments essentiels. Il n'est donc pas indispensable de passer des heures à allaiter.

▷ **Puis-je donner à mon bébé un biberon occasionnel ?**

Oui, vous pouvez lui donner du lait maternel et du lait industriel en biberon, mais il est préférable d'attendre que votre enfant soit bien habitué à la tétée. Dans le cas contraire, il risque de rejeter le sein en faveur de la tétine, qui représente une option plus facile.

En outre, vous devez savoir que s'il est nourri au sein, le travail d'aspiration du lait fourni par le nourrisson favorise un développement correct de ses mâchoires. Par la suite, il souffrira donc moins de malpositions dentaires et bénéficiera de muscles faciaux plus puissants.

▷ **J'observe une zone rouge et douloureuse sur l'un de mes seins. Qu'est-ce que c'est ?**

Plus connue sous le terme de mastite, il s'agit d'une inflammation de la glande mammaire qui se produit quand l'un des canaux galactophores est bloqué. Une infection apparaît alors dans le lait et s'étend au tissu mammaire, causant douleur et rougeur. Votre sein devient chaud et engorgé, et il est possible que vous ne vous sentiez pas bien. Consultez immédiatement votre médecin, qui vous prescrira des antibiotiques pour traiter l'infection. Vous pourrez toujours allaiter votre bébé durant le traitement, ce qui aidera également à combattre l'infection. Sachez que ni l'infection ni les antibiotiques ne porteront préjudice à votre enfant. Le fait de placer des feuilles de chou ou des débarbouillettes froides sur vos seins vous soulagera. Vous pourrez également prendre de l'acétaminophène (Tylenol®) ou de l'ibuprofène (Advil®). Évitez l'aspirine qui est une substance dangereuse pour les bébés (voir page 262).

▷ **Puis-je allaiter si je suis malade ?**

Oui. La plupart des maladies ne peuvent pas être transmises à votre bébé par le biais du lait maternel. De plus, si votre enfant a tété régulièrement, votre lait l'aura déjà immunisé contre la plupart des microbes. Il existe cependant quelques exceptions à cette règle, telles que le virus VIH susceptible de se transmettre par le lait maternel, mais elles sont rares. Si vous êtes séropositive, on vous aura informée des risques potentiels de l'allaitement durant votre grossesse.

▷ **Mon lait jaillit très vite et mon enfant s'étrangle. Que puis-je faire ?**

Lorsque vos seins sont accoutumés à l'allaitement, ils peuvent produire du lait en excès. Celui-ci jaillit alors très vite. Ce problème se résoudra par lui-même, mais pour le moment, tentez d'exprimer un peu de lait manuellement avant la tétée.

▷ **Que dois-je faire si mon bébé s'endort pendant la tétée ?**

Si votre bébé semble bien, ne vous inquiétez pas. Les enfants ont généralement bu suffisamment de lait après dix à quinze minutes de tétée à chaque sein. S'il s'endort après avoir tété un seul sein, commencez par l'autre sein la fois suivante.

QUESTIONS ET RÉPONSES

Donner le biberon

L'alimentation au biberon peut procurer autant de satisfaction que l'allaitement au sein et il offre aux deux parents la possibilité de participer. N'installez jamais un bébé de telle sorte qu'il puisse boire tout seul un biberon placé à sa portée, car il risquerait de s'étrangler. De plus, suivez toujours à la lettre les instructions pour la préparation du biberon (voir page 33) et le nettoyage du matériel.

Choix du lait

D'un point de vue nutritionnel, il n'existe pas une grande différence entre les marques de lait industriel. Vous trouverez peut-être des types de produits différents, tels que le lait de soja ou celui de chèvre, mais pour la plupart des nourrissons, c'est le lait de vache qui est le meilleur. Si vous pensez que votre bébé est allergique au lait de vache (voir l'encart ci-après), consultez votre médecin pour établir un diagnostic correct et obtenir des conseils sur le type de lait à lui donner.

Le lait industriel conçu pour les nourrissons contient des protéines lactosériques, qui sont les plus digestes pour l'enfant. Il existe également du lait destiné aux « bébés goulus », qui est plus riche en caséine formant un caillé dans l'estomac du bébé et entretenant plus longtemps une sensation de satiété. Ce lait a cependant tendance à constiper l'enfant. En conséquence, à moins que votre médecin ne vous conseille autrement, il est préférable de choisir pour votre bébé le lait classique et de le nourrir plus souvent s'il a faim.

Laits spéciaux

Le lait de soja peut être conseillé par votre médecin en cas de suspicion d'allergie au lait de vache. Certains bébés peuvent cependant se montrer également allergiques aux protéines du lait de soja, auquel cas un lait hypoallergénique alternatif sera prescrit. Cette solution pourra même être retenue en priorité, car on craint actuellement que les phytœstrogènes du soja n'affectent la fertilité future des garçons. Si votre bébé est nourri au lait de soja, il vous faudra vous montrer extrêmement vigilante au sujet du brossage des dents.

Le département de la santé américain déconseille le lait de chèvre pour les bébés. En outre, les types et les taux de protéines et de lactose présents dans le lait de chèvre étant comparables à ceux du lait de vache, il est peu probable qu'ils soient mieux tolérés. Des laits spéciaux destinés aux bébés souffrant de reflux sont également disponibles.

Allergie au lait de vache

Signes possibles d'allergie au lait de vache :

▷ Diarrhées – en particulier si du sang est présent dans les selles de votre enfant.

▷ Vomissements et impossibilité de prendre du poids – bien que rarement dus à cette allergie.

▷ Eczéma sévère – bien que, chez la plupart des enfants, la présence d'eczéma ne soit pas due cette allergie.

▷ Plus rarement, signes brefs de respiration sifflante, d'urticaire et de gonflement (voir page 280).

Aérophagie

Les bébés ont tous de l'aérophagie (de l'air dans l'estomac) de temps à autre, mais certains en souffrent plus que d'autres. Ce problème se pose moins pour les bébés nourris au sein que chez ceux nourris au biberon, car ces derniers risquent d'avaler de l'air si la tétine n'est pas totalement remplie de lait.

Essayez de faire éructer le bébé à la moitié du biberon, puis de nouveau lorsqu'il a terminé. Ne vous inquiétez pas si votre enfant ne fait pas de rot – il n'a peut-être pas d'air dans l'estomac. Il est également possible que cet air remonte plus tard, avec du lait. Ceci est normal chez les jeunes bébés et se produira de moins en moins souvent au fur et à mesure de la maturation du système digestif de votre enfant. La valve située au-dessus de son estomac restera alors mieux fermée. Le principe du rot est de garder votre bébé en position verticale, afin que les bulles d'air remontent à la surface. Il peut alors les expulser sans risque de rejeter une partie de sa nourriture.

Si votre bébé est endormi, tentez néanmoins de lui faire faire son rot. Il est possible que cette opération ne le réveille même pas, et cela est préférable à un réveil plus tardif parce que l'enfant ne se sent pas bien.

Vous découvrirez rapidement la méthode la plus efficace pour faire éructer votre bébé. Les deux positions les plus courantes vous sont présentées ci-après, mais vous pouvez également l'allonger sur le ventre, sur vos genoux et sur votre avant-bras.

COMMENT FAIRE ÉRUCTER VOTRE BÉBÉ

MAINTENEZ-LE CONTRE VOTRE ÉPAULE *Caressez ou tapotez doucement son dos pour faire remonter l'air – ce qui devrait s'avérer facile si l'enfant se trouve en position verticale. Prenez la précaution de poser le bavoir de l'enfant sur votre épaule.*

ASSEYEZ-LE SUR VOS GENOUX *Penchez-le légèrement vers l'avant et caressez ou tapotez doucement son dos jusqu'à ce qu'il éructe. Le bébé n'étant pas en mesure de tenir sa tête seul, il est important de le soutenir en la posant sur votre main.*

Stérilisation

Bien que la propreté soit essentielle dans le cas d'une alimentation au biberon, je ne pense pas qu'il soit nécessaire de stériliser tout l'équipement si vous êtes soigneuse et si vous suivez quelques règles d'hygiène simples. Je n'ai jamais rien stérilisé pour mes bébés et je vous encourage à envisager cette option.

Certains scientifiques pensent que l'exposition du bébé aux germes peut lui être bénéfique et prévenir les réactions allergiques. Notre corps contient des lymphocytes T qui jouent un rôle clé dans notre système immunitaire. Ces cellules combattent les infections, mais comme nous vivons dans des environnements de plus en plus stériles, les germes qu'elles ont à combattre sont de moins en moins nombreux. C'est ce qui explique que les lymphocytes T du système immunitaire en cours de développement d'un enfant peuvent quelquefois répondre à des substances inoffensives, telles que la nourriture, provoquant ainsi une réaction allergique. En conséquence, la suppression de tous les germes du système digestif d'un bébé peut être lié à un accroissement des problèmes allergiques, comme l'asthme et l'eczéma. La recherche a montré que les enfants qui étaient régulièrement exposés aux bactéries, tels que ceux vivant dans une ferme, étaient moins susceptibles de développer des allergies.

Si vous n'envisagez pas de stériliser le matériel, suivez ces règles simples :

■ **Nettoyez-le soigneusement :** utilisez un lave-vaisselle si vous en avez un. Si des résidus de lait restent collés sur les parois du biberon ou sur la tétine, utilisez un goupillon pour atteindre les recoins.

■ **Stockez-le correctement :** ne laissez jamais des bouteilles de lait à température ambiante. Si vous sortez, emportez la quantité adéquate de lait en poudre dans un biberon, puis ajoutez la quantité requise d'eau chaude juste avant de nourrir votre enfant. Jetez systématiquement tout reste de lait. Si vous utilisez du lait industriel tout prêt, les cartons scellés peuvent être stockés à température ambiante.

Si vous décidez de stériliser

Il est officiellement conseillé de stériliser le matériel d'alimentation pendant les six premiers mois, afin d'éviter aux bébés les infections dues aux bactéries présentes dans les biberons. Si vous ne vous sentez pas capable de suivre les règles d'hygiène énumérées ci-dessus, il est préférable de ne pas prendre de risques et de stériliser votre équipement. Plusieurs méthodes s'offrent à vous :

■ **Stérilisateur électrique à vapeur :** c'est un appareil que vous branchez sur le secteur et qui crée de la vapeur. Il stérilise l'équipement en dix minutes environ.

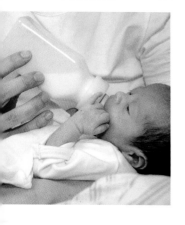

TENEZ-LE CONTRE VOUS Il est possible de conserver une étroite proximité en nourrissant l'enfant au biberon. Cette méthode présente en outre l'avantage d'impliquer également le père.

Problèmes d'alimentation au biberon

▷ **Quelle quantité de lait industriel dois-je donner à mon bébé ?**

Il est généralement conseillé de donner aux bébés 150 ml de lait par kilo, mais si votre enfant est éveillé, en bonne santé et que ses couches ne laissent rien détecter de particulier, vous pouvez être sûre que la quantité est bonne. Si vous êtes inquiète, demandez un avis de votre CLSC.

▷ **Est-il préférable de s'en tenir à la même marque de lait maternisé ?**

Sauf avis contraire de votre médecin, il est important de donner à votre bébé une préparation de lait conçue pour répondre aux besoins nutritionnels des nourrissons. Leur composition s'inspire très fortement du lait maternel. Au Québec, la plupart de ces poudres sont fabriquées à partir de lait de vache modifié et les marques sont très similaires entre elles. Un changement de marque ne portera aucun préjudice à votre enfant qui supportera rapidement le goût légèrement différent d'une marque à l'autre.

▷ **Est-il bon pour la santé d'utiliser un lait prêt à l'emploi ?**

Oui. Le lait prêt à l'emploi est fourni en conserve et s'avère très pratique lorsque vous sortez avec votre bébé. Sachez, cependant, qu'il est plus cher.

■ **Stérilisateur micro-ondes :** il reçoit de l'eau dans sa base, possède un panier pour les biberons et un couvercle. Une fois en marche, il crée de la vapeur qui stérilise son contenu. Vous pouvez également acquérir des sacs de stérilisation pour four à micro-ondes. Ils sont rapides et faciles à utiliser si vous sortez.

■ **Solution chimique à froid :** la solution est composée d'un mélange de liquide ou de pastilles chimiques et d'eau. Il vous faut un grand récipient muni d'un couvercle et un objet lourd, tel qu'une assiette, pour immerger totalement le matériel dans la solution. Bien qu'elle ne soit pas toxique, cette solution exhale une forte odeur chimique qui persiste une fois les biberons rincés.

■ **Ébullition :** placez tout dans une casserole d'eau et faites bouillir pendant au moins dix minutes. Avec cette méthode, les tétines deviennent collantes. Elles doivent donc être remplacées plus souvent.

Biberons et tétines

Vous pouvez acheter des tétines avec des trous différant en taille et en nombre, ce qui permet au lait de couler plus ou moins rapidement. En outre, certaines tétines sont conçues pour empêcher votre enfant d'avaler trop d'air. Les biberons sont vendus sous des formes et des tailles variées. Choisissez un biberon à large goulot. Il sera ainsi beaucoup plus facile de verser la poudre de lait. Des biberons spéciaux sont disponibles pour les bébés souffrant de coliques (voir page 98). Ils réduisent la quantité d'air absorbé et, bien qu'ils ne fonctionnent pas toujours, il est utile de les tester si votre nourrisson souffre d'aérophagie.

Suivi de la croissance et de la santé du bébé

La taille et le poids de votre bébé seront notés sur des courbes de croissance dans son carnet de santé. Ces courbes donnent une vue globale de la croissance de votre enfant sur une période donnée. S'il est en bonne santé et s'il se nourrit bien, il est probable que sa croissance soit satisfaisante. Ne vous inquiétez donc pas trop des fluctuations hebdomadaires.

COMMENT EST MESURÉ VOTRE BÉBÉ

Les courbes de croissance utilisent les « centiles » pour suivre le poids, la taille et la circonférence de la tête de votre enfant. Ce système de moyennes aide votre médecin à déterminer si la croissance est satisfaisante. Les centiles vont du 2e au 98e, bien que les courbes puissent différer légèrement. Si votre bébé est au 50e centile, il se situe juste dans la moyenne pour son âge. Les enfants naissent avec différentes tailles et formes, et certains ne seront pas au même centile pour la taille et le poids. Par exemple, un bébé qui est au 50e centile pour le poids et au 70e centile pour la taille est plus grand et plus mince que la moyenne, alors qu'un enfant qui est au 15e centile pour le poids et la taille est petit. Les deux peuvent néanmoins être en parfaite santé. Ne vous inquiétez donc pas si votre enfant se trouve en haut ou en bas de l'échelle.

Bien que l'on puisse observer de petites variations, la plupart des bébés suivent la même tendance, en centiles, depuis la naissance. Si la courbe s'écarte du « chemin physiologique » vers le haut ou le bas, la croissance de votre enfant doit être soigneusement suivie par un professionnel de santé, mais dans la plupart des cas, rien de préoccupant ne sera détecté. Ces courbes représentent un guide utile, mais pas infaillible, de la croissance du bébé.

« Mon partenaire et moi sommes petits. Ainsi, quand j'ai vu que mon bébé se trouvait au 15e centile pour la taille, je ne me suis pas inquiétée. »

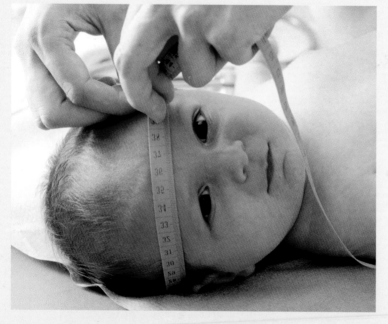

TAILLE DE LA TÊTE *Le périmètre crânien est également utilisé pour suivre la santé d'un bébé. Les problèmes sont rares, mais une croissance lente peut révéler une anomalie de développement du cerveau, alors qu'une croissance très rapide peut être un signe d'excès de liquide céphalorachidien ou d'hydrocéphalie.*

La taille est héréditaire mais peut être affectée dans l'enfance par des facteurs tels que la nutrition et la santé psychique. Les courbes des garçons et celles des filles diffèrent, car ils grandissent à un rythme différent. Les bébés nés avec un syndrome particulier, tel celui de Down (voir page 307), présentent une courbe spécifique.

LES CLSC

Les Centres locaux de service communautaires (CLSC) sont des organismes publics offrant des services de première ligne en matière de santé et de soins aux nouveau-nés. Le CLSC de votre quartier est une grande source d'information sur toutes les questions relatives à votre enfant, depuis l'allaitement jusqu'à la vaccination. Le personnel des CLSC est habileté à pratiquer les examens obligatoires, qui sont gratuits. Les consultations sont assurées par une équipe ce qui facilite l'approche médico-sociale des difficultés rencontrées par les familles. Lieux d'écoute et de conseil, ces consultations répondent à des normes fixées par la réglementation. Chaque enfant qui est accueilli dispose d'un dossier personnel où seront notés non seulement les résultats de l'examen physique et sensoriel, les étapes du développement psychomoteur et intellectuel, mais également les vaccinations ainsi que les conditions de vie et antécédents de l'enfant.

SUIVI DE LA CROISSANCE *Une infirmière du CLSC pèsera régulièrement votre bébé et vous donnera des conseils en cas de problème.*

Suivi médical

Bien que les nouveau-nés ne tombent pas souvent malades, les choses peuvent dégénérer très vite en cas de problème de santé. Votre médecin généraliste en sera conscient ; si vous avez une inquiétude concernant la santé de votre enfant, n'hésitez pas à le consulter. Si vous devez prendre un rendez-vous, il fera son maximum pour vous recevoir le plus rapidement possible. Vous aurez sans doute l'occasion de vous familiariser un peu avec lui dans les prochaines années, car les jeunes enfants représentent les patients les plus réguliers des cabinets médicaux.

Votre bébé doit consulter un médecin si :
▷ Il a de la température.
▷ Il rencontre des difficultés pour respirer.
▷ Il transpire excessivement au cours de l'allaitement.
▷ Il s'alimente très peu ou se montre excessivement irritable.

Téléphonez au 911 si votre bébé présente des difficultés respiratoires sévères, a les lèvres bleues ou si une autre partie de son corps est bleue ou flasque, s'il est très irritable (avec de la température), s'il est froid ou moite.

BÉBÉS NOURRIS AU SEIN

Pendant de nombreuses années, les courbes de croissance des nourrissons se sont fondées sur le gain de poids moyen chez les bébés nourris au biberon. Aujourd'hui, on accumule les preuves au vu desquelles il apparaît que les bébés nourris au sein ne prennent pas nécessairement du poids au même rythme que ceux nourris avec du lait infantile.

L'Organisation mondiale de la santé a publié des courbes de croissance basées sur le gain de poids espéré pour les bébés nourris au sein. Ces courbes sont analogues à celles présentées ici.

LE POIDS DES GARÇONS ET DES FILLES

La seule différence entre les deux graphiques est que les garçons sont légèrement plus lourds que les filles à un âge donné. Si vous nourrissez votre bébé au sein, vous souhaiterez peut-être comparer sa courbe de croissance à celles présentes dans son carnet de santé (voir page 80), et qui représentent une moyenne de tous les bébés.

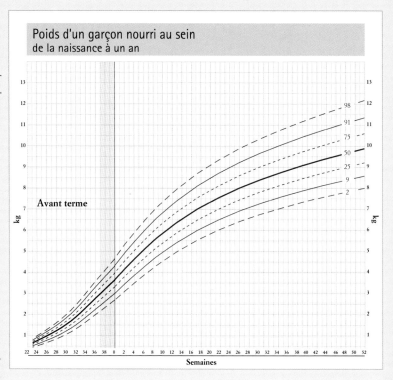

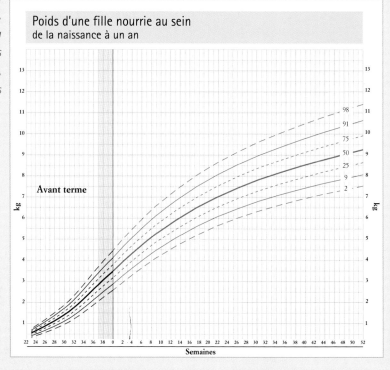

LA PREMIÈRE ANNÉE

Les courbes de croissance standard pour la première année sont également différentes pour les garçons et les filles. Votre infirmière notera le périmètre crânien de votre bébé, son poids et sa taille à chacune de ses visites. Le 50ᵉ centile représente la moyenne. Les données pour votre enfant pourront être légèrement supérieures ou inférieures, en fonction de son hérédité. Le centile auquel il se trouve ne présente que peu d'importance, tant que la courbe indique un taux de croissance régulier.

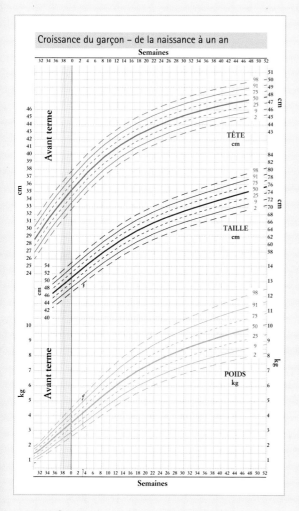

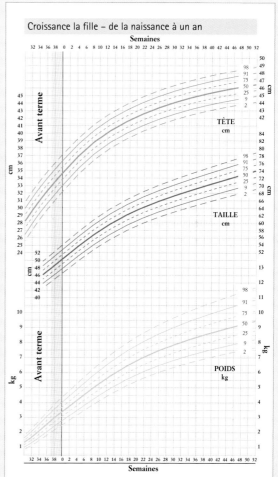

CENTILES *Quatre-vingt-seize pour cent des enfants ayant un développement normal se situent entre le 2ᵉ et le 98ᵉ centile pour la taille, le poids et le périmètre crânien. Il est normal pour un bébé dont les parents sont grands de se situer à un centile élevé pour la taille et pour un enfant dont les parents sont minces de se trouver à un centile bas en ce qui concerne le poids.*

COURBES DE CROISSANCE *Tous les bébés connaissent des accélérations et des ralentissements de croissance. Il est donc important d'observer la courbe dans la globalité. Par exemple, un bébé dont le poids diminue de deux centiles, puis remonte d'un centile, est moins inquiétant qu'un bébé dont le poids continue de chuter de plusieurs centiles.*

Soins quotidiens

Les soins d'un nouveau-né peuvent paraître quelque peu intimidants dans un premier temps. Vous devez toujours soutenir sa lourde tête et il est possible qu'il pleure lorsque vous le déshabillez, mais vous constaterez rapidement que ces tâches sont de merveilleuses occasions de passer un moment agréable avec lui.

Prendre de bonnes habitudes

Votre bébé dormira autant qu'il en aura besoin et quand il en aura besoin. Les premières semaines, il lui sera impossible de dormir toute la nuit sans téter, mais vous pourrez néanmoins commencer à mettre en place un rituel de coucher – une toilette ou un bain suivi d'un repas. Une histoire ou une berceuse peut favoriser l'endormissement. Vous pouvez dès à présent lui apprendre à s'endormir seul. S'il a mangé et a sommeil, mettez-le dans son lit encore éveillé et il comprendra progressivement qu'il peut s'endormir ailleurs que dans vos bras. S'il

COMMENT EMMAILLOTER L'ENFANT

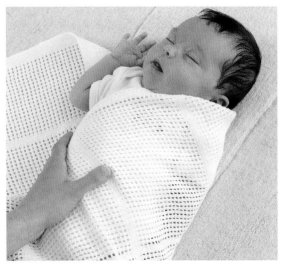

1. PLACEZ LA COUVERTURE SUR UNE SURFACE PLANE ET REPLIEZ UN COIN. *Utilisez un tissu léger, tel qu'une couverture en coton ou un drap. Posez votre enfant dessus, avec sa tête juste au-dessus du coin retourné. Souvenez-vous que, à cet âge, il se recroqueville naturellement, en raison de sa position dans l'utérus. Ne tentez donc pas de le redresser.*

2. RABATTEZ LE COIN DROIT. *Ramenez le coin droit de la couverture sur l'enfant et coincez-le sous son corps de sorte que son bras gauche se trouve en sécurité sous le tissu. Son bras droit continuera probablement à battre l'air, mais il devrait déjà se sentir douillettement installé.*

se réveille au cours de la nuit, il se rendormira ainsi plus facilement par lui-même. Le fait de l'emmaillo-ter (voir ci-après) peut aider l'enfant à se sentir sécurisé et l'apaiser, mais tous les bébés n'apprécient pas. Découvrez-le une fois endormi afin qu'il n'ait pas trop chaud.

Où doit-il dormir ?

Votre bébé peut dormir dans un berceau ou un petit lit. Si vous achetez un lit d'occasion, prévoyez un matelas neuf. Il existe en effet un lien possible entre les bactéries toxiques d'un matelas d'occasion et le syndrome de mort subite du nourrisson. Le matelas doit s'adapter parfaitement au lit, sans espaces sur les bords.

Dormir en sécurité

La FSID (*Foundation for the Study of Infant Deaths*) (voir page 312) recommande de faire dormir le bébé dans votre chambre pendant les six premiers mois. La recherche montre en effet que cette précaution réduit les risques de mort subite du nourrisson. Afin que votre enfant n'ait ni trop chaud ni trop froid, la température de la pièce dans laquelle il dort doit se situer entre 16 ° et 20 °C.

Le partage du lit parental avec le bébé est déconseillé dans les premiers mois. Il est plus prudent de l'allaiter dans votre lit, puis de le remettre dans sa bassinette. Voir page 39 pour plus d'informations concernant le sommeil.

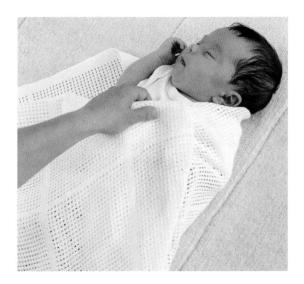

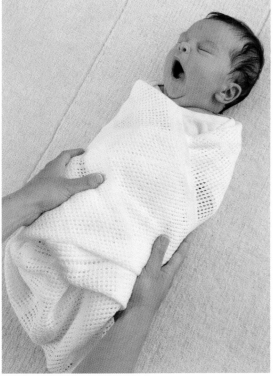

3. RABATTEZ LE COIN INFÉRIEUR. *Saisissez le coin en dessous des pieds du bébé, ramenez-le vers sa poitrine puis rentrez-le sous la première « enveloppe ».*

4. RABATTEZ LE COIN GAUCHE. *Ramenez le coin gauche sur l'enfant et coincez-le sous son corps. Une fois l'enfant endormi, démaillotez-le.*

Premier linge de lit

Il vous faudra des draps de la taille de la bassinette et des couvertures légères pour bébés. Alternativement, des sacs de couchage légers et sans capuche peuvent être utilisés pour les nouveau-nés à partir de 3 kg – ils sont conçus pour être utilisés seuls, votre bébé étant vêtu d'un body ou d'un pyjama. La couverture est inutile dans ce cas. Les sacs de couchage sont appréciables dans la mesure où ils ne glissent pas lorsque l'enfant bouge pendant son sommeil et ils vous permettent d'improviser un lit où que vous soyez. Ne placez cependant jamais votre enfant dans un sac de couchage qui est trop grand pour lui, car il pourrait glisser vers le pied et avoir trop chaud.

Premiers habits

Vous aurez uniquement besoin de quelques bodys et d'une série de pyjamas avec des pressions sur l'avant – ainsi, vous habillerez l'enfant beaucoup plus facilement qu'avec des vêtements à enfiler par la tête. Tout le reste vous sera probablement offert en cadeau. Je suis sûre que vous serez tentée d'acheter de charmants vêtements, mais faites attention – les bébés grandissent très vite et vous finirez la plupart du temps par habiller votre enfant dans un ou deux vêtements qui auront votre préférence. Mes bébés n'ont porté que la moitié des vêtements qui leur avaient été achetés. Évitez les vêtements qui doivent être repassés !

S'il fait froid, je conseille des petits chaussons avec des élastiques aux chevilles plutôt que des chaussettes – mes bébés ne gardaient jamais leurs chaussettes. Que votre enfant porte des chaussettes, des chaussons ou même un pyjama avec pieds, assurez-vous que ses pieds ne soient pas comprimés. En effet, les pieds d'un bébé sont très mous et peuvent être facilement écrasés.

Acheter pour votre bébé

Votre enfant a besoin de très peu de choses pour son confort et se sentir en sécurité. L'utilisation de l'équipement des nouveau-nés étant de très courte durée, c'est une période idéale pour le recyclage. De nombreux vêtements et équipements d'occasion sont proposés dans les petites annonces, dans les journaux locaux ainsi que sur LesPac.com et eBay, et vous pourrez les revendre lorsque vous n'en aurez plus besoin.

Assurez-vous que les poussettes d'occasion n'ont pas connu d'accident et veillez à récupérer les guides d'utilisation pour tout le matériel ainsi acquis.

Désirable mais pas essentiel

Si vous ne reculez pas devant la dépense, ou si les grands-parents ont envie de faire de l'épate, les balancelles sont appréciées par beaucoup de bébés qui les trouvent apaisantes. Certaines peuvent même émettre une petite mélodie. On m'en a offert une pour mon deuxième bébé qui l'a adorée. Un sac à langer est utile, même si des poches spacieuses suffisent pour une couche, un pyjama de rechange et quelques serviettes (surtout si vous nourrissez votre enfant au sein et non au biberon). Une autre solution consiste à utiliser un sac à dos.

Superflu

Les jouets pour bébés sont superflus dans les premières semaines. Le seul jouet qui fera de l'usage est un mobile suspendu à un emplacement où il peut aisément le voir (à une distance d'environ 30 cm). Les bébés répondent au contraste et les motifs noirs et blancs sont un bon choix.

La façon dont vous habillez votre bébé relève plus du style que de la nécessité. Comme une mère me l'a dit : « Mes triplés n'ont jamais perdu leurs chaussettes et portaient toujours des vêtements blancs immaculés – c'est peut-être pour cela que j'étais si déprimée durant la première année ! »

Les couches

Deux options s'offrent à vous : les couches jetables ou les couches réutilisables en tissu (voir page 95). Les couches jetables sont parfaites pour les premières semaines. Si vous souhaitez utiliser des couches réutilisables dès le départ, prévoyez un lavage important.

Les couches réutilisables coûtent initialement plus cher, car vous devez en acheter entre dix-huit et vingt-quatre. Mais même si l'on prend en compte les éventuels coûts de nettoyage, elles s'avèrent beaucoup plus économiques à long terme. Pour un enfant, vous économiserez environ 700 à 800 $. Et quand vient un deuxième bébé, vous pouvez les réutiliser, ce qui réduit encore les coûts. Les couches lavables sont également plus écologiques. Bien que les couches jetables soient plus rapides et faciles d'utilisation, tout spécialement lorsque vous êtes hors de chez vous, elles commencent à poser un problème de déchets. Actuellement au Québec, plus de 500 000 couches jetables finissent à la poubelle chaque jour. Quelle que soit la solution adoptée, les trois facteurs à prendre en considération sont le confort, l'absorption et la taille. Les couches sont vendues sous différentes formes et tailles. Vous devrez donc en tester quelques-unes avant de dénicher la meilleure marque pour votre bébé.

Un tapis à langer est utile, mais pas indispensable – une serviette peut faire l'affaire. Il vous faudra des lingettes ou du coton hydrophile et de l'eau. Les sacs à couches sont utiles, mais des sacs en plastique recyclés feront l'affaire également.

Le bain

À ce stade, vous préférerez peut-être faire une petite toilette à votre bébé (voir page 42). Si vous décidez de le baigner, ayez tout le nécessaire à portée de main, car vous devrez le tenir et supporter sa tête en permanence. Contrôlez la température de l'eau avec votre coude – elle doit être raisonnablement chaude. Beaucoup d'eau est inutile et, bien qu'il soit possible d'utiliser des produits de bain pour bébés s'ils vous ont été offerts, ceux-ci ne sont pas indispensables.

Veillez ensuite à sécher soigneusement l'enfant, sinon les plis de sa peau risquent de devenir douloureux. Évitez le talc en poudre, car il risque de boucher ses pores et de s'infiltrer dans ses voies respiratoires, ce qui peut causer des problèmes.

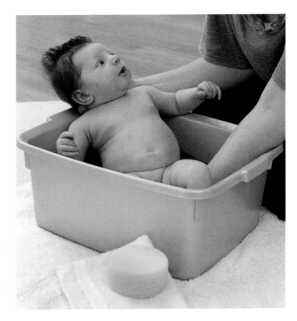

DANS LA BAIGNOIRE *Une baignoire pour bébés n'est pas indispensable – une cuvette est idéale. Vous pouvez également utiliser le lavabo avec une serviette enroulée autour des robinets pour plus de sécurité.*

Problèmes courants

▷ **Dois-je laver les cheveux de mon nouveau-né ?**

Les cheveux de votre bébé ne requièrent pas beaucoup d'attention à cet âge, mais lorsque vous les lavez, enveloppez l'enfant dans une serviette douce afin qu'il ne puisse pas gigoter. Si vous le baignez, lavez-lui d'abord les cheveux dans l'eau du bain. Dans le cas contraire, utilisez une cuvette ou un lavabo d'eau chaude avec quelques gouttes de shampoing pour bébés si vous le souhaitez. N'oubliez pas que sa tête doit toujours être soutenue. Calez-la donc dans le creux de votre coude. Ses cheveux se trouvant au-dessus de la cuvette, mouillez-les en partant de sa nuque pour éviter de lui éclabousser le visage. Épongez-les doucement dès que vous avez terminé.

▷ **Comment dois-je couper les ongles de mon bébé ?**

Il est préférable de les couper avec des ciseaux à bouts ronds spécialement adaptés aux bébés, de façon à ne pas le piquer. Si vous avez peur qu'il bouge, faites-le pendant son sommeil. Ses ongles de pied peuvent être longs, avec une forme bizarre et assez incurvés aux extrémités. Ils peuvent également être cassants, mais c'est normal. Il vous suffit de les couper tout droit avec vos ciseaux pour bébés.

▷ **Mon bébé est né avec une dent. Est-ce normal ?**

À la naissance de l'enfant, ses dents sont déjà formées dans ses mâchoires, mais il peut arriver qu'un bébé naisse avec une dent. Si elle bouge ou si elle gêne l'allaitement, votre médecin peut proposer de l'extraire. Dans le cas contraire, cette particularité ne doit pas vous inquiéter.

▷ **Dois-je donner une suce à mon bébé ?**

Les bébés naissent avec un besoin de sucer. Votre enfant sera sécurisé par la succion. Si vous le nourrissez au sein, il est possible qu'il tète longtemps encore après avoir satisfait son appétit. Certains bébés ont déjà identifié leur pouce (de nombreux fœtus sucent leur pouce dans l'utérus) – mais si ce n'est pas le cas du vôtre, proposez-lui une suce. Si elle apaise votre enfant, il n'y a aucune contre-indication à cette pratique. Il n'est pas nécessaire de stériliser les suces, mais une certaine propreté est nécessaire. Si elle tombe sur le sol, lavez-la avant de la lui redonner. Ne nettoyez pas la suce en la mettant dans votre bouche. Lorsque votre enfant grandit, l'utilisation continuelle de la suce peut engendrer un retard de langage (il est difficile de parler avec une suce dans la bouche). Dans ce cas, réservez-la aux moments les plus difficiles.

▷ **Je pense que mon bébé est constipé. Que puis-je faire ?**

Si votre enfant est nourri au sein, il a moins de risque de souffrir de constipation, car le lait maternel est très digeste. Les bébés nourris au biberon ont des selles moins fréquentes (quelquefois au nombre de deux par semaine), mais ceci ne signifie pas nécessairement qu'ils sont constipés. Ne soyez pas surprise si votre bébé semble faire un effort considérable pour émettre ses selles. Si, cependant, il semble souffrir lors de l'émission des selles et si celles-ci sont petites et dures, il est possible qu'il soit constipé (voir page 276). Dans ce cas, augmentez les quantités d'eau. S'il est nourri au biberon, veillez à ne pas surdoser le lait en poudre, ce qui risquerait de constiper l'enfant.

Votre vie de nouveaux parents

Un mois après la naissance de votre enfant, vous aurez peut-être du mal à vous souvenir d'un moment passé sans lui. Même s'il reste toujours votre centre d'intérêt, veillez à conserver du temps pour vous et communiquer avec votre partenaire. Sortir régulièrement de la maison est un bon début.

Les sorties

Réservez du temps pour vous et votre couple, pour pratiquer les activités que vous aimez ou rendre visite à des amis. Nos bébés nous ont accompagnés au cours de nos randonnées, dans la grande roue, dans les bus et les métros, aux réceptions, aux restaurants et dans les galeries d'art. Si vous le pouvez, appréciez la « portabilité » de l'enfant pendant qu'il est encore petit.

Les premières semaines, vous pouvez voyager léger, à plus forte raison si vous allaitez au sein. Votre enfant sera très heureux dans son siège d'auto ou son porte-bébé. La découverte de nouveaux spectacles, sons et lieux l'aidera à se sentir à l'aise dans diverses situations, ce qui lui sera largement bénéfique.

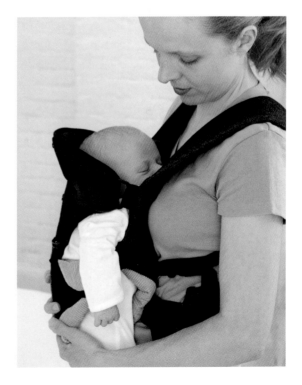

MAINS LIBRES *Un porte-bébé est pratique. Assurez-vous qu'il soutient bien la tête, le cou et le dos de l'enfant.*

De nombreux parents n'osent pas exposer un bébé minuscule au monde extérieur, mais il n'y a aucune inquiétude à avoir. Il est cependant préférable :

■ **d'éviter les lieux enfumés :** interdisez à quiconque de fumer à proximité de votre bébé.

■ **d'habiller l'enfant de façon appropriée :** s'il fait froid mais que vous envisagiez d'entrer dans des cafés ou des magasins, et d'en sortir, prévoyez plusieurs couches de vêtements de façon à facilement en retirer ou lui en remettre. Prenez également des vêtements de rechange.

■ **d'éviter les rayons directs du soleil :** la peau de votre bébé est délicate et brûle facilement.

■ **d'être équipée :** prenez une couche et des lingettes de rechange. En outre, si vous le nourrissez au biberon, emportez du lait en poudre à mélanger avec de l'eau bouillie et refroidie.

Les porte-bébés

Votre bébé aimera beaucoup être porté contre vous, et ce sera un vrai plaisir pour vous également. Choisissez un porte-bébé doux et confortable, qui soutient la tête de l'enfant et est assez résistant pour durer six à huit mois environ. S'il est d'occasion, veillez à ce que l'on vous fournisse le manuel d'utilisation, car certains sont compliqués à mettre en place. J'ai récemment parlé avec une collègue (pédopsychiatre) qui m'a avoué ne pas avoir sorti son bébé durant le premier mois, car elle ne savait pas comment utiliser le porte-bébé et replier la poussette !

Les poussettes

UNE POUSSETTE TOUT-TERRAIN *Les poussettes à trois roues sont idéales pour les terrains tels que l'herbe et les chemins de terre. Elles sont donc parfaites pour les promenades dans la nature, mais peuvent se révéler peu maniables dans le bus et les magasins.*

Ne gaspillez pas vos économies avec une poussette de marque qui est difficile à replier, occupe toute la place dans votre vestibule et ne rentre pas dans le coffre de votre voiture. Il existe une grande variété de poussettes, buggies et systèmes de voyage légers. Certains permettent de coucher l'enfant à plat, d'autres possèdent un couffin et/ou un siège d'auto qui se fixe au châssis. Vous pouvez les acheter à trois ou quatre roues et la plupart sont proposés en version jumeaux ou triplés.

À ce stade, vous pouvez utiliser une poussette s'il est possible d'y coucher l'enfant à plat et si elle présente un dispositif de fixation à la voiture. Les plus pratiques sont celles qui se replient facilement d'une seule main. Les prix sont très variables, mais une fois votre budget fixé, les principaux points à prendre en compte lors de l'achat d'une poussette sont les suivants :

■ **Facilité d'utilisation :** il n'est absolument pas utile d'avoir une poussette dernier cri difficile à replier. Vérifiez donc ce point avant d'acheter.

■ **Manœuvrabilité :** avant d'acheter, vérifiez si elle est facile à pousser et si vous pouvez monter sur les trottoirs et en descendre aisément.

■ **Hauteur de la poignée :** vous pouvez écoper d'un mal de dos persistant si vous vous penchez trop pour pousser une poussette. Si vous avez une taille différente de celle de votre partenaire, cherchez un modèle avec une poignée facilement réglable.

■ **Taille :** vérifiez si votre poussette entrera dans votre vestibule et dans votre coffre de voiture.

Adaptation à la parentalité

▷ **J'allaite à la demande, mais mon partenaire considère que cela prend trop de temps et aimerait que nous adoptions un programme plus rigoureux. Comment puis-je trouver un compromis ?**

Tâchez d'identifier la racine du problème. Est-ce parce que votre partenaire est généralement plus organisé ou parce qu'il n'apprécie pas le fait de devoir vous « partager » avec le bébé ? Faites-lui lire de la documentation vantant les bienfaits de l'allaitement au sein et à la demande. Il est important de régler le problème et d'arriver à une solution qui vous satisfasse également.

▷ **À chaque fois que des visiteurs viennent à la maison, ils sont aux petits soins pour le bébé et pour moi-même, mais ils s'attendent à ce que mon partenaire leur serve le café ! Je peux constater qu'il se sent marginalisé. Comment dois-je gérer cette situation ?**

Parlez à votre partenaire de ce qu'il ressent. Tout comme vous, il est probablement bouleversé, euphorique, épuisé et très vraisemblablement effrayé, mais c'est vous qui recueillez tous les soins, les éloges et les cadeaux, car c'est vous qui avez été enceinte et avez accouché. Si votre partenaire sait que vous comprenez ses sentiments, vous pourrez rire ensemble des maladresses des autres.

La chose la plus importante est de ne pas laisser le ressentiment s'installer entre vous. Vous êtes tous deux fatigués et avez traversé des bouleversements émotionnels énormes. Soutenez-vous mutuellement.

▷ **Je souhaitais ardemment une fille et, depuis la naissance de mon garçon, je ne peux pas surmonter ma déception. J'ai trop honte pour confier ceci à quiconque. Serai-je capable de tisser un lien avec lui ?**

Toute femme enceinte se fait une idée de ce que sera son futur bébé, que ce soit à propos du caractère, de la taille, de l'aspect ou du sexe. Il est parfaitement normal d'éprouver des difficultés pour s'adapter à la réalité du bébé auquel vous avez donné naissance et oublier celui que vous aviez imaginé pendant votre grossesse. N'ayez pas honte – ce phénomène est beaucoup plus courant que vous ne le croyez. De nombreuses femmes (et hommes) espèrent secrètement un enfant d'un sexe particulier. Rassurez-vous cependant. En apprenant à connaître votre fils et à vous en occuper, l'amour grandira et, que ceci prenne des semaines ou des mois, vous finirez par tisser des liens avec lui et ne pourrez plus imaginer la vie sans lui.

▷ **Je suis seule et le rôle de mère me semble plus difficile à assumer que je ne l'avais envisagé. Ma mère est heureuse de m'aider, mais je ne souhaite pas trop la solliciter. Que puis-je faire ?**

Dans les premières semaines, il est important de pouvoir prendre du repos. Acceptez l'aide lorsqu'elle vous est nécessaire, sans pour autant confier en permanence votre enfant à quelqu'un d'autre. Puisque votre mère est heureuse de vous aider, prévoyez des pauses sans bébé. Sortez avec vos amis une heure ou deux, allez au cinéma ou profitez-en simplement pour rattraper un peu de sommeil.

Il vous sera utile de rencontrer d'autres mères dans votre situation. Votre CLSC vous indiquera toutes les associations susceptibles de vous intéresser dans votre région. Elles pourront vous offrir la compagnie et le soutien dont vous avez besoin, ainsi que la possibilité d'échanger des informations. Si vous avez accès à un ordinateur, vous apprécierez peut-être également de communiquer avec d'autres parents par le biais de forums de discussion.

S'occuper de jumeaux

Si vous êtes parents de jumeaux, vous saviez probablement depuis votre première échographie que vous attendiez plus d'un enfant, mais se retrouver avec deux nouveau-nés à gérer d'un seul coup risque tout de même de vous causer un choc.

Vous aurez les mêmes inquiétudes que les parents d'un enfant unique, avec des questions supplémentaires, telles que « Auront-ils trop chaud si je les place dans le même berceau ? » ou « Comment vais-je pouvoir les alimenter ? » Le point qui vous inquiétera vraisemblablement le plus sera « Comment vais-je pouvoir faire face ? » S'ils sont identiques, vous vous demanderez peut-être si vous serez en mesure de les distinguer. Ne vous inquiétez pas – vous le pourrez très rapidement, mais laissez-leur les bracelets de l'hôpital tant que vous n'êtes pas sûre de vous.

FAIRE FACE DANS LES PREMIERS JOURS

Vous aurez besoin d'être secondée efficacement. Il vous faudra vous habituer à nourrir et à changer deux bébés. Vous devrez également apprendre à connaître deux petites personnes très différentes. Dans les familles avec des jumeaux, le père s'implique plus dans les soins quotidiens, car il n'a pas le choix. Si vos jumeaux ont été en soins intensifs, il vous faudra peut-être une période d'adaptation lors de leur arrivée à la maison.

Le manque de sommeil peut être problématique si vos bébés ne dorment pas au même moment. Il en va de même pour les tâches pratiques, telles que le lavage, l'allaitement et les changes.

Demandez de l'aide si elle est utile et ne refusez pas toutes les offres ! Il est préférable d'appeler une association, telle que l'Association des parents de jumeaux du Québec (voir page 312), qui sera en mesure de vous fournir des conseils et des astuces pratiques. Elle vous mettra également en contact avec d'autres parents de jumeaux.

TISSER DES LIENS

Même si vos bébés sont identiques, ils ont leur propre personnalité et vous apprendrez rapidement à les considérer comme des individus à part entière. Il sera utile de pouvoir passer du temps seule à seul avec chacun d'eux - et il vous sera profitable de faire une pause

SOINS INTENSIFS

De nombreux jumeaux doivent passer quelques jours en soins intensifs, car ils naissent souvent prématurément, avec des accouchements difficiles. De vrais jumeaux peuvent être affectés dans l'utérus par une transfusion intergémellaire où l'un des fœtus reçoit plus de sang que l'autre, ce qui met la vie de ce dernier en danger. Les jumeaux sont généralement placés dans des couveuses séparées et réunis dès que possible.

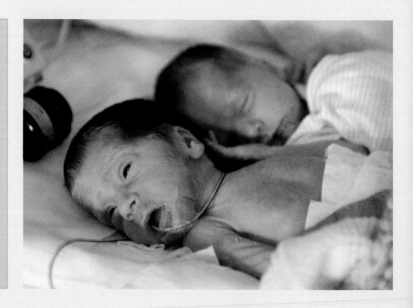

occasionnelle sans vos enfants, même si ce n'est que pour aller prendre l'air dix minutes pendant que quelqu'un d'autre veille sur eux.

SOMMEIL

Vos jumeaux peuvent dormir dans le même lit ou séparément, selon leur préférence. La recherche a montré que faire dormir des jumeaux ensemble dans les premiers mois n'accroissait pas le risque de mort subite du nourrisson. Il convient néanmoins de ne négliger aucune autre précaution, y compris celle consistant à positionner vos enfants correctement avec les pieds au pied du lit, à les garder dans votre chambre pendant les six premiers mois et à vous assurer qu'ils n'ont pas trop chaud. La page 39 vous fournira plus d'informations à ce sujet.

NOURRIR DES JUMEAUX

Il est possible d'alimenter vos jumeaux au sein, bien que cette solution nécessite un peu plus de patience que pour un seul enfant. Vous pouvez les allaiter les deux à la fois ou un par un. La position en ballon de football (voir page 63) convient parfaitement pour allaiter deux jumeaux simultanément. Des coussins spéciaux sont disponibles pour les élever à la hauteur de votre poitrine et vous permettre de vous installer confortablement.

La seule difficulté logistique sera de positionner correctement les deux bébés affamés et de les aider à saisir le sein. Dans un premier temps, votre infirmière vous aidera à gérer ce problème, mais lorsqu'elle ne sera plus avec vous, votre

partenaire, votre mère ou vos amis prendront le relais. Vous pouvez vous occuper d'un bébé pendant que quelqu'un tient l'autre, puis vous le fait passer. Cela étant, ne culpabilisez pas si vous en arrivez à nourrir vos enfants au biberon – la plupart des mères de jumeaux finissent par donner au moins quelques biberons, car elles peuvent alors se faire aider dans cette tâche par une tierce personne.

Si vous combinez l'allaitement au sein et les biberons, il est important de veiller à ce que chacun des deux bébés boive la même quantité de lait. La façon la plus facile de s'en assurer consiste à donner le sein à l'un et le biberon à l'autre, puis à inverser lors de la tétée suivante. C'est l'une des situations dans lesquelles je conseille de suivre un rythme rigoureux dès le départ. Si vous nourrissez vos enfants à la demande, vous risquez d'entrer dans un cycle d'allaitement continuel, sans pauses ni sommeil.

ASSEZ POUR DEUX *Vous vous demandez peut-être si vous aurez suffisamment de lait pour allaiter vos deux bébés, mais, selon la loi de l'offre et de la demande, plus vous allaitez, plus vous produisez de lait.*

SOYEZ INDULGENTE ENVERS VOUS-MÊME

L'adaptation à la vie de parent est difficile dans le meilleur des cas, mais lorsqu'il vous faut vous occuper de deux nouveau-nés la difficulté de la tâche est encore accrue. Il est important de ne pas vous montrer trop exigeante envers vous-même. Ne soyez pas trop maniaque pour le ménage – mieux encore, faites-le faire par quelqu'un si vous avez quelques bonnes volontés autour de vous ou si vous pouvez vous payer une femme de ménage. Prenez toute votre année de congé de maternité et tâchez d'exister par vous-même et non juste au travers de vos bébés.

VOTRE JEUNE BÉBÉ

VOYEZ-VOUS ÇA UN TOUT NOUVEL UNIVERS S'OUVRE À VOTRE ENFANT LORSQU'IL COMMENCE À VOIR UN PEU PLUS LOIN – IL CHERCHERA BIENTÔT À ATTEINDRE DES OBJETS

PETIT GIGOTEUR LES FACULTÉS PHYSIQUES DE VOTRE BÉBÉ S'AMÉLIORENT ET IL COMMENCE À GIGOTER AVEC EXCITATION LORSQU'IL VOUS VOIT

J'AI DES MAINS DÈS QUE VOTRE BÉBÉ DÉCOUVRE SES MAINS, ELLES NE SONT JAMAIS TRÈS LOIN DE SA BOUCHE

UN LIEN SPÉCIAL VOUS REPRÉSEN-
TEZ L'UNIVERS DE VOTRE BÉBÉ – IL AIME
VOUS ÉCOUTER ET VOUS OBSERVER

« Préparez-vous à vous
émerveiller lorsque votre
enfant commencera à
explorer son univers. »

C'EST À MOI TENIR BRIÈVE-
MENT UN JOUET EST UNE ADRESSE
QUE VOTRE BÉBÉ DÉVELOPPERA
DANS LES DEUX PROCHAINS MOIS

Le développement de votre bébé

Entre quatre et douze semaines, vous constaterez des changements rapides chez votre bébé, tant au niveau physique qu'au niveau de sa personnalité. Il deviendra un individu complet. Depuis ses premières tentatives de sourires à ses sourires radieux lorsqu'il vous voit, ses réactions vous donneront de plus en plus de satisfactions.

Utilisation de son corps

Les mouvements de votre bébé commencent à devenir de moins en moins aléatoires et, une fois allongé sur le dos, il peut même parvenir à rouler sur les côtés dans le premier mois. Il est donc capital de ne pas le laisser sans surveillance lorsqu'il est installé sur une surface où il risque de tomber. Il devient plus fort et vous le verrez commencer à remuer les jambes et les bras quand il est excité.

PREMIERS JEUX *Encouragez l'intérêt de votre bébé pour les jouets vivement colorés en l'étendant sur un tapis d'éveil. Si vous déplacez un jouet dans son axe visuel, il le suivra des yeux.*

Au cours du deuxième mois, votre enfant découvre ses mains et ses pieds et, avant la douzième semaine, il est en mesure de joindre les mains. Il ne comprend cependant pas encore que ses mains et ses pieds lui appartiennent et, quand ils arrivent accidentellement dans son champ de vision, il est fasciné. Vous pouvez profiter au maximum de cette phase en fixant des clochettes à ses pantoufles et à ses mitaines. Lorsque vous les lui enfilerez (un à la fois pour commencer), il sera attiré par le son émis en bougeant les bras et les jambes – le tout début de l'apprentissage de la relation de cause à effet.

Votre bébé perd son réflexe de préhension instinctif au cours du deuxième mois. Il est remplacé par une préhension délibérée qu'il utilise pour saisir les objets. Ses mains commencent à se relâcher et à s'ouvrir. Si vous placez un hochet léger contre sa paume, il est possible qu'il parvienne à le tenir quelques instants. Il commence également à tendre le bras vers des objets tels qu'un mobile fixé au-dessus de sa bassinette. Il peut tenter de donner des coups dans des objets se trouvant à sa portée. Il lui faudra du temps avant de pouvoir saisir efficacement les choses.

N'oubliez pas que le développement d'un enfant né prématurément n'est pas plus rapide que s'il était né à terme. Ainsi, s'il est arrivé avec un mois d'avance, il est possible qu'il ne sourie pas avant le troisième mois. Si vous avez des inquiétudes concernant le développement de votre enfant, parlez-en avec votre médecin lors des visites de routine.

Contrôle de la tête

Votre enfant contrôle de mieux en mieux sa tête. Les muscles de son cou deviennent plus puissants et il passe du stade où il ne tient sa tête que quelques instants sans soutien à celui où il est capable de la tenir fermement sur une durée beaucoup plus longue (aux environs de la douzième semaine). Il apprécie le fait de se trouver dans sa balançoire et si vous avez un couffin, placez un oreiller replié sous la partie supérieure du matelas pour le soulever et lui offrir une meilleure vue sur son environnement.

Dès que votre enfant commence à contrôler sa tête, veillez à l'allonger régulièrement sur le ventre quand il est éveillé. Il m'est arrivé, très fréquemment, de voir des bébés dont la tête était devenue difforme parce qu'ils étaient toujours allongés sur le dos. Avec le temps, cette pratique risque d'aplatir l'arrière ou le côté de la tête d'un bébé. Bien qu'il soit important pour un nourrisson de dormir sur le dos, ces périodes sur le ventre lorsqu'il est éveillé et que vous êtes à ses côtés pour le surveiller sont vitales pour favoriser son bon développement. Les bébés qui passent beaucoup de temps sur le dos risquent de marcher à quatre pattes plus tardivement. En outre, ceux qui n'ont pas du tout été placés sur le ventre dans les premières semaines peuvent se montrer excessivement anxieux quand ils découvrent cette position. Le fait d'être allongé sur le ventre se révèle également une position plus confortable si l'enfant souffre de reflux (voir page 98).

Une fois allongé sur son ventre, votre bébé ne tardera pas à soulever un peu sa tête avant de la laisser retomber de nouveau. Placez un hochet ou un jouet devant lui pour l'encourager à soulever sa tête. À partir de sept semaines environ, au lieu de conserver les jambes repliées sous son corps lorsque vous le laissez dans cette position, il commencera à les étendre. Vers la douzième semaine, il sera capable de soulever sa tête plus haut et de décoller sa poitrine en poussant sur ses bras.

Amélioration de la vision

La vision de votre enfant s'améliorera avec le temps. Il sera capable de voir de plus en plus loin et appréciera que vous le placiez sous un mobile ou sur un tapis d'éveil. Il lui sera de plus en plus facile de suivre vos mouvements des yeux. Encouragez-le en captant son attention, puis en vous déplaçant lentement dans son champ de vision pour vérifier si ses yeux vous suivent.

Placer l'enfant dans des environnements différents stimulera sa vision ainsi que ses autres sens, et l'habituera à fréquenter de nouveaux endroits avec des personnes inconnues. N'hésitez donc pas à le sortir dans la foule et par mauvais temps.

SUR LE VENTRE *Aidez votre bébé à contrôler sa tête en le plaçant sur le ventre. Certains enfants n'aiment pas cette position. Retournez-le sur le dos dès qu'il commence à protester.*

Votre bébé et vous

En apprenant à connaître votre enfant, vous identifierez rapidement la meilleure façon de vous en occuper et de jouer avec lui. Vous devinerez également aisément à quel moment il en a assez et souhaite se reposer. Si votre enfant est peureux et qu'il sursaute facilement, parlez-lui avec douceur. S'il est éveillé et très actif, offrez-lui autant d'occasions d'observer son environnement que possible. Vous découvrirez rapidement ce qui le rend heureux et ce qui le dérange. Réagissez en conséquence.

Votre enfant sera plus heureux en étant proche de vous. Même s'il n'est pas dans vos bras, parlez-lui et fredonnez-lui des chansons. S'il pleure et que vous ne puissiez pas le prendre immédiatement contre vous, votre voix peut l'apaiser et lui indiquer que vous vous trouvez à proximité. Quelles que soient vos occupations, efforcez-vous de prendre un moment avec votre enfant afin d'apprécier ses nouveaux sourires, qui apparaîtront de plus en plus souvent dans les semaines à venir.

Au cours de ces deux mois, votre bébé commencera à se tourner vers les sons les plus proches dans l'espace et émettra des bruits autres que les pleurs. En parvenant à la douzième semaine, il commencera à glousser et à rire.

Posez-le de temps en temps

Vous ne pouvez pas tenir votre bébé sans arrêt dans vos bras. Il est quelquefois préférable de l'allonger sur un tapis de jeux ou une couverture. Bien que les peaux de mouton soient très douces, elles risquent de tenir trop chaud à votre bébé, particulièrement s'il est allongé sur le ventre. Ne les utilisez donc pas.

En plus de passer du temps sur son ventre, votre enfant appréciera rester allongé sur le dos de façon à pouvoir agiter les bras et les jambes, et ce, plus encore si vous lui enlevez sa couche et vous l'allongez sur une serviette, il pourra alors remuer les jambes librement. Si vous posez l'enfant, veillez à ce qu'il ait quelque chose pour l'occuper – des jouets à observer sur un tapis d'éveil. Il appréciera également vous regarder vous déplacer dans la maison. Parlez-lui donc en vaquant à vos occupations. Pour des raisons de sécurité, ne placez jamais son tapis sur une surface située en hauteur, telle qu'une table ou un lit, car ses mouvements risquent de le faire glisser et tomber.

Examen des premières semaines

La mère et le nourrisson doivent passer un examen médical entre la 4e et la 6e semaine après la naissance. Votre médecin s'assurera que votre bébé est en bonne santé et que vous avez récupéré de l'accouchement, à la fois physiquement et mentalement.

Examen du bébé

Lors de ce contrôle, l'examen physique est comparable à celui effectué à la naissance. Votre médecin prêtera une attention particulière aux yeux de l'enfant, à son cœur, à ses hanches, à son pouls ainsi qu'à la forme de sa colonne vertébrale. Si vous avez un garçon, il contrôlera si ses testicules sont bien présents dans le scrotum (voir page 305). Les aspects suivants du développement de votre enfant seront également contrôlés :

■ **Vision :** à cet âge, les yeux d'un bébé doivent être en mesure de fixer et de suivre un visage, même s'ils ne voient pas encore clairement à une certaine distance.

■ **Audition :** il doit commencer par sursauter lorsqu'il entend des bruits violents et se calmer au son de votre voix.

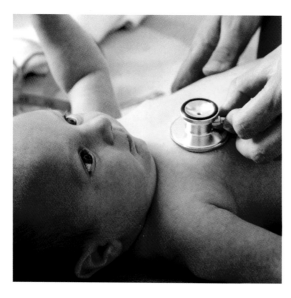

■ **Sourire :** la plupart des bébés commencent à sourire aux alentours de six à huit semaines.

■ **Contrôle physique :** le médecin contrôlera si les bras et les jambes de votre enfant bougent de la même façon et s'il peut tenir sa tête quelques instants.

■ **Allaitement :** sa croissance sera contrôlée et l'on vous demandera s'il se nourrit bien.

Enregistrement des observations

Les observations de cet examen, des examens suivants et les vaccinations effectuées sont notées dans le carnet de santé. Ainsi, les médecins peuvent suivre l'évolution de l'enfant.

Déclaration de naissance

Tout enfant né au Québec doit obligatoirement être déclaré auprès du Directeur de l'état civil qui inscrit sa naissance au registre de l'état civil du Québec. L'enfant pourra ainsi obtenir une carte d'assurance-maladie, un numéro d'assurance sociale (NAS) et un certificat de naissance.

Les parents ont l'obligation de déclarer la naissance de leur nouveau-né dans les 30 jours suivant l'accouchement. L'accoucheur dresse le Constat de naissance, il en remet un exemplaire aux parents accompagné de la Déclaration de naissance, qui doit être remplie par les parents, ou l'un deux, et envoyés au Directeur de l'état civil. Les parents peuvent remplir la Déclaration de naissance à l'hôpital ou à la maison. À l'hôpital, le personnel hospitalier l'expédiera au Directeur de l'état civil en même temps que le Constat; à la maison, les parents sont responsables d'envoyer les documents directement au Directeur de l'état civil au plus tard 30 jours à compter de la date de naissance de l'enfant. Il est à noter que si les parents ne sont pas mariés ou unis civilement, les signatures des deux parents sont requises pour établir leur filiation avec l'enfant. Des frais administratifs de 50 $ seront exigés à l'expiration des 30 jours, au bout d'un an, ils s'élèveront à 100 $! Par ailleurs, si la mère n'accouche pas dans un hôpital, elle doit communiquer avec le bureau du Directeur de l'état civil pour s'informer sur la façon de déclarer la naissance de son enfant.

Votre examen

Votre médecin contrôlera probablement votre tension artérielle. Il vérifiera si vous rencontrez des problèmes pour uriner et recherchera une éventuelle infection urinaire. Après leur accouchement, de nombreuses femmes souffrent d'incontinence urinaire – n'hésitez pas à en parler, car ce problème peut être réglé par des exercices du plancher pelvien. On vous demandera si vous avez toujours des saignements (lochies). Tous les fils doivent être résorbés, mais si vous ressentez toujours des douleurs, faites contrôler votre cicatrice afin de vous assurer qu'elle évolue bien. Si vous vous sentez fatiguée ou déprimée, il est essentiel d'en parler. La dépression postnatale (voir page 101) peut être traitée, mais elle doit être prise en charge le plus tôt possible. Demandez donc de l'aide.

Vous avez peut-être repris une vie sexuelle malgré la fatigue, ou vous vous sentez peut-être horrifiée à l'idée d'avoir de nouveau une activité sexuelle. Si la pénétration est source de douleurs, signalez-le à votre médecin. À moins que vous ne souhaitiez un intervalle de dix mois entre les bébés, ne négligez pas la contraception. Vous pouvez en effet tomber enceinte avant vos premières menstruations.

Communiquer avec votre bébé

Bien que votre enfant en soit encore à plusieurs mois de ses premiers mots, sa relation avec vous est faite de communication – de la réaction qu'il obtient de votre part quand il pleure au plaisir qu'il vous communique avec ses premiers sourires et ses premières interactions par le biais de sons, de jeux et de langage corporel.

La parole

C'EST AMUSANT À 8-12 semaines, votre bébé commencera à glousser et vous découvrirez vite de nombreux moyens de le faire rire.

La conversation avec le bébé vient naturellement pour la plupart des parents. Mais si ce n'est pas le cas pour vous, faites un effort. Cela en vaut la peine. Lorsque vous parlez à votre bébé, observez régulièrement des pauses pour lui donner le temps de répondre par des sons. Puis répondez-lui en reprenant la parole : « Tu crois ? », « Oui, c'est l'heure de ton bain ! », « Regarde, c'est une couche ! » Il ne comprend pas les mots, mais il perçoit votre intonation et votre intention de communiquer. En parlant à leur bébé, les parents montent généralement la voix dans les aigus et exagèrent leurs expressions faciales. Bien qu'il ne soit pas nécessaire d'utiliser ce type de langage, la recherche montre que les bébés sont particulièrement enclins à répondre à ce mode d'expression.

Le langage du corps

Lorsque votre enfant commence à déployer son corps, il contrôle mieux ses jambes et ses bras, et peut ainsi exprimer plus efficacement ses émotions. Le réflexe de Moro – une façon très éloquente de communiquer sa peur – disparaît et il montre qu'il est heureux en agitant les membres avec excitation et en souriant, qu'il est apaisé en se détendant dans vos bras, et qu'il souffre ou qu'il a faim en raidissant les jambes et en pleurant. Il commencera également à vous faire savoir qu'il est fatigué de jouer ou qu'il n'a plus faim en détournant la tête.

La personnalité de votre bébé

À présent, vous devez déjà avoir une idée assez précise de la personnalité de votre enfant, mais évitez de lui coller une étiquette « difficile » ou « tranquille ». Les bébés évoluent.

Certains sont calmes depuis le départ, alors que d'autres peuvent paraître agités ou grognons. N'oubliez pas qu'un grand nombre de bébés « difficiles » deviennent des enfants faciles. Ne vous inquiétez donc pas si le vôtre est difficile. Un bébé qui n'est satisfait que lorsque vous lui donnez de l'attention est peut-être simplement très sociable et s'épanouira véritablement au cours de sa deuxième année.

Un bébé peut être très agité parce qu'il est frustré ou parce qu'il ne dort pas bien – il se calmera probablement quand il contrôlera mieux son corps.

N'oubliez pas également que, tout comme vous, votre enfant a quelquefois de mauvais jours.

L'importance du jeu

Le fait de partager des jeux avec l'enfant lui permet de se sentir en sécurité et de développer un lien puissant avec sa mère. Le jeu l'incite à explorer son univers et représente la clé de son développement. En jouant, il développe ses capacités motrices, la coordination et apprend à interagir avec les autres.

Il appréciera le fait d'être bercé avec douceur, de gazouiller et de vous écouter chanter des comptines. Vers la douzième semaine, il est capable de saisir un jouet que vous lui offrez, mais il lui faudra encore des mois avant de pouvoir le lâcher délibérément. Il commencera à prendre conscience de la relation de cause à effet en entendant le bruit que fait un hochet quand il agite ses mains. Il n'a pas encore la conscience de ce qu'il ne voit pas. Ainsi, au moment où l'enfant est distrait, il laisse tomber le jouet, qui n'a alors plus d'existence pour lui.

« Je tiens mon bébé face à moi. Quand il émet un son, je réponds et j'observe son visage s'éclairer. Ces moments sont magiques. »

Masser votre bébé

Le massage a été utilisé pendant des centaines d'années comme moyen de détente et de bien-être. En plus d'être une activité relaxante, c'est une merveilleuse façon de communiquer avec votre bébé. Vous pourrez ainsi apaiser ses pleurs, le soulager des douleurs dues aux coliques ou à l'aérophagie. La recherche montre également que les bébés massés dorment mieux.

Apprendre le massage pour bébés

Il existe peut-être une structure dans votre quartier où il est possible d'apprendre les techniques du massage pour bébés. N'oubliez pas, cependant, que vous massez votre enfant en permanence – lorsque vous lui frottez le dos pour l'apaiser, lorsque vous caressez ses cheveux ou jouez avec ses mains et ses pieds. Pour plus de techniques, vous pouvez consulter le livre de

Wendy Kavanagh : *Massage et réflexologie pour bébés* (2007).

Ce dont vous allez avoir besoin

L'utilisation d'une huile de massage n'est pas essentielle, mais elle permettra à vos mains de glisser facilement sur le corps de l'enfant. Vous éviterez ainsi toute friction désagréable.

TECHNIQUE DE MASSAGE

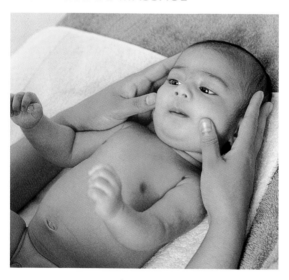

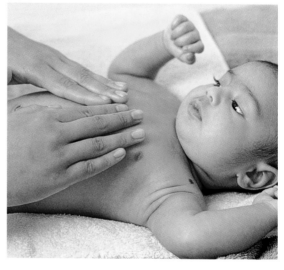

1. MASSAGE DE LA TÊTE *Étendez votre bébé sur le dos, sur une serviette douce. Massez légèrement le sommet de son crâne. Procédez par mouvements circulaires (en évitant les fontanelles), puis descendez vers les tempes. Ne le quittez pas des yeux.*

2. POITRINE ET VENTRE *Caressez doucement la poitrine de votre bébé vers le bas, puis effectuez des mouvements circulaires sur son ventre. Travaillez dans le sens des aiguilles d'une montre et vers l'extérieur de son nombril.*

Vous pouvez utiliser l'huile d'olive, mais évitez l'aromathérapie ainsi que les huiles de noix et de noisettes. Il existe un lien possible entre ces huiles et le développement d'une allergie. Étendez votre bébé sur une surface douce. Glissez une serviette sous son corps ou mettez-lui une couche. S'il n'aime pas être dévêtu, abandonnez l'idée de l'huile et laissez-lui ses vêtements.

Pendant le massage, il est important de s'assurer que l'enfant n'ait pas froid. Veillez donc à ce que la pièce soit à bonne température. Si vous choisissez le bon moment, l'enfant se détendra plus facilement et appréciera l'expérience. Évitez de le masser après un repas ou lorsqu'il a faim. Choisissez un moment où vous vous sentez également détendue, car les bébés sont de véritables éponges de nos humeurs.

Se lancer

Ne faites pas durer le massage plus de quelques minutes afin que le bébé s'habitue à cette nouvelle expérience. Pour commencer, caressez fermement ses bras et ses jambes, puis massez légèrement son abdomen dans le sens des aiguilles d'une montre.

Parlez à votre bébé pendant le massage et observez sa réponse. Une musique calme créera une atmosphère relaxante. S'il ne semble pas apprécier le massage, n'insistez pas. Votre enfant vous fera connaître son état d'esprit en fermant légèrement les yeux, en se relaxant et en souriant ou en gazouillant s'il est satisfait. Dans le cas contraire, il détournera la tête, fermera fortement les yeux, gémira ou pleurera.

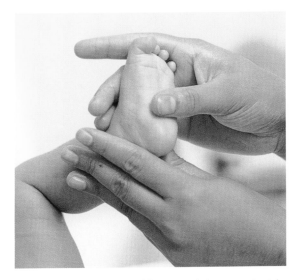

3. JAMBES, PIEDS ET ORTEILS *Massez vers le bas, en partant des cuisses vers les genoux de l'enfant. Soulevez chaque jambe et appuyez légèrement sur ses tibias. Frottez ses chevilles ainsi que la plante de ses pieds, puis massez tour à tour chaque orteil.*

4. INTERACTION *Éveillez l'intérêt de l'enfant en le gratifiant de nombreux sourires, en lui parlant et en lui fredonnant des mélodies. Lorsque vous avez massé l'avant de son corps, tournez-le et massez l'arrière en partant de la tête.*

Routines et alimentation

De nombreux conseils vous ont peut-être été prodigués en matière de soins aux nouveau-nés, mais s'ils ne correspondent pas à la façon dont vous envisagez les choses, ils sont inutiles. Si vous êtes à l'écoute des besoins de votre enfant, vous serez un parent plus détendu et découvrirez votre propre style.

UNE NUIT DE SOMMEIL
La routine du coucher n'est pas essentielle, mais elle aidera votre enfant à distinguer le jour de la nuit – plus tôt cette routine sera mise en place, plus tôt vous pourrez bénéficier d'une bonne nuit de sommeil.

Règles en matière de sommeil

Lorsque votre enfant entrera dans son troisième mois, vous aurez hâte qu'il fasse ses nuits et envierez fortement les parents semblant y être parvenus. Physiquement, votre enfant ne sera pas apte à dormir une nuit complète avant six semaines. Mais les bébés varient considérablement et il est possible que le vôtre ait besoin plus longtemps des tétées nocturnes. Cependant, certains bébés de six semaines peuvent dormir six heures d'affilée si la dernière tétée a été tardive. Vous pouvez donner le sein ou le biberon juste avant d'aller vous coucher, ce qui contribuera à repousser le réveil pour la tétée suivante et vous donnera l'impression d'une nuit « complète » de sommeil.

Il est amusant de constater que les nouveaux parents décrivent souvent un sommeil de six heures comme « une nuit de sommeil ». C'est incontestablement un événement marquant à célébrer. L'astuce consiste à obtenir la coopération de votre enfant. Si votre bébé ne distingue pas encore le jour de la nuit (ce qui est courant à cet âge), un rituel de coucher impliquant le passage du pyjama, une toilette ou un bain, une histoire, un câlin et une dernière tétée lui fourniront des « indices » qu'il pourra interpréter lorsque son développement le lui permettra.

« Je ne pouvais pas faire attendre mon bébé et je l'ai nourri la nuit pendant des mois. La flexibilité convenait à notre famille et si je pouvais revenir en arrière, je referais la même chose. »

Règles en matière d'allaitement

Certains parents préfèrent nourrir leurs bébés toutes les trois ou quatre heures, alors que d'autres les nourrissent à la demande, de jour comme de nuit. Toutes les familles sont différentes et la plupart trouvent un juste milieu entre ces deux extrêmes. Le choix dépend de la personnalité des parents ainsi que de leur style de vie. Comme pour tous les aspects de la parentalité, adoptez la solution qui vous convient le mieux.

Les bébés nourris au biberon ont une digestion plus lente que ceux nourris au sein. Il est donc possible de mettre en place un rythme d'alimentation régulier après les premières semaines. Un enfant nourri au sein, cependant, devra téter fréquemment. C'est de cette façon qu'une production de lait suffisante sera assurée pour répondre à ses besoins croissants.

Au fur et à mesure de son développement, vous constaterez que les tétées de votre enfant s'espacent progressivement. Ce phénomène est dû au fait que son estomac grossit et contient une quantité de lait plus importante, qui est plus longue à digérer. Comme il se nourrit moins souvent, il est plus affamé à l'approche d'une tétée et boit donc plus de lait, ce qui le rassasie plus longtemps. L'exception à cette règle est le bébé qui est nourri au sein et qui tète plus souvent et plus longtemps simplement pour des raisons de bien-être. Si c'est le cas pour votre enfant et qu'il réclame souvent le sein, de jour comme de nuit, vous pouvez choisir de répondre à sa demande ou de lui offrir une autre forme de réconfort et ne lui donner le sein que lorsqu'il a vraiment faim. Il est possible de lui proposer une suce ou de l'encourager à sucer son pouce (certains apprécient ce dérivatif, d'autres pas). Vous pouvez également le combler d'attentions, de massages et de câlins.

Si vous préférez mettre en place un programme d'alimentation strict, votre enfant s'y adaptera. Cette méthode aura en outre pour effet de stabiliser son rythme de sommeil. Vous pouvez également choisir la flexibilité. Si vous le nourrissez à la demande, il adoptera un rythme d'alimentation qui lui est propre.

BÉBÉS NOURRIS AU BIBE- RON *Il est généralement plus facile de mettre en place un rythme d'alimentation régulier avec un enfant nourri au biberon, car le lait industriel est plus long à digérer et rassasie le bébé plus longtemps.*

« J'ai nourri mon bébé à la demande dans la journée, mais je lui donnais le strict minimum la nuit et j'ai mis en place une routine de coucher dès que j'ai pu. J'ai constaté que je pouvais ainsi faire face à la situation sans être constamment exténuée. »

Allaiter un enfant en période de croissance

À présent, vous avez probablement traversé la période la plus difficile de l'allaitement. Mais vous vous demandez peut-être si vous produirez toujours suffisamment de lait pour couvrir les besoins de votre enfant en grandissant et, dans certains cas, s'il a vraiment faim ou s'il réclame simplement un câlin. Certaines mères montrent trop d'empressement à répondre aux demandes de leur bébé. Durant ces périodes difficiles, vous pouvez être tentée de proposer à votre enfant un biberon de lait industriel. Résistez à cette tentation, car tous les problèmes vont se régler rapidement. Après avoir nourri votre enfant au sein jusque-là, il serait dommage de ne pas persévérer. Si vous n'avez pas encore donné de lait industriel à votre enfant et qu'il se développe bien, vous pouvez vous considérer comme experte en matière d'allaitement. Vous vous trouvez maintenant sur la bonne voie.

Si vous proposez le sein à votre enfant quand il a faim et arrêtez dès qu'il en a assez, vous aurez suffisamment de lait pour couvrir ses besoins. À moins que votre médecin n'en décide autrement, il n'est généralement pas nécessaire de l'encourager à boire plus, car la plupart des bébés se développent à un rythme satisfaisant. Si vous nourrissez votre enfant au biberon, évitez de rajouter une dose supplémentaire de lait en poudre pour l'inciter à dormir la nuit. Ce supplément de calories risque de lui faire prendre trop de poids et de le constiper. Faites confiance à l'instinct de votre bébé. Il sait quand il a faim et si vous êtes à l'écoute de ce que lui dicte son appétit dès maintenant, il le sera également pour lui-même dans l'avenir.

« Mon bébé de deux mois semble devenir beaucoup plus efficace pour se nourrir, et il passe de moins en moins de temps au sein. »

Biberons complémentaires

On rencontre des enfants en bonne santé de toutes formes et de toutes tailles : certains sont potelés, alors que d'autres sont naturellement minces. Il m'arrive néanmoins d'examiner des nourrissons avec un poids nettement insuffisant, apathiques et extrêmement tristes. Nous sommes alors confrontés à un « retard staturo-pondéral ». Si aucun problème d'ordre médical n'est détecté, cet état est généralement dû à un apport calorique inadéquat. Dans cette situation, le médecin suggère quelques biberons complémentaires afin de reprendre l'allaitement au sein sur de bonnes bases. Ce complément redonne à l'enfant l'énergie nécessaire pour téter plus, ce qui stimule la production de lait maternel. Si cette solution vous est conseillée, n'imaginez pas que vous avez fait une erreur. Certains nourrissons ont simplement besoin d'un petit coup de pouce pour se développer de façon satisfaisante.

Tirer et conserver le lait

Une fois l'allaitement au sein sur les rails, vous pouvez tirer votre lait afin que votre enfant le boive au biberon. Cette méthode vous offrira plus de flexibilité, et de surcroît votre partenaire pourra participer aux repas de l'enfant. Pouvoir laisser du lait dans une bouteille vous autorise également à sortir seule pour un soir, sans avoir à vous demander si l'enfant risque de s'éveiller pour téter.

Pour tirer votre lait manuellement, placez votre main sous votre sein à 2 cm environ de l'aréole (la zone sombre autour de vos mamelons). Positionnez le pouce vers le haut et les autres doigts en dessous. Puis appuyez vers le bas et vers l'avant en direction de votre mamelon afin d'imiter l'action de succion du bébé. Recueillez le lait dans un récipient propre, à large ouverture.

Pour tirer le lait au moyen d'un tire-lait, placez l'appareil sur votre sein comme indiqué dans le mode d'emploi, puis mettez la pompe en marche si elle est électrique ou abaissez le levier. Ces pompes fonctionnent sur le principe de la succion. Elles aspirent le mamelon, l'aréole et la zone environnante du sein dans la téterelle pour imiter la tétée d'un bébé. Elles comprennent un conteneur destiné à recevoir le lait, et certaines d'entre elles sont conçues pour y fixer un biberon. Dans ce cas, il ne vous reste plus qu'à placer la tétine sur le biberon avant de le donner au bébé. Si la pompe ne fonctionne pas correctement ou vous paraît inconfortable, lisez les instructions pour vous assurer qu'elle est positionnée correctement. Si vous trouvez l'expression difficile ou douloureuse (ce qui ne devrait pas être le cas), demandez de l'aide à l'infirmière de votre CLSC.

Le lait maternel peut être conservé entre trois et cinq jours au réfrigérateur ou trois mois au congélateur. Inscrivez sur les bouteilles la date d'expression afin d'assurer un bon suivi de votre réserve. Décongelez le lait une nuit au réfrigérateur ou placez-le dans un bol d'eau chaude. Une fois décongelé, le lait peut être conservé vingt-quatre heures au réfrigérateur. Comme pour le lait industriel, évitez l'utilisation du four à micro-ondes pour le décongeler ou le réchauffer, car des « points chauds » présentant un risque de brûlure pour l'enfant peuvent ainsi se former. En outre, ce type de chaleur endommage les anticorps du lait maternel.

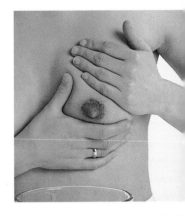

TIRER LE LAIT vous autorise à faire une pause tout en continuant à offrir à votre enfant les bénéfices du lait maternel. Vous pouvez tirer votre lait manuellement ou utiliser une pompe électrique ou manuelle.

Associer le sein et le biberon

S'il vous est impossible d'être près de votre enfant à chaque repas, ou si vous souhaitez partager cette tâche avec votre partenaire, vous associerez peut-être l'allaitement au sein à celui au lait industriel. Une fois l'allaitement au sein en route, cette formule pourra s'avérer judicieuse. Veillez cependant à allaiter suffisamment au sein pour maintenir votre production de lait. Si vous remplacez certaines tétées par des biberons, vos seins risquent de s'engorger pendant que votre corps apprend à produire moins de lait, mais les choses devraient rentrer rapidement dans l'ordre.

Si votre bébé a été totalement nourri au sein jusqu'à présent, il aura besoin de quelques encouragements pour accepter le biberon. Vous pouvez acheter des tétines spécialement conçues à cet effet. Si votre enfant refuse le lait industriel, proposez-lui dans un premier temps des biberons remplis de lait maternel. Puis, quand il sera habitué à boire au biberon, remplacez le lait maternel par du lait industriel.

Si votre bébé rechigne à prendre le biberon que vous lui proposez, c'est probablement parce qu'il vous associe à l'allaitement au sein, qu'il préfère. Il est donc possible que votre partenaire, qu'un ami ou qu'un membre de votre famille rencontre plus de succès. Dans cette situation, éloignez-vous de sorte que l'enfant ne puisse pas vous voir, vous entendre ou même sentir votre lait. Dans le cas d'un deuxième enfant, tentez d'impliquer le grand frère ou la grande sœur, avec l'aide du père. Votre bébé acceptera ainsi plus facilement le biberon. Et c'est un bon moyen de tisser des liens entre frères et sœurs.

Allaitement en public

Au Québec, il est possible d'allaiter partout discrètement. Ne vous sentez donc pas obligée de vous rendre dans les toilettes si votre enfant a besoin de téter dans un lieu public. Un T-shirt ample permettra un accès facile sans révéler beaucoup de chair. Vous pouvez également vous envelopper d'un châle. Plus les femmes allaiteront en public, plus la société s'habituera à cette pratique, ce qui encouragera d'autres mères à suivre l'exemple. Il est normal de se sentir intimidée dans un premier temps, mais vous surmonterez vite votre gêne. Pour commencer, il sera peut-être moins embarrassant d'allaiter dans un lieu public où d'autres mères sont présentes.

Le débat concernant la vaccination

Les vaccins stimulent la fabrication d'anticorps qui immuniseront le corps de votre enfant contre certaines maladies. Quelques vaccins ont été sujets à controverse, mais dans l'ensemble, ils représentent un moyen sûr et efficace de protéger les enfants de maladies potentiellement dangereuses.

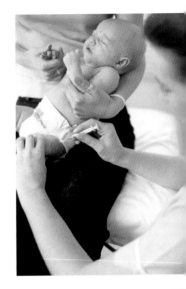

Évaluer les risques

Les parents de Peter se souviennent que, durant leur enfance, un ou deux de leurs camarades de classe ne revenaient pas à l'école après les vacances d'été, car ils avaient été atteints par la polio. Grâce à la vaccination, cette maladie n'existe plus actuellement au Canada, mais il n'y a encore pas si longtemps, elle provoquait des paralysies, des infirmités et quelquefois même la mort. La décision de faire vacciner votre enfant peut être difficile à prendre, car des questions sont régulièrement posées au sujet de l'innocuité des vaccins. Cependant, le risque d'une réaction grave à un vaccin est très minime, notamment si vous le comparez au risque de contracter la maladie elle-même. Tous nos enfants ont été immunisés.

Dans les années 1970, le vaccin contre la coqueluche a été tenu pour responsable d'effets indésirables graves et de nombreux parents ont décidé de ne pas faire immuniser leurs bébés. Il en résulta une épidémie de coqueluche source de séquelles cérébrales ou même de mort pour certains de ces enfants. Nous savons aujourd'hui que ce vaccin n'entraînait pas les effets soupçonnés et donc que la souffrance et la mort de ces enfants auraient pu être évitées.

Certains bébés sujets aux convulsions fébriles (voir page 259) courent le risque d'en avoir une à la suite de la vaccination ROR (rougeole, oreillons et rubéole), mais ce risque est minime – environ 1 sur 1 000. Un bébé non immunisé qui contracte la rougeole a 1 chance sur 200 d'avoir des convulsions, mais il court également le risque d'autres complications graves et même de mort. Malheureusement, même si les recherches ultérieures ont prouvé le contraire, l'évocation d'une association causale éventuelle entre vaccination ROR et autisme a causé une forte chute de cette immunisation. Ce phénomène a abouti à une augmentation inévitable des cas de maladie, avec les dangers qui en découlent.

PREMIER RENDEZ-VOUS
Les vaccins sont généralement administrés par votre pédiatre. Il vous demandera de tenir votre bébé pendant cette opération.

« Il était très difficile pour moi de regarder mon bébé pendant les vaccinations, mais je savais que c'était pour son bien. »

Envisagez le problème de cette façon. Le fait d'emprunter une autoroute recèle toujours des risques, mais si vous aviez le choix entre rouler dans une voiture haut de gamme avec des ceintures, des équipements de sécurité et un dispositif ABS (être immunisée) ou rouler dans une vieille voiture à trois roues toute rouillée (risquer la maladie), la décision serait facile.

Conséquences des maladies

Au Québec, le Service de la santé publique conseille fortement la vaccination des enfants pour les protéger contre les maladies graves. La majorité de ces vaccins sont couverts par l'assurance-maladie.

■ **Diphtérie.** Maladie bactérienne infectieuse qui provoque des difficultés respiratoires et peut endommager les nerfs, le cœur et les glandes.

■ **Tétanos.** Bactérie présente dans le sol et qui pénètre dans le corps par des coupures et des écorchures. Elle provoque la paralysie, des contractions musculaires douloureuses et peut être fatale.

■ **Coqueluche** (voir page 274). Maladie infectieuse provoquant de longues quintes de toux, avec un « cri » caractéristique lorsque le bébé inspire de l'air. Elle peut causer une pneumonie, des dommages cérébraux et la mort, surtout chez les enfants de moins de six mois.

■ **Polio.** Virus extrêmement infectieux qui affecte le système nerveux central et provoque la paralysie.

■ **Hib** (*hæmophilus influenzæ* de type B). Bactérie susceptible de provoquer des maladies telles que la méningite, la pneumonie et la septicémie.

■ **Pneumocoque.** Bactérie provoquant des maladies graves, telles que la méningite à pneumocoque, la pneumonie et la septicémie.

■ **Méningocoque C.** Bactérie susceptible de provoquer la méningite et la septicémie.

■ **Rougeole** (voir page 271). Maladie bactérienne hautement infectieuse pouvant provoquer une inflammation des oreilles, des dommages nerveux et cérébraux ainsi qu'une pneumonie.

■ **Oreillons** (voir page 272). Infection virale susceptible d'entraîner des complications sérieuses telles que la méningite, la surdité et l'infertilité chez les hommes.

■ **Rubéole** (voir page 273). Maladie infectieuse bénigne causée par un virus et touchant essentiellement les enfants. Elle risque de provoquer de graves malformations congénitales lorsque des femmes sont infectées au début de leur grossesse.

L'acte de vaccination

Votre bébé peut ressentir une douleur lors de l'injection. Pour l'apaiser, offrez-lui un câlin rassurant. Vous pouvez également lui donner le sein ou un biberon. De nombreux bébés n'ont aucune réaction évidente à la vaccination, mais certains développent de la fièvre dans les vingt-quatre heures et peuvent devenir irritables. Ce problème sera traité avec un peu d'acétaminophène pour nourrisson, à répéter après six heures si nécessaire. Je donnais toujours à mes bébés du paracétamol avant les vaccinations. Une rougeur peut se manifester pendant un jour ou deux au point d'injection, ce qui n'est pas préoccupant. Mais si la réaction ne disparaît pas, ou si sa taille dépasse celle d'une pièce de 25 cents, faites-en part à votre médecin.

Il peut arriver qu'une infection apparaisse au point d'injection. Votre bébé se verra alors prescrire des antibiotiques. Dans de rares cas, un bébé réagira très fortement à une vaccination. Dans ce cas, on vous indiquera si vous devez faire faire les injections suivantes et quand.

Le calendrier de vaccinations de votre bébé

Votre enfant recevra des vaccins spécifiques en fonction de son âge. Au Québec, votre médecin vous remettra un carnet de vaccination. C'est un outil précieux puisque c'est le seul document où sont consignés tous les vaccins de votre enfant. Il est important de le conserver et de le tenir à jour.

VACCIN		QUAND
▷ Diphtérie, tétanos, coqueluche, polio et Hib	(1 injection)	2 mois
▷ Diphtérie, tétanos, coqueluche, polio et Hib	(1 injection)	4 mois
▷ Diphtérie, tétanos, coqueluche, polio et Hib	(1 injection)	6 mois
▷ Rougeole, oreillons, rubéole (ROR)	(1 injection)	12 mois
Méningocoque C	(1 injection)	
Varicelle	(1 injection)	
▷ Diphtérie, tétanos, coqueluche, polio et Hib	(1 injection)	18 mois
Rougeole, oreillons, rubéole (ROR)	(1 injection)	

Les vaccins contre l'influenza et contre les infections à pneumocoque, selon l'âge ou l'état de santé, font également partie du calendrier régulier de vaccination. D'autres vaccins peuvent être recommandés en raison de l'âge, de l'état de santé, des activités ou d'un voyage.

Soins quotidiens

Les soins quotidiens de l'enfant deviennent maintenant plus faciles, car il contrôle mieux son corps et commence à coopérer lors d'activités telles que le changement des couches. Vous avez peut-être également mis en place une organisation efficace et appris à anticiper ses besoins.

Du temps ensemble

Vous pouvez passer du temps avec votre bébé en vaquant à vos occupations ménagères – si vous passez l'aspirateur ou rangez le linge, asseyez-le dans son transat afin qu'il vous regarde. Néanmoins, certaines tâches nécessiteront que vous laissiez votre bébé seul quelques instants. Ne vous inquiétez pas trop s'il pleure et que vous ne puissiez pas le rejoindre immédiatement – il supportera très bien d'attendre quelques minutes. Ne vous sentez donc pas obligée de tout laisser tomber pour vous précipiter vers lui quand il gémit.

Porter votre bébé

Lorsque votre enfant parvient à tenir sa tête fermement (vers le troisième mois), vous pouvez l'asseoir face à une fenêtre. De nombreux bébés apprécient cette nouvelle perspective sur le monde et ressentent un double plaisir, car ils se trouvent en sécurité à vos côtés et ont une foule de choses intéressantes à observer.

Envisagez également l'utilisation du transat lorsque vous vous déplacez dans la maison. Vous avez ainsi les mains libres pour vaquer à vos occupations tout en conservant votre bébé à vos côtés.

Érythème fessier

Les inflammations et douleurs sont courantes dans la zone des couches. Elles résultent du contact de l'urine et des selles avec la peau de l'enfant. La peau délicate des fesses et des organes génitaux de votre bébé peut également devenir boutonneuse et d'aspect humide. Il existe cependant des moyens de calmer les choses. Pour activer la guérison, conservez les fesses de votre enfant propres et sèches et retirez-lui sa couche dès que possible afin que l'air puisse parvenir jusqu'à sa peau. Étendez-le sur une serviette ou une couche ouverte pour minimiser les éventuels « dégâts ».

Même les couches les plus absorbantes peuvent conserver une certaine humidité. Changez donc votre bébé régulièrement et immédiatement après ses selles pour éviter que l'inflammation n'empire. Veillez à ce qu'il soit bien sec avant de lui mettre une couche propre. Si votre enfant porte des couches en tissu, utilisez une crème qui formera sur sa peau une barrière le protégeant des effets de l'humidité. Assurez-vous que la couche de votre bébé n'est pas trop serrée et laisse circuler l'air.

Si l'érythème de votre bébé est très sévère ou persistant, il est possible qu'il souffre d'une infection fongique ou bactérienne (voir page 283). Consultez votre médecin qui vous prescrira des crèmes plus actives.

Couches écologiques

Les couches jetables se sont probablement révélées indispensables durant les premières semaines, mais à présent, vous vous sentez peut-être prête à essayer les couches lavables. Vous avez le choix entre les couches préformées et celles en tissu éponge traditionnelles.

■ **Couches en tissu éponge traditionnelles :** ces couches peuvent être pliées sous différentes formes, en fonction de la taille et du sexe de votre enfant (les garçons et les filles mouillent les couches à différents emplacements). Elles sont fixées à l'aide d'une épingle à couche ou d'une pince.

■ **Couches préformées :** elles sont plus fines et ont une apparence plus soignée que celles en tissu éponge. Elles se fixent par des velcros ou des pressions. Certains fabricants proposent des modèles en deux parties. La couche étant indépendante de la culotte, il n'est pas nécessaire de tout laver à chaque change. Il suffit de mettre une couche propre dans la culotte, et de fermer le tout. D'autres, en revanche, proposent des produits tout en un.

Quel que soit le modèle choisi, un voile jetable à placer dans la couche protège les fesses du bébé. Un seau muni d'un couvercle se révélera utile pour stocker les couches sales.

METTRE EN PLACE UNE COUCHE EN TISSU

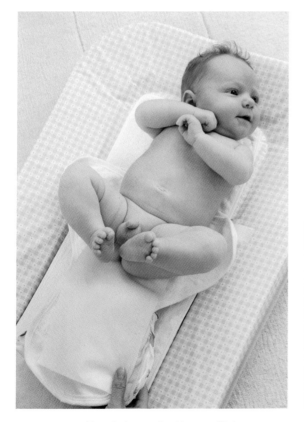

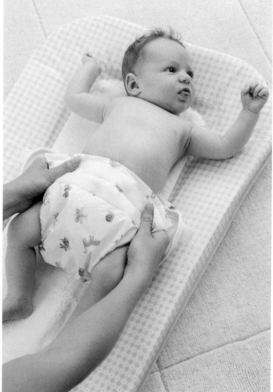

VOILE INTERNE *Un voile interne jetable est utilisé avec toutes les couches en tissu. Il suffit de déployer la couche sur le matelas à langer et de placer le voile sur celle-ci. Jetez le voile dans les toilettes quand il est souillé.*

COUCHES TOUT EN UN *Habituellement, la couche interne et l'enveloppe externe sont combinées, mais il peut arriver qu'elles soient distinctes. Rabattez la partie inférieure de la couche sur le ventre de l'enfant et fermez les languettes velcro ou les pressions sur les côtés.*

Le bain

Bien que certains bébés se méfient toujours du bain à cet âge, il est devenu un moment de plaisir pour nombre d'entre eux. Si votre enfant s'amuse joyeusement dans l'eau, le bain peut être associé au rituel de coucher, car il lui permettra de se détendre. Si votre enfant n'apprécie pas encore le bain, ne vous inquiétez pas. Poursuivez la toilette avec du coton hydrophile humidifié ou une débarbouillette. Vous retenterez l'expérience quand il aura une meilleure confiance en lui.

Il existe toute une variété de sièges destinés à soutenir le bébé dans l'eau tout en vous laissant les mains libres. Vous ne devez cependant jamais quitter l'enfant un seul instant. Vous pouvez jeter votre dévolu sur un transat, un fauteuil ou un anneau de bain constitué de plastique, de tissu ou de mousse. Ils maintiennent le bébé au-dessus de l'eau et ils peuvent représenter une bonne solution si vous ne vous sentez pas sûre de vous ou si vous fatiguez rapidement en tenant l'enfant. Depuis peu, il existe même sur le marché une baignoire en forme de seau, dans laquelle le bébé retrouve sa position fœtale. Vous avez également la possibilité de vous baigner avec votre bébé. Placez-le sur vos genoux face à vous et veillez à ce que quelqu'un de disponible se tienne à proximité pour lui confier l'enfant avant votre sortie du bain.

TENIR VOTRE BÉBÉ DANS LE BAIN

LE TENIR FERMEMENT *Lorsque vous donnez le bain à votre bébé, soutenez en permanence sa tête et son cou avec une main, et utilisez l'autre main pour le laver doucement.*

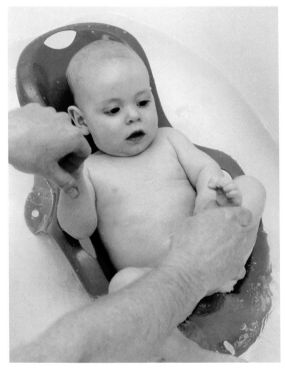

UTILISATION D'UN SIÈGE *Un siège de bain maintient votre enfant au-dessus de l'eau ; ainsi, vous pouvez le laver plus facilement, car vos deux mains sont libres.*

Problèmes courants

▷ **Dois-je m'inquiéter si mon enfant vomit toujours après les repas ?**

N'ayez aucune inquiétude si votre enfant régurgite simplement le lait. Ce phénomène est normal chez les très jeunes bébés et disparaît après quelques mois. Cependant, s'il commence soudainement à vomir sans que ceci lui soit jamais arrivé auparavant, s'il semble malade quand il vomit ou si ses vomissements s'amplifient, contacter votre CLSC (voir page 258). Agissez de même si votre bébé ne prend pas de poids ou semble souffrir lors de l'allaitement et des régurgitations.

▷ **Mon bébé a des croûtes jaunes sur le cuir chevelu. De quoi s'agit-il et dois-je essayer de les retirer ?**

Il s'agit de dermatite séborrhéique, un problème bénin très courant. Aucun traitement n'est nécessaire, mais si vous souhaitez supprimer les croûtes, ramollissez-les avec un peu d'huile d'olive. Laissez agir toute la nuit, puis lavez les cheveux de votre enfant avec un shampoing doux ou un gel douche pour bébés. Il vous faudra peut-être répéter l'opération plusieurs fois pour vous en débarrasser. N'essayez pas de les retirer à sec, car vous risqueriez alors de rendre le cuir chevelu douloureux et vulnérable aux infections. Ce problème disparaît généralement spontanément.

▷ **Quelquefois, lorsque je lave ou que je change mon bébé, je remarque qu'il a une érection. Est-ce habituel ?**

Oui, ceci est normal et absolument pas préoccupant. Le pénis est un organe sensible et tous les garçons ont une érection de temps à autre. On a même observé que les fœtus avaient des érections dans l'utérus.

▷ **Pourquoi la peau de mon bébé est-elle aussi sèche et comment puis-je la traiter ?**

Chez les jeunes bébés, le problème de peau sèche est très courant et bénin. Lorsqu'un bébé naît après terme, le vernix crémeux qui protégeait sa peau dans l'utérus a peut-être été absorbé avant la naissance, ce qui provoque un assèchement de celle-ci. Pour les autres enfants, la peau sèche fait simplement partie du processus d'adaptation à la vie extra-utérine. Badigeonnez-la d'huile d'olive ou utilisez un émollient une à deux fois par jour jusqu'à obtenir une amélioration. Si vous ne constatez aucun progrès, ou si la peau de votre bébé est enflammée, demandez un avis médical.

▷ **Je prends mon bébé dans mes bras dès qu'il commence à pleurer. Est-ce excessif ?**

Avec un bébé de cet âge, il est impossible de parler d'excès lorsque vous répondez rapidement à ses besoins. Vous lui montrez ainsi qu'il peut compter sur vous quand il vous appelle, ce qui l'incitera à pleurer de moins en moins souvent à l'avenir. Votre bébé est programmé pour être proche de vous – c'est essentiel à sa survie – et votre attention l'aidera à se sentir en sécurité. S'il se montre particulièrement grognon sans que vous puissiez en déterminer la cause, vous constaterez peut-être qu'il se calme lorsque vous le placez dans le porte-bébé pour l'emmener en promenade.

Cependant, il est toujours préférable d'attendre quelques instants lorsque votre enfant commence à gémir, car il est possible qu'il se calme rapidement sans pleurer, à plus forte raison si vous lui parlez. Il souhaite peut-être simplement s'assurer que vous êtes là.

Comprendre les pleurs de votre bébé

Tous les bébés pleurent, mais avec une fréquence qui varie considérablement d'un enfant à l'autre. Pleurer est normal, mais des pleurs de douleur, continus et excessifs pour lesquels il ne semble y avoir aucune cause apparente doivent être pris au sérieux.

POUR QUELLES RAISONS VOTRE BÉBÉ RISQUE DE PLEURER ?

Ces raisons sont multiples :

▷ **Faim :** c'est la raison la plus fréquente et ce sont probablement ces pleurs que vous identifierez le plus facilement.

▷ **Ennui :** votre bébé peut avoir besoin de compagnie. Placez-le à un endroit où il sera proche de vous lors de vos tâches ménagères.

▷ **Surstimulation :** quelquefois, un peu de calme est nécessaire. Il peut s'agir d'une tétée dans une autre pièce, par exemple.

▷ **Fatigue :** tout comme nous, les bébés peuvent atteindre un stade où il leur est difficile de s'endormir – laissez votre enfant dans sa bassinette pour qu'il s'endorme.

▷ **Inconfort :** ce ne sont pas tout à fait des pleurs de douleur, mais ils peuvent le devenir si vous ne parvenez pas à identifier la cause.

▷ **Douleur :** les pleurs de votre enfant deviennent pressants et peuvent se terminer en un cri. Ce sont des pleurs que vous ne pouvez pas ignorer et vous leur répondrez instinctivement.

PLEURS EXCESSIFS

En termes médicaux, des pleurs excessifs sont définis comme des pleurs durant plus de trois heures sur vingt-quatre heures. Un enfant peut sembler pleurer sans interruption, mais en y regardant de plus près, vous constaterez probablement que le total n'excède pas trois heures. Dans de rares occasions, les médecins admettent les bébés à l'hôpital pour rechercher un éventuel problème médical. Ceci vous permettra par la même occasion de récupérer du sommeil en retard.

REFLUX

La cause médicale la plus courante de pleurs excessifs est le reflux gastro-œsophagien (RGO). Ce trouble est lié à l'immaturité du sphincter situé au-dessus de l'estomac de l'enfant, qui engendre des remontées de lait. Les acides de l'estomac présents dans le lait régurgité risquent de brûler l'œsophage de l'enfant, qui devient alors douloureux et provoque les pleurs.

Le bébé souffrant de RGO voûte souvent le dos sous l'effet de la douleur et refuse d'être allongé à plat. Il est possible qu'il vomisse, et sa douleur est généralement accentuée après les repas. Bien que le reflux soit désagréable pour vous et votre enfant, efforcez-vous de ne pas dramatiser. Ce problème peut être traité (voir page 275) et votre enfant s'en débarrassera.

COLIQUE

Les pleurs que de nombreux parents ne connaissent que trop bien sont ceux qui sont liés aux coliques. C'est un problème qui se produit fréquemment le soir, et qui a tendance à être amplifié lorsque les parents sont particulièrement fatigués. Nous ne connaissons pas la cause exacte de ces douleurs chez les jeunes bébés. Nous savons juste qu'elles surviennent le plus souvent aux alentours de deux ou trois mois et qu'elles peuvent être dues à un excès de gaz ou à une intolérance au lactose, le sucre naturel présent dans le lait. Si votre enfant pleure pendant des heures en ramenant les jambes vers son ventre et qu'il semble souffrir, il peut s'agir d'une colique.

Je pense personnellement que les gouttes prescrites pour les coliques sont probablement plus utiles pour les parents (qui ont la sensation de ne pas rester les bras croisés) que pour le bébé. Certains parents, cependant, ne jurent que par un lait sans lactose, plus coûteux. Il peut être utile de faire l'essai. Demandez conseil à votre médecin ou à votre pharmacien. Il convient également de tester d'autres solutions. Chaque bébé est différent, et vous parviendrez probablement à identifier celle qui fonctionne le mieux pour lui.

Veillez dans tous les cas à garder votre calme. Dans la pratique, ceci est souvent plus facile à dire qu'à faire, mais n'oubliez pas que vous risquez de communiquer votre stress à votre enfant dont les pleurs redoubleront. Si possible, demandez à votre partenaire, à un membre de la famille ou à un ami de s'en charger afin de pouvoir faire une pause. Rassurez-vous en vous disant que les coliques durent rarement plus de quelques mois et que, bien que douloureuses pour votre bébé, elles ne sont pas dangereuses.

RÉCONFORTER UN BÉBÉ QUI PLEURE

Si votre enfant pleure énormément, la situation peut être difficile, mais pas désespérée. Mon cadet pleurait beaucoup lorsqu'il était bébé, mais il est devenu un enfant joyeux et adorable. De nombreux moyens s'offrent à vous pour apaiser votre bébé. Il est probable qu'il se calme assez rapidement une fois le cycle des pleurs rompu, à plus forte

raison si vous vous êtes assurée qu'il n'a aucun problème. Votre bébé répondra peut-être à une ou plusieurs des techniques suivantes :

▷ **Câlins :** votre bébé peut se calmer si vous le calez contre vous en le berçant doucement. Vous découvrirez rapidement la position qui est la plus efficace pour l'apaiser.

▷ **Mouvement :** promenez votre enfant dans le porte-bébé, dans sa poussette ou dans la voiture. Attention toutefois à ce que ceci ne devienne pas une habitude. Si vous ne souhaitez pas passer toutes vos soirées en train de promener un bébé en pleurs, veillez à n'utiliser cette technique qu'en dernier recours.

▷ **Bruit blanc :** placez votre bébé en face d'une machine à laver sur un cycle d'essorage. Cette technique peut sembler bizarre, mais de nombreux parents cons-

tatent son efficacité. Le son de l'aspirateur ou d'une radio déréglée semblent également calmer les bébés. Émettez des bruits de chuchotements en le tenant dans vos bras.

▷ **Succion de confort :** les bébés sont programmés pour sucer et le vôtre peut être apaisé par le sein, même s'il n'a pas faim. Il peut également sucer son pouce, ses doigts ou une suce.

▷ **Massage :** massez doucement son ventre dans le sens des aiguilles d'une montre (voir pages 84-85) pour le soulager.

▷ **Emmaillotage :** s'il bat l'air des pieds et des mains, le fait de l'emmailloter (voir pages 64-65) peut l'aider à se calmer.

▷ **Parole :** tenez-le face à vous et engagez une conversation.

BERCEMENT *Le simple fait de bercer votre bébé peut s'avérer assez efficace pour apaiser ses pleurs. Tentez de lui chanter une berceuse ou de lui parler en le berçant.*

« LÉOPARD DANS UN ARBRE » *Placez votre bébé sur votre avant-bras et posez sa tête sur votre main. Vous pouvez ainsi facilement caresser son dos, ce qui l'aidera à s'apaiser.*

PORTE-BÉBÉ *Placer votre enfant en contact avec vous dans un porte-bébé lui permettra de se sentir en sécurité et apaisera ses pleurs. Cette technique présente aussi l'avantage de vous laisser les mains libres.*

Être parent

Bien que nous parlions tous de l'énorme bouleversement provoqué par l'arrivée d'un enfant dans notre vie, nous n'anticipons généralement pas suffisamment les choses. Nous supposons que nous nous adapterons naturellement à la présence de l'enfant, mais il est nécessaire d'avoir un minimum d'organisation et de ménager à l'avance du temps libre sans le bébé.

Sortir

DU TEMPS ENSEMBLE *Vous octroyer du temps sans votre enfant est une nécessité, pas un luxe. Ne culpabilisez donc pas.*

Il est surprenant de constater combien deux heures passées sans le bébé peuvent libérer les parents. L'envie de passer du temps sans l'enfant ne fait pas de vous pour autant un mauvais parent – prendre du temps pour vous, nourrir la relation avec votre partenaire et revenir vers votre enfant avec un plaisir renouvelé est bénéfique pour tout le monde. La spontanéité étant difficile avec un bébé, il est important de planifier à l'avance des sorties nocturnes. Lorsque la vie devient très agitée, il est difficile de s'organiser, mais en prenant une gardienne, vous aurez plus de facilité pour sortir et faire une pause. Si vous ne mettez pas en place une organisation rigoureuse, vous finirez par rester chez vous.

Problèmes de santé

▷ **Je ne peux pas m'arrêter de fumer. Cela aura-t-il des conséquences pour mon bébé ?**

Oui. La fumée de cigarette est dangereuse pour votre enfant. Elle accroît le risque de mort subite du nourrisson (voir page 39), les infections ORL et pulmonaires. Si vous n'avez pas été capable d'arrêter jusqu'à maintenant, je vous conseille vivement d'essayer. Fumer dans une autre pièce reste insuffisant, car certaines particules de la fumée parviendront jusqu'aux poumons de votre bébé en s'infiltrant dans vos vêtements et vos cheveux.

▷ **Puis-je prendre une pilule contraceptive pendant que j'allaite ?**

Oui. Il est important d'utiliser la contraception dès que vous reprenez votre activité sexuelle, car il est possible de tomber enceinte immédiatement après la naissance, et ce, même si vous allaitez au sein. La pilule contraceptive combinée est déconseillée pendant l'allaitement, car elle contient des œstrogènes et de la progestérone, hormones susceptibles d'affecter la quantité de lait produite. Cependant, la micropilule, ou pilule progestative, ne contient que de la progestérone. Son utilisation ne pose donc pas de problème. En attendant que la pilule soit efficace, il vous faudra peut-être recourir à une solution de rechange, telle que le préservatif.

Baby blues ou dépression postnatale ?

Si vous vous sentez toujours abattue, il est temps de consulter votre médecin, car le « baby blues » (voir page 43) doit maintenant être passé. Vous souffrez peut-être de dépression postnatale, un problème qui affecte une mère sur dix et qui peut devenir suffisamment grave pour ruiner votre vie. Les mères de jumeaux ou d'enfants avec des besoins spécifiques sont particulièrement vulnérables à la dépression postnatale. Elle démarre fréquemment dans le mois suivant la naissance, mais peut encore apparaître un an plus tard. Les symptômes sont variables mais incluent un sentiment d'épuisement, de l'anxiété, des idées négatives ainsi que de l'insomnie, une perte d'appétit et une impossibilité de faire face aux tâches quotidiennes. Ces sentiments deviennent envahissants et peuvent être accompagnés de culpabilité et d'attaques de panique.

On attend des mères qu'elles soient heureuses avec leur nouvel enfant et elles se sentent souvent coupables de leur état. La dépression postnatale peut arriver à n'importe qui et doit être diagnostiquée aussitôt que possible. La psychothérapie ainsi que les traitements médicamenteux sont très efficaces. Ne continuez donc pas à souffrir inutilement. Si elle n'est pas soignée, la dépression postnatale vous empêchera d'apprécier votre enfant et de tisser des liens avec lui. Vous mettrez alors en place des schémas de parentalité et de relation destructeurs susceptibles de persister pendant des années. Demandez donc de l'aide dès que possible. La plupart des femmes ayant été diagnostiquées tardivement le regrettent.

Le blues du père

Tout le monde a entendu parler du baby blues chez les nouvelles mères, mais le blues du père est moins reconnu. L'élément déclencheur est le changement complet du mode de vie induit par l'arrivée du bébé, et notamment l'évolution des relations avec la partenaire. Alors que les nouvelles mères ont souvent le sentiment que leur corps ne leur appartient plus, leurs partenaires ont fréquemment l'impression d'être relégués au second plan.

La proximité émotionnelle et physique générée par l'activité sexuelle risque d'être compromise à ce stade, car, même si votre partenaire a récupéré de l'accouchement, elle ne se sent peut-être pas encore très concernée par le sexe. Ce sentiment d'exclusion, associé à la fatigue et au fait que certains hommes considèrent les jeunes bébés relativement inintéressants (de sorte que les compensations de la perte de leur place dans la vie de leur partenaire semblent bien maigres), fait de la nouvelle parentalité une période dangereuse dans la relation.

Le point le plus important est de maintenir le dialogue. Il est essentiel de communiquer, de sorte que les problèmes soient partagés, compris et qu'ils ne deviennent pas sources de ressentiment. Ne négligez pas la tendresse et la proximité physique. Même si elle ne souhaite pas avoir de relation sexuelle, votre partenaire remarquera votre réserve et l'interprétera comme un manque d'affection. Impliquez-vous dans les soins du bébé et veillez à passer du temps seul avec votre enfant.

POINT DE VUE DU PÈRE

VOTRE BÉBÉ SOCIABLE

1 2 3 **4 5 6** 7 8 9 10 11 12

MOIS

« Votre bébé vous accueille avec des gazouillis et des sourires. Ses larmes se font plus rares. »

JOUEZ AVEC MOI LE RÔLE DE PARENT DEVIENT PLUS GRATIFIANT LORSQUE L'ENFANT COMMENCE À JOUER ET À « BAVARDER »

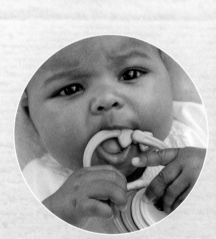

J'AI DES PIEDS LORSQUE LE BÉBÉ A TROUVÉ SES PIEDS, IL LES SAISIT ET LES SUCE POUR SE DIVERTIR

C'EST DÉLICIEUX VOTRE BÉBÉ DÉCOUVRE LES TEXTURES EN EXPLORANT LES OBJETS AVEC SA BOUCHE, PLUTÔT QU'À L'AIDE DE SES MAINS

SOMMEIL APRÈS TROIS MOIS, VOTRE ENFANT DORMIRA PROBABLEMENT PLUS LONGTEMPS LA NUIT ET MOINS AU COURS DE LA JOURNÉE

PETIT AFFAMÉ LE BÉBÉ COMMENCE À BOIRE SON BIBERON BEAUCOUP PLUS VITE QUAND IL A FAIM

Une petite personne émerge

Du quatrième au sixième mois, vous observerez des modifications importantes dans le comportement de votre enfant. Il deviendra plus sociable, plus adroit physiquement et communiquera plus avec vous. Au fur et à mesure de l'amélioration de la réactivité, il commencera à gazouiller, à rire et à répondre à des jeux tels que celui du cache-cache avec des cris de joie.

Développement physique

Si vous placez votre bébé de trois mois dans une position assise, il est capable de tenir sa tête, mais il ne parvient pas encore à conserver le dos droit. À quatre mois, il est capable de tenir sa tête dans l'axe de son corps lorsque vous lui prenez les mains et que vous le tirez pour l'amener en position assise. À cinq mois, il s'assoit sans aide, mais il ne peut pas conserver cette position longtemps. Placez des coussins autour de lui pour le soutenir et afin qu'il ne se blesse pas en retombant.

Il commence à soutenir une partie de son poids lorsque vous le maintenez debout sur vos genoux. Permettez-lui ceci au lieu d'essayer de le persuader de se tenir debout. Il s'amusera beaucoup en poussant vos jambes avec ses pieds. Ne vous inquiétez pas si votre enfant ne souhaite pas se mettre sur ses jambes, car c'est le cas de nombreux bébés à cet âge. Votre enfant aimera probablement se trouver sur le dos pour donner des coups de pied et appréciera également faire éclabousser l'eau de son bain. Ayez donc à votre portée de nombreuses serviettes. Des périodes de jeu sur le ventre lui seront bénéfiques, mais étendez-le toujours sur le dos pour dormir.

JEU DE STIMULATION
Vous pouvez favoriser le développement physique et psychique de votre bébé. Encouragez-le à déployer sa force, mais maîtrisez la vôtre.

Rythme de développement

Votre bébé apprend et se développe à sa façon et à son propre rythme. Bien que les enfants suivent en gros la même courbe de développement, il existe certaines variations. Votre bébé peut être particulièrement physique, tenant sa tête droite et roulant sur le côté très tôt. Il est également possible qu'il soit très éveillé et sociable, mais moins en avance dans son développement physique. Les deux tendances sont normales et tous les bébés sont différents. Soyez donc attentive à ne pas établir de comparaisons avec d'autres enfants et ne vous inquiétez pas inutilement.

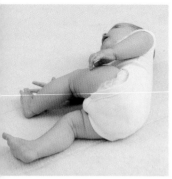

Point de vue de bébé sur le monde

Avec l'amélioration de sa vision, votre bébé appréciera avoir différentes choses à observer. La recherche montre que la vue des enfants à cet âge est encore très imparfaite, mais sa perception croissante de la profondeur va lui permettre de voir et d'atteindre plus efficacement les objets.

Aux environs de cinq mois, il observe les petits objets avec intérêt et essaie de les attraper. Vous devez le surveillez attentivement, car il explore tout ce qu'il tient avec sa bouche. Ne laissez rien à sa portée qui présente un risque d'étouffement, comme des pièces ou des boutons. Il s'intéresse également aux textures – le papier froissé, les bulles dans l'eau du bain et le tissu brillant sont pour lui des matériaux nouveaux qu'il explore avec enthousiasme.

Des liaisons commencent à s'établir entre les différents sens du bébé. Par exemple, les chercheurs ont montré que si l'on présentait à un bébé de quatre mois ses deux parents et si on lui faisait écouter le son de la voix préenregistrée de l'un d'eux, le bébé regardait automatiquement le parent dont il entendait la voix.

Rapport de cause à effet

L'enfant commence à comprendre que les événements sont la conséquence de ses actes – rapport de cause à effet. C'est une étape capitale dans son développement mental. De même qu'il saisit ce phénomène quand il secoue un hochet qui émet un son, il commence à réaliser que vous lui donnez du lait lorsqu'il pleure ou que vous lui répondez quand il essaie de communiquer avec vous. Il développe ainsi un sentiment de contrôle sur le monde qui l'entoure. Vous pouvez l'encourager dans cette nouvelle expérience en répondant avec enthousiasme à un acte visant délibérément à obtenir un effet, comme celui consistant à appuyer sur un jouet interactif pour produire un son.

Dès lors qu'il comprend le rapport de cause à effet, votre enfant peut commencer à anticiper. Si vous avez mis en place un rituel de coucher, le fait de lui donner un bain et de lui lire une histoire lui apprend à anticiper une tétée au calme avant d'aller se coucher. Vous pouvez exploiter cette nouvelle aptitude en lui lisant la même histoire et en chantant la même chanson chaque soir, de façon à lui donner un « indice » de l'approche du coucher. Ainsi, votre enfant a la possibilité de s'installer dans une routine qu'il comprend et qui le sécurise.

SE RETOURNER *Il apprend progressivement à se retourner sur son ventre et sur son dos.*

Communication

Votre bébé commence à mettre en place une communication sociale, en agitant les mains pour que vous le
preniez dans vos bras et en vous souriant quand vous
apparaissez dans son champ de vision. Lorsque vous
communiquez avec votre bébé, veillez à lui laisser le
temps de vous répondre. Ses réactions n'étant pas aussi
rapides que celles d'un enfant plus âgé, n'oubliez pas
de faire une pause de quelques secondes au cours de
votre conversation de façon à ce qu'il puisse « prendre
son tour ». Il commence par prononcer des phonèmes
tels que « ba », puis il les répète en disant quelque
chose comme « bababa ». Il s'agit du babillage.

Quand il produit des sons, votre enfant apprécie généralement que vous les répétiez. Il vous fait savoir qu'il
en a assez en se détournant, en rompant le contact
visuel ou en devenant grognon. Prenez-le en considération, car c'est sa façon de vous dire qu'il est fatigué.
Votre bébé apprend que la communication est un processus à double sens et, à cet âge, l'attention que vous
lui accordez n'est jamais excessive. Détendez-vous donc et appréciez sa compagnie.

Comportement et pensées de votre enfant

Les processus de pensée de votre bébé sont toujours en développement. Comprendre sa
façon de penser vous aidera à mieux appréhender son comportement, et par là même à
être un parent détendu. L'instinct d'un jeune bébé est de tisser des liens avec sa mère et
de s'assurer qu'il obtient d'elle ce qui lui est nécessaire – alimentation, chaleur et amour.
Tout comportement de l'enfant visant à l'obtention de ces réponses sera renforcé.

La recherche montre que, dès six mois, les enfants se montrent jaloux lorsque leur
mère reporte son attention sur un autre bébé. Ils gigotent et pleurent furieusement
jusqu'à obtenir de nouveau son attention. Les mères de l'étude ont été bouleversées
par la puissance des émotions de leur enfant et ont répondu par une démonstration
d'amour envers celui-ci. C'est exactement ce dont les bébés ont besoin. Bien que les
bébés soient capables de manifester toute une palette d'émotions, il est important de
comprendre qu'ils sont incapables de faire la différence entre un bon et un mauvais
comportement. Ils ne doivent donc jamais être punis.

*LA PUISSANCE DE BÉBÉ Les
bébés apprennent qu'ils
peuvent avoir un impact
sur leur environnement –
en souriant, ils provoquent
un sourire chez leur mère ;
en secouant un hochet, ils
produisent un son.*

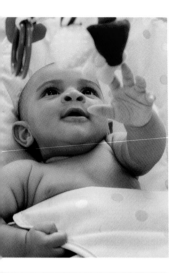

Le jeu

À trois mois, votre bébé est capable de se concentrer sur des objets plus éloignés et se montre plus précis pour les saisir. Si vous mourez d'impatience de lui acheter des jouets, c'est une bonne période. Il appréciera tout ce qu'il peut tenir en main et explorer avec sa bouche.

Saisie des jouets

Si vous tendez un jouet à votre bébé, soyez patiente – à quatre mois, il apprend toujours à juger la distance d'un objet. Vous le verrez jeter un regard sur sa main puis sur le jouet et recommencer avant de le saisir. À l'âge de cinq mois, il n'aura plus besoin de cette évaluation. Il pourra saisir et tenir les objets avec beaucoup plus de précision et de facilité, en ajustant l'ouverture de sa main à la taille de l'objet. Restez vigilante – votre bébé peut saisir votre tasse de café brûlant aussi facilement qu'un jouet. Veillez donc à tenir tout objet dangereux hors de sa portée.

Votre bébé apprécie les sons différents. Un tapis d'éveil conçu pour la découverte sonore rencontre souvent un grand succès, car il dispose d'éléments qui grésillent, cliquettent et poussent des cris lorsqu'il les touche ou se roule dessus. Un hochet arbre à pluie sera très apprécié par votre enfant – c'est un tube creux et scellé contenant des petites billes qui s'écoulent en créant un léger bruit. Cependant, du riz secoué dans un pot peut s'avérer aussi efficace. Faites crisser du papier, tapez dans vos mains au rythme des chansons et des comptines ou faites-lui écouter de la musique sur votre chaîne stéréo. Une boîte à musique fixée à sa bassinette représente souvent un bon investissement qui peut être intégré au rituel de coucher.

Balançoires pour bébés

Les bébés adorent le type de balançoire que vous suspendez à l'encadrement d'une porte ou à un crochet au plafond. Certaines sont vendues avec leur propre cadre, mais elles occupent beaucoup d'espace. Une fois votre bébé capable de tenir sa tête, une balançoire lui offrira un nouveau point de vue sur son environnement. Ses pieds doivent juste effleurer le sol de sorte qu'il puisse rebondir et tourner sur lui-même. Dix minutes sont suffisantes dans une balançoire, car votre bébé se fatigue vite. Ceci vous laissera néanmoins un peu de temps pour effectuer une tâche ou deux.

Cache-cache

C'est un jeu que les bébés apprécient particulièrement. Il en existe une version dans la plupart des cultures. Votre enfant ne comprend pas que les choses continuent à exister quand il ne les voit plus – notion de permanence des objets. Ce jeu amusant l'aidera à comprendre ce concept et deviendra un favori pendant des mois. Lorsque vous couvrez votre visage avec vos mains, il crie d'excitation en attendant que vous ouvriez les mains en disant « Bou ! » Vous pouvez étendre ce jeu en plaçant devant lui une couverture sur un jouet, puis en la soulevant. Son enthousiasme anticipé de voir le jouet réapparaître est le signe qu'il commence à comprendre que les choses sont toujours là, même s'il ne peut plus les voir.

OÙ EST MAMAN ? *Le jeu le plus simple, comme celui de cache-cache, peut vous aider à faire comprendre des concepts complexes à votre bébé. Ici, il découvre la notion de permanence des objets.*

Votre bébé futé

Il existe un grand nombre de produits visant à stimuler le développement mental de l'enfant : des mobiles aux livres, en passant par les hochets, les jouets électroniques et les DVD. Chaque année apparaît généralement un nouveau jouet ou une nouvelle méthode de stimulation qui prétend faire de chaque bébé le prochain Einstein. Les plus connus actuellement sont les jouets reposant sur l'effet supposé de l'écoute de Mozart sur un bébé. Ils prétendent améliorer le raisonnement temporel et spatial d'un enfant. Inutile de dire que les preuves d'un tel effet ont été démenties, même si la musique tient une place non négligeable dans le développement ultérieur du bébé (voir page 219).

Le point le plus important est de prendre plaisir à jouer avec le bébé, de sorte qu'il soit stimulé régulièrement. Les enfants n'ayant pas été stimulés risquent de se replier sur eux-mêmes et de rencontrer des difficultés de communication. Et il sera difficile d'inverser la tendance par la suite.

Rat de bibliothèque

Les chercheurs insistent sur l'importance de la lecture pour les jeunes bébés. Cette pratique stimule en effet leur développement. Il existe dans les bibliothèques du Québec des sections prêtant des livres pour bébés. Votre enfant sera ainsi habitué à fréquenter ce lieu dès son plus jeune âge. Il est vraisemblable que vous souhaitiez aussi lui acheter quelques livres qu'il pourra mâchouiller autant que lire. Dans un premier temps, vous vous sentirez un peu stupide de choisir des livres pour un bébé, mais n'oubliez pas que votre enfant a beaucoup à y gagner. Il développera ainsi plus rapidement des facultés de communication et de langage.

Les livres pour bébés se prêtent naturellement à la lecture à voix haute et beaucoup encouragent l'implication de l'enfant. Il existe divers types de livres d'activités : avec des images claires, des petits haut-parleurs, des cadrans, des hochets et des miroirs qui captent et soutiennent son attention. Les livres cartonnés avec des images réalistes sont également parfaits pour les bébés.

À l'école des pères

Vous ne vous sentirez à l'aise et compétent dans votre rôle de père que si vous êtes totalement impliqué dans la vie de votre famille au lieu de l'observer depuis l'extérieur. J'encourage donc tous les pères à participer aux soins de l'enfant. Si vous ne vous lancez pas, vous n'apprendrez jamais et manquerez des moments magiques. Participez aux tâches quotidiennes telles que le changement des couches, mais ayez également des activités qui vous sont personnelles. Si ma fille ne se rendormait pas après la tétée nocturne, j'allumais du feu dans la cheminée et je m'asseyais avec elle. Dans un premier temps, je considérais ceci comme un passage obligé, mais j'ai vite réalisé que c'était un moment magique qui ne durerait que quelques semaines.

L'astuce consiste à faire ce qui vous convient en tant que père et qui en même temps soulage votre partenaire.

POINT DE VUE DU PÈRE

Nourir votre bébé

Pendant ces trois mois, votre enfant deviendra de plus en plus rapide et efficace pour téter. Les heures des repas seront plus régulières. Il sera donc plus facile pour vous d'organiser votre journée sans que les repas soient au centre de tous vos projets.

Cela dit, votre enfant aura tendance à se laisser distraire durant les repas, car il commencera à porter un intérêt croissant à son environnement. Si ce comportement vous gêne, faites en sorte que la tétée se déroule dans un endroit calme. Il deviendra également plus difficile d'allaiter discrètement votre enfant, car celui-ci se détachera souvent du sein pour vous sourire ou tirer le bas de votre chandail

Si vous décidez de retourner au travail au lieu de prendre toute l'année du congé parental offert au Québec, vous n'êtes pas obligé pour autant de passer au lait maternisé. En effet, il est possible de poursuivre l'allaitement maternel en exprimant votre lait afin qu'il soit proposé à votre enfant pendant votre absence (voir page 89) ou en lui donnant du lait industriel pendant la journée et en poursuivant les tétées au sein le matin et le soir. Le Service de la santé publique conseille d'allaiter au sein pendant les six premiers mois. Il est donc préférable d'allaiter votre bébé un certain temps encore. Si vous réduisez ou arrêtez les tétées au sein, procédez progressivement, afin de laisser à votre corps le temps de s'y adapter. Vous minimiserez ainsi le risque d'engorgement et d'écoulements.

ALIMENTATION COMBINÉE

Dans certaines situations, vous commencerez peut-être à donner des biberons à votre bébé. Si vous souhaitez que votre enfant profite toujours du lait maternel lorsque vous serez de retour au travail, il vous faudra l'exprimer.

Stérilisation

Si vous nourrissez votre bébé au biberon et si vous avez pris l'habitude de stériliser le matériel, sachez que cette opération n'est plus nécessaire dès l'âge de six mois. Il reste cependant très important de nettoyer soigneusement les biberons afin de réduire le risque de gastro-entérite. Si vous décidez de donner le biberon à un bébé qui a été entièrement nourri au sein jusqu'ici, il n'est pas utile de stériliser votre matériel. Je vois quelquefois des parents qui stérilisent les assiettes et les couverts de leur enfant quand ils se mettent à le sevrer. C'est totalement inutile, comme l'est également la stérilisation des jouets en plastique.

Quand introduire l'alimentation solide

Si votre bébé commence à se réveiller toutes les heures chaque nuit, il a peut-être faim. Cependant, le Service de la santé publique conseille de ne pas donner d'alimentation solide avant l'âge de quatre mois, car l'organisme des bébés n'est pas prêt à recevoir autre chose que du lait maternel ou industriel. L'introduction trop précoce d'une alimentation solide accroît le risque de maladie cœliaque, d'allergies et d'intolérances alimentaires (voir pages 278-279) chez les bébés sensibles. Si vous pensez que votre enfant est prêt pour une nourriture solide plus tôt, demandez un avis médical à votre CLSC. Par ailleurs, aucun produit à base de blé ne doit être donné avant six mois.

Préoccupations alimentaires

▷ **Je retourne au travail dans quelques semaines et je ne parviens pas à faire boire mon bébé au biberon. Que dois-je faire ?**

Commencez à l'habituer au biberon dès que vous le pouvez, de façon à ce que la transition soit la plus progressive possible. Votre bébé n'a encore jamais bu de lait à la tétine, ce qui requiert une technique différente de la tétée au sein. Un peu de pratique lui est donc nécessaire. Il vous faut persévérer et lui apporter le maximum d'encouragements lors de son apprentissage.

Pelotonné contre vous, il n'est pas surprenant qu'il ait tendance à rejeter le biberon en faveur de votre sein. Dans cette situation, je vous conseille de laisser votre bébé à votre partenaire pendant vingt-quatre heures. C'est une excellente occasion de faire une pause, et la prise en charge totale des soins du bébé est une bonne expérience pour le père.

▷ **Mon bébé a-t-il besoin de compléments vitaminiques ?**

En général, les bébés n'ont pas besoin de compléments vitaminiques avant six mois. Ils sont superflus pour les enfants nourris au biberon tant qu'ils boivent au moins 500 ml de lait par jour, car des vitamines sont déjà ajoutées au lait industriel. Si votre enfant est principalement nourri au sein, il aura besoin de gouttes contenant des vitamines A, C et D après six mois. Demadez à votre CLSC si ces compléments sont nécessaires pour votre enfant et où les acheter. Vous devez respecter la quantité requise, car un surdosage peut se révéler dangereux.

Après un an, votre médecin peut prescrire des gouttes de vitamines à votre enfant, notamment s'il refuse une alimentation variée, ce qui est un problème courant chez les jeunes enfants. Mais dans l'idéal, les bébés et les enfants devraient puiser toutes les vitamines qui leur sont nécessaires dans une alimentation équilibrée. Aujourd'hui, on a tendance à prescrire un supplément en vitamine D, car on assiste à une augmentation du nombre d'enfants atteints de rachitisme. Cette maladie est due à une carence en calcium et en vitamine D. Elle provoque un ramollissement et une déformation des os et, plus rarement, une tétanie hypocalcémique. Le rachitisme est courant chez les bébés nourris au sein, dont la mère s'expose peu au soleil et a une alimentation pauvre en calcium.

QUESTIONS ET RÉPONSES

Habitudes de sommeil

Les habitudes de sommeil aléatoires de votre bébé vont évoluer vers un rythme plus régulier. À quatre mois environ, la plupart des bébés dorment entre douze et quatorze heures sur vingt-quatre et deux fois plus longtemps la nuit (huit à dix heures) que le jour, même si ces périodes de sommeil sont encore entrecoupées par des moments d'éveil pour les repas.

Bien que vous souhaitiez encourager votre enfant à adopter des habitudes de sommeil plus conventionnelles, vous hésitez peut-être à le laisser dormir seul dans votre chambre. Ne culpabilisez pas à ce sujet – même s'il est conseillé de faire dormir votre bébé dans votre chambre pendant les six premiers mois, il peut très bien aller se coucher plus tôt que vous. Il est aussi possible de recourir à un moniteur de surveillance (Angelcare®)grâce auquel vous écouterez ce qui se passe ; si nécessaire, vous irez rejoindre votre bébé.

Souvenez-vous qu'il n'est pas indispensable de bercer l'enfant dans vos bras pour qu'il s'assoupisse – il est préférable de lui apprendre à s'endormir seul. Sauf s'il est né très prématurément et que votre médecin en décide autrement, votre enfant arrive à un stade où il n'a généralement pas besoin de plus d'un repas par nuit.

DORMIR SEUL *Pour encourager de bonnes habitudes de sommeil, étendez-le dans son petit lit pendant qu'il est encore éveillé. Il apprendra ainsi à s'endormir sans être tenu dans les bras et bercé.*

Quand il est perturbé

Il est probable que votre bébé émette des sons pendant son sommeil – nous le faisons tous et nous connaissons tous de brèves périodes de réveil durant la nuit. Évitez de vous précipiter vers lui au premier gémissement. Vous risquez de le déranger et il aura du mal à se rendormir spontanément.

Si vous souhaitez encourager votre enfant à dormir plus longtemps, vous pouvez envisager l'entraînement au sommeil (voir page 114). Cette approche ne consiste pas à laisser le bébé pleurer. Il s'agit plutôt de lui faire savoir qu'il est en sécurité et que vous êtes près de lui, mais que la nuit il n'obtiendra qu'une attention minimum de votre part. Si votre bébé sait que vous êtes toujours présente pour lui et s'il n'est pas dépendant d'une tétée ou du fait de se trouver dans vos bras pour s'endormir, il fera vite ses nuits. Je ne peux qu'insister sur les avantages émotionnels que procurent un bébé éveillé et satisfait ainsi que des parents heureux et détendus qui ne sont pas en manque de sommeil.

« Notre premier bébé a suivi un entraînement au sommeil à six mois, le deuxième à cinq mois et le troisième à quatre mois. Avec trois enfants en bas âge, il était indispensable que nous récupérions la nuit et nous avons regretté de ne pas avoir commencé cet entraînement pour tous à quatre mois. »

Entraînement au sommeil

Votre bébé ne souffrira pas si vous le laissez ronchonner. De plus, il existe de nombreuses preuves attestant que des parents épuisés et stressés se montrent moins aptes à offrir le soutien psychologique nécessaire à leur enfant. Les bébés dont les deux tiers de sommeil ont lieu la nuit peuvent être encouragés à dormir sans votre intervention, même s'ils se réveillent encore fréquemment. L'objectif est d'apprendre à votre enfant que vous êtes toujours présente pour lui, mais que la nuit est une période pour dormir. Certains bébés mettent plus de temps à le comprendre que d'autres, et les nouveaux parents attendent quelquefois six mois avant de mettre en place un programme d'entraînement au sommeil. Si vous pensez que votre enfant est prêt à comprendre ceci – ou si vous avez vraiment besoin d'une bonne nuit de sommeil –, lancez-vous. Il est cependant essentiel que vous ayez la volonté de persévérer, car il est possible que plusieurs jours soient nécessaires à votre bébé. Pour de plus amples informations, consultez le livre : *Fais dodo ! Résoudre les troubles du sommeil de la naissance à six ans* (2006).

■ **Sortie discrète :** couchez l'enfant après le rituel habituel, embrassez-le pour lui souhaiter bonne nuit et restez près de son lit. S'il pleure, caressez sa main pour le réconforter, mais ne le prenez pas dans vos bras. Restez avec lui jusqu'à ce qu'il s'endorme. Lorsque votre bébé est capable de s'endormir dans ces conditions, éloignez progressivement votre chaise de son lit.

L'étape suivante consiste à vaquer à vos occupations à proximité de l'enfant pendant qu'il est en train de s'endormir. Il sait ainsi que vous vous trouvez à proximité, sans pour autant être à ses côtés immédiats. Cette technique peut être un peu plus longue que le retour rapide (voir ci-après), mais elle sera plus douce pour votre bébé et épargnera certainement vos nerfs.

■ **Retour rapide :** après avoir embrassé votre enfant pour lui souhaiter une bonne nuit, quittez la pièce. S'il pleure, revenez et rassurez-le brièvement pour lui montrer que vous êtes là – sans le prendre dans vos bras – puis ressortez. De nombreuses personnes

RÉCONFORT *Votre bébé a quelquefois simplement besoin de savoir que vous êtes là. S'il devient maussade dès que vous le mettez dans son lit, allez-y et rassurez-le. Évitez de le prendre dans vos bras et de le stimuler excessivement.*

Déménager votre bébé dans une bassinette

Aux environs de quatre mois, si votre bébé dort encore dans un berceau, il faudra envisager le passage dans une bassinette. Lors du choix de cette dernière, veillez impérativement à ce qu'elle possède une certification pour le Québec. Évitez l'utilisation d'oreillers, d'amortisseurs et de duvets avant l'âge d'un an. Si vous achetez un lit d'occasion, assurez-vous que les barreaux ne sont pas espacés de plus de 6,5 cm (afin qu'il ne puisse pas glisser sa tête entre deux), qu'il n'apparaisse aucun espace entre le lit et le matelas et que la peinture ne soit pas toxique.

À un certain âge, votre bébé commencera à se rouler dans son lit. Placez-le de nouveau sur le dos, mais ne vous sentez pas obligée de le surveiller toute la nuit. Le Service de la santé publique conseille de coucher un bébé sur le dos au début de toute période de sommeil, mais précise qu'une fois l'enfant capable de rouler sur le ventre, puis de revenir sur le dos, vous pouvez le laisser choisir sa propre position.

suggèrent de laisser passer des périodes de plus en plus longues avant de revenir, mais ce n'est pas nécessaire. Votre bébé finira par s'endormir en se sentant sécurisé parce que vous revenez toujours quand il est en détresse. Progressivement, il apprendra que vous êtes présente s'il en a besoin, mais que vous ne le nourrissez pas, que vous ne lui parlez pas et que vous ne jouez pas avec lui au cours de la nuit.

Bien qu'avec certains bébés il soit possible de parvenir à un résultat au bout de deux ou trois nuits seulement, préparez-vous à répéter cette opération de nombreuses fois par nuit pendant une semaine environ. Avec le deuxième ou troisième enfant, vous prendrez de l'assurance et le processus sera plus rapide. Avec mon troisième enfant, je ne me déplaçais qu'une seule fois pour le rassurer, puis je le laissais pleurer. Il a pleuré une heure environ la première nuit, trente minutes la deuxième nuit, puis il a dormi sans problème la troisième nuit.

Secret de la réussite

Quelle que soit la technique adoptée, les deux partenaires doivent être d'accord. Si elle ne convient pas à l'un des parents et s'il vient prendre l'enfant dans ses bras, ce dernier n'apprendra jamais à se rendormir sans être câliné. Si la cloison vous séparant des voisins est mince, il est préférable de les avertir de vos intentions. J'ai envoyé mon fils de trois ans à sa première soirée pyjama pendant que nous entraînions notre cadet à dormir seul. Toute perturbation, telle que des vacances ou une maladie du bébé, vous obligera à tout reprendre à zéro. Préparez-vous donc à devoir recommencer plusieurs fois cet entraînement avant d'obtenir le résultat escompté.

LA BONNE GARDIENNE

Accordez-vous suffisamment de temps pour étudier toutes les options de garde qui s'offrent à vous. Savoir que vous avez fait le bon choix vous assurera la tranquillité d'esprit nécessaire à la reprise de votre travail.

Congé de maternité

La décision de rester à la maison avec votre bébé ou de retourner travailler peut se révéler difficile à prendre. De plus, pour de nombreuses mères, le choix doit être fait alors que leur bébé est encore très jeune. Il arrive souvent que cette décision soit guidée par des considérations financières, surtout dans le cas de parents seuls.

Retour au travail

Certaines mères se languissent de reprendre leur travail, quel que soit l'amour qu'elles portent à leur enfant. Si vous êtes dans ce cas, sachez que c'est la meilleure chose pour vous. Il convient néanmoins de vous assurer que ce choix n'est pas préjudiciable au bébé. Ne culpabilisez pas parce que vous avez hâte de retourner au travail. Sachez que votre enfant ne souffrira pas tant que vous adoptez une solution de garde qui convienne à vous deux.

Si vous devez travailler, vous serez heureuse de retrouver votre bébé en rentrant chez vous et vous pourrez alors lui offrir une attention de bonne qualité. L'inconvénient, cependant, est que vous passerez à côté de certains aspects de son développement – très rapide à cet âge. De nombreuses mères arrivent à un compromis en ne reprenant le travail qu'à mi-temps, ou, si ceci est impossible, en prenant un congé sabbatique. Le travail à mi-temps offre le meilleur des deux mondes, mais veillez cependant à ce qu'on ne vous demande pas de boucler une journée de travail en trois heures et de terminer le reste à la maison, le tout pour le salaire d'un mi-temps. Bien sûr, de nos jours, la femme ne doit pas nécessairement être celle qui travaille à mi-temps ou qui reste au foyer. Au Québec, le congé parental de 50 semaines est accessible à l'un ou l'autre des parents, et de plus en plus de couples se partagent ces semaines.

Il faut savoir qu'à un an, votre bébé supportera mieux de rester à la garderie ou dans un CPE qu'à cinq mois. C'est donc la période idéale pour retourner travailler. Si vous pouvez également familiariser progressivement votre enfant avec sa gardienne, cela aura l'effet de rendre la séparation moins problématique.

Modes de garde

La personne qui s'occupera de votre enfant devra avoir de l'expérience, entretenir une bonne communication avec vous et votre bébé et partager votre point de vue sur l'éducation. À moins qu'il ne s'agisse d'un membre de votre famille, cette personne doit être formée et posséder des références. Il peut être difficile pour les parents de constater que leur bébé commence à s'attacher à sa gardienne. C'est cependant une bonne chose qui se doit d'être encouragée, car il est important que votre bébé développe une relation heureuse avec la personne qui s'occupe de lui. Mais le sentiment de laisser filer quelque chose pendant que quelqu'un d'autre prend du plaisir avec lui peut être difficile à gérer.

Le mode de garde choisi dépend de plusieurs facteurs tels que vos finances, la proximité et ce qui convient à votre bébé. L'instinct joue souvent un rôle important dans ce choix. Je me souviens d'avoir visité un CPE et d'avoir été immédiatement rebutée par l'odeur et par l'impression que tous les enfants s'ennuyaient. Si vous n'êtes pas satisfaite d'un mode de garde ou d'une gardienne, même si vous n'arrivez pas à en déterminer exactement les raisons, n'hésitez pas à en changer. Même si tout semble correct, vous ne pourrez pas travailler dans de bonnes conditions si vous avez des doutes concernant le bien-être de votre bébé.

Les principales options de garde qui s'offrent à vous sont les suivantes :

■ **La famille :** avoir dans votre entourage une personne de confiance à qui vous pourrez confier votre bébé sera un grand soulagement, et à plus forte raison si vous devez reprendre votre travail alors qu'il est encore très jeune. N'oubliez pas, cependant, que les grands-parents et autres membres de la famille peuvent avoir des idées qui diffèrent radicalement des vôtres concernant les soins à l'enfant. Parlez-en donc en détail avant tout arrangement. Des désaccords à ce sujet risquent de mener à une situation très difficile. Cette solution familiale, particulièrement dans le cas de jeunes grands-parents, est de plus en plus populaire au Québec entre autre à cause de manque de place dans les garderies subventionnées.

■ **Les Centres de la petite enfance (CPE) :** créés au Québec depuis quelques années déjà, ces centres offrent un service de garde des enfants dont la grande partie des frais quotidiens sont assumés par le gouvernement provincial. Tous les parents, peu importe le revenu, peuvent envoyer leur enfant, avant l'entrée à

la maternelle (à cinq ans), dans ces centres pour la somme de 7 $ par jour. Ce système de garderies, qui fait l'envie de nombreux parents qui n'habitent pas la province dépend directement du ministère provincial de la Famille. Si ces garderies sont accessibles à tous, il n'en demeure pas moins qu'il manque de places pour tous les enfants. C'est pourquoi les parents doivent rapidement inscrire leur enfant dans plusieurs centres afin d'espérer qu'une place se libère dans l'un d'entre eux lorsque ce terminera leur congé parental.

Les CPE offrent les services de garde dans des garderies traditionnelles et en milieu familial. Le premier regroupe un grand nombre d'enfants et plusieurs éducatrices, un peu à la manière d'une maternelle. Pour ce qui est des garderies en milieu familial, les parents amènent leur enfant chez une éducatrice qui, dans sa maison, accueille les petits tous les jours, réservant normalement une ou deux pièces à la garderie. Ces garderies, qui dépendent d'un CPE régional, sont régies par un certain nombre de règles strictes pour garantir la sécurité des enfants. Il est à noter que pour les garderies en milieu familial, une éducatrice seule ne peut accueillir plus de cinq enfants, ce nombre passe à un maximum de neuf enfants si on retrouve deux éducatrices.

■ **Garderies privées :** le manque de places dans les garderies à 7 $ permet au réseau privé de continuer à se développer au Québec. Dans ce cas-ci, il vous coûtera environ une trentaine de dollars par jour pour mettre votre enfant en garderie, somme à laquelle il faut également ajouter le prix des repas. Cependant, il est à noter qu'il existe des crédits d'impôt pour ces frais de garde privée qu'il ne faut pas oublier d'inclure à votre déclaration annuelle.

« Je suis retournée au travail alors que mes trois bébés étaient encore très jeunes et cette décision a été excellente pour moi. Je peux honnêtement dire que mes enfants ne m'ont jamais importunée et que j'apprécie chaque minute passée avec eux. »

Rester à la maison avec votre bébé

Il peut sembler plus simple de rester à la maison pour s'occuper soi-même du bébé, mais, comme les mères qui travaillent à l'extérieur, de nombreuses mères au foyer tombent dans le piège de la culpabilité. Si vous restez à la maison avec votre enfant, vous risquez de vous reprocher de ne pas apporter votre contribution au revenu familial ou de ne pas vous autoriser à prendre de pause lorsque le bébé dort, car vous devez assumer les tâches ménagères. Il vous sera utile de contacter des associations de mères au foyer afin de rencontrer d'autres parents dans votre situation, tout spécialement si vous êtes parent unique, car le risque de vous sentir isolée est alors immense.

N'oubliez pas que s'occuper d'un bébé est un travail à plein temps, pour lequel vous devriez payer quelqu'un si vous ne le faisiez pas. Votre contribution est donc vitale. Chaque famille est unique, et si tel est votre choix, ne vous sentez pas obligée de remplir exagérément vos journées avec des tâches ménagères. Une de mes amies, qui s'occupe de son bébé toute la journée, considère le fait de prendre du temps autour d'un café avec des amis comme une faute. Si vous étiez dans un bureau, vous travailleriez un nombre d'heures limité et vous vous arrêteriez de temps à autre pour discuter avec vos collègues et prendre un café. Autorisez-vous donc à faire des pauses lorsque vous restez toute la journée à la maison avec votre bébé.

Une fois votre organisation rodée, vous trouverez peut-être stimulant de suivre des cours du soir ou des cours par correspondance. Avoir des activités extérieures contribuera à accroître la qualité de vos relations avec votre enfant.

MÈRE AU FOYER *Une mère au foyer court le risque de faire passer ses propres besoins au second plan. Il est vraiment important de faire des pauses et d'avoir des contacts réguliers avec d'autres adultes.*

« Je me suis parfois sentie jugée par mes amies qui reprenaient leur travail après avoir eu un bébé, mais je n'ai aucun regret, même en ayant connu quelques passages financièrement difficiles. »

Soutien mutuel

Que vous retourniez travailler ou que vous choisissiez de rester mère (ou père) au foyer, il est important de reconnaître les avantages et les inconvénients des deux rôles. Il est essentiel de ne pas entrer dans des conflits du type « qui travaille le plus » ou « qui est le plus utile ». Si l'un de vous travaille à l'extérieur alors que l'autre reste au foyer pour s'occuper du bébé à plein temps, il est essentiel que celui qui travaille participe également aux soins de l'enfant. Peter et moi avons été suffisamment chanceux pour disposer régulièrement de fins de semaine de repos. Bien que ce temps entièrement accordé à nos enfants soit appréciable, nous sommes toujours heureux de pouvoir compter sur l'aide de l'autre à la fin d'une journée entièrement passée à s'occuper seul(e) des enfants.

Votre vie de couple

Avant de devenir parents, les deux partenaires ont généralement un travail et rentrent ensemble à la maison le soir. Après l'arrivée du bébé, l'un reste à la maison toute la journée alors que l'autre part travailler. Cette nouvelle situation nécessite souvent une période d'adaptation. Lorsque celui qui travaille rentre à la maison, il doit aider à préparer le repas, changer les couches et soutenir sa partenaire. Quel que soit votre état de fatigue, n'oubliez pas qu'elle a aussi travaillé toute la journée et a besoin d'une pause, ce qui n'est pas une mauvaise chose. Vous occuper de votre bébé peut être une expérience enrichissante à ne pas négliger. L'important est de s'impliquer, de rester à l'écoute des besoins de l'autre et de réviser quelques-unes de ses anciennes attentes.

LE SEXE ? QU'EST-CE QUE C'EST ?

Pour de nombreux hommes, la nouvelle parentalité est synonyme de dégradation de leur vie sexuelle. Pour les femmes ayant récemment accouché, il n'est pas surprenant de constater que le sexe arrive en dernier dans la liste de leurs priorités. Ceci pose un véritable défi, car l'activité sexuelle est un moyen essentiel d'exprimer amour et intimité. Son recul risque donc d'être difficile à gérer pour l'homme. Inversement, si vous vous éloignez trop physiquement de votre partenaire, elle risque de l'interpréter comme un manque d'intérêt à son égard. Une étreinte chaleureuse peut faire des merveilles.

Ne rompez pas le dialogue et exprimez vos attentes tout en comprenant et en soutenant votre partenaire. Enlacez-la sans rien attendre en retour – le fait de conserver une certaine intimité vous apportera des compensations, même si les priorités sont autres pour le moment. N'oubliez pas que les hormones de grossesse risquent d'affecter la libido d'une femme pendant des mois et que l'allaitement au sein peut lui donner le sentiment que son corps a maintenant une fonction différente. Au même titre que de nombreux aspects de la parentalité, c'est simplement un cap à passer et dans quelques mois votre relation aura repris son cours normal.

POINT DE VUE DU PÈRE

Problèmes courants

▷ **Après un congé d'un an, je ne souhaite pas reprendre le travail, même si nous risquons de manquer d'argent. Suis-je égoïste ?**

Cette réaction est naturelle et vous n'êtes pas égoïste. Vous devez en parler avec votre partenaire afin de lui faire valoir les avantages de rester à la maison. En premier lieu, votre bébé continuera à bénéficier des soins de la personne qu'il aime le plus au monde. Vous n'aurez pas besoin de l'aider à s'adapter à quelqu'un d'autre. Vous pourrez également continuer à profiter pleinement de votre enfant. Sur le plan financier, les choses ne seront peut-être pas aussi catastrophiques que vous le pensez. Vous n'aurez pas les coûts associés à la reprise du travail, tels que les frais de transport et de repas. Selon le domaine dans lequel vous travaillez, vous pouvez peut-être trouver un compromis en acceptant un emploi à temps partiel.

▷ **Mon amie me conseille sa nounou, mais je ne suis pas certaine de m'entendre avec elle. Dois-je faire un essai malgré tout ?**

Non. Il est essentiel que vous soyez satisfaite de la nounou de votre enfant et il important que vous suiviez votre instinct à ce sujet. Le fait que vous ne vous sentiez pas à l'aise avec elle ne remet pas en cause ses compétences professionnelles, mais elle n'est peut-être pas la bonne personne pour vous et votre enfant. Continuez à chercher et suivez votre instinct – il sera très difficile de retourner travailler si vous êtes préoccupée au sujet du bien-être de votre bébé. N'hésitez pas non plus à chercher une autre solution si le CPE ou la gardienne que vous avez choisi pour votre enfant ne vous satisfait pas.

▷ **Mes amis semblent ne pas être déstabilisés par leur nouvelle parentalité, ce qui n'est pas mon cas. Ai-je un problème ?**

Ce sentiment est commun à de nombreuses mères dans les premiers mois, notamment si elles sont épuisées, si leur situation familiale est difficile ou si leur bébé est particulièrement maussade. Dans une situation de ce type, il est possible que vous vous sentiez déstabilisée dans la mesure où la vie avec un bébé ne correspond pas du tout à ce que vous aviez imaginé.

Pour mon troisième enfant, j'ai subi une césarienne en urgence, ce qui a été un grand choc pour moi, sur le plan physique autant que psychique. Il m'a fallu plusieurs semaines pour m'en remettre. C'est pourquoi Eddie a été un bébé incroyablement grognon et j'étais soulagée de pouvoir le confier à Peter lorsqu'il rentrait du travail. À présent, il est devenu un enfant adorable et câlin. Ne restez pas seule dans une situation telle que celle-ci. Plus tôt vous obtiendrez de l'aide, plus rapidement il vous sera possible d'apprécier la vie avec votre bébé. Il est possible que votre état d'esprit soit dû à une dépression postnatale (voir page 101), mais quelle qu'en soit la cause, il est important que vous puissiez en parler avec quelqu'un de confiance et formé pour poser un diagnostic. Votre médecin de famille vous soutiendront et vous conseilleront si nécessaire.

QUESTIONS ET RÉPONSES

S'occuper d'un bébé adopté

Quelles que soient les raisons de l'adoption, les débuts seront à la fois gratifiants et stimulants. Il est essentiel de disposer de toutes les informations, des conseils et du soutien indispensables pour profiter au mieux de votre bébé.

L'ENFANT ADOPTÉ

Si vous avez adopté un bébé, vous connaîtrez les mêmes expériences, joies et préoccupations que des parents biologiques. Vous avez peut-être néanmoins trouvé que, après une longue période d'attente, votre bébé est arrivé plus soudainement que vous ne l'aviez imaginé, ce qui vous a prise au dépourvu. Vous vous demandez peut-être comment vous allez vous y prendre si votre bébé est plus vieux, a connu un début

ont de surcroît leurs hormones pour les aider à tisser des liens précoces. Si ce lien n'est pas immédiat entre vous et votre bébé adopté, ne vous inquiétez pas.

De la même façon que tout autre parent, accordez-vous du temps pour apprendre à le connaître. Parlez-lui, chantez-lui des chansons, occupez-vous de lui, câlinez-le et l'attachement commencera à poindre. Sachez que, tôt ou tard, des liens finiront pas apparaître et que l'attente en vaut la peine.

pratiques de soins au bébé de la maternité. Une infirmière de votre CLSC peut vous accompagner pendant votre apprentissage des gestes de base, tels que le changement des couches, l'allaitement, et, plus généralement, tous les soins de votre bébé. Ne vous inquiétez pas s'il vous faut un moment pour vous adapter – les parents biologiques sont aussi novices, et s'occuper d'un jeune bébé leur paraît généralement tout aussi intimidant.

« De nombreuses personnes rencontrées lors de nos cours de préparation envisageaient l'adoption comme un dernier recours. Pour nous, elle a été notre tout premier choix. »

de vie difficile ou si vous êtes dépourvue de sentiments à son égard dans un premier temps. Ces angoisses sont légitimes. Tâchez de trouver du soutien dans une association. Pouvoir parler à d'autres personnes dans la même situation vous sera utile. De nombreux services de pédopsychiatrie disposent d'un spécialiste des enfants adoptés ayant connu un début de vie difficile.

TISSER DES LIENS AVEC VOTRE BÉBÉ

Chez les parents biologiques, le lien est facilité, car ils savent qu'il existe des gènes en commun. Les mères biologiques

EXAMENS MÉDICAUX

Si votre bébé est né au Canada, vous aurez probablement les comptes rendus de ses premiers examens médicaux. Il peut néanmoins être rassurant pour vous de le présenter à votre généraliste. Si vous avez adopté votre bébé à l'étranger, des examens médicaux plus approfondis seront nécessaires à votre retour au pays.

SOINS DU BÉBÉ

À moins que votre enfant ne soit né par le biais d'une mère porteuse et qu'il soit avec vous depuis le début, vous n'aurez pas bénéficié des leçons

Dans un premier temps, votre bébé sera accoutumé aux habitudes d'une autre personne et il lui faudra un peu de temps pour apprendre à connaître les vôtres. Ceci n'a pas d'importance. Montrez-lui simplement combien vous l'aimez et il se sentira rapidement en sécurité.

La plupart des bébés adoptés sont nourris au biberon et connaissent un développement physique et psychique satisfaisants. Ils peuvent également avoir reçu le colostrum de leur mère biologique.

Il est malgré tout possible d'allaiter au sein un nouveau-né ou un très jeune bébé adopté. Votre médecin vous indiquera comment stimuler la lactation et, si nécessaire, vous prescrira un traitement. Vous pouvez également utiliser un système qui amène le lait à votre enfant depuis le biberon au moyen d'un tube que vous fixez sur votre sein. Le bébé a ainsi le tube et le mamelon dans sa bouche. Il peut donc boire ce dont il a besoin tout en stimulant vos seins afin qu'ils produisent du lait.

Si votre enfant a commencé à sa vie au biberon et est habitué à utiliser une tétine, il risque de ne pas comprendre comment téter le sein – l'action de succion du sein est très différente de celle du biberon. Une assistance experte est vitale dans cette situation. De cette

l'infirmière de votre CLSC pourront soit vous offrir leurs conseils, soit vous recommander à quelqu'un de plus spécialisé.

Si vous avez adopté un enfant seul(e), ou si vous vivez en couple homosexuel, vous pouvez également craindre le regard des autres. Ne baissez pas les bras – les familles peuvent prendre toutes les formes et toutes les tailles. Votre enfant s'épanouira à travers vos soins et votre amour.

RÉPONDRE À SES BESOINS *Les bébés ont besoin de nourriture, de chaleur, d'amour et d'attention. En tant que parent adoptif, vous pouvez offrir tout cela à votre enfant.*

« D'aucuns pensent que les couples homosexuels ne devraient pas être autorisés à adopter et nous devons nous interroger sur l'impact que de telles attitudes peuvent avoir sur nos enfants à long terme. »

aide dépendra le succès de l'entreprise. En cas d'échec, dites-vous que vous avez au moins essayé.

LE REGARD DES AUTRES

Tout le monde a une opinion sur la parentalité. Mais avec un enfant adopté, vous vous sentirez peut-être un peu plus vulnérable et protectrice. Vous défendrez également avec plus de vigueur votre style de parentalité, à plus forte raison si le chemin vers l'adoption a été long et difficile.

Sollicitez de l'aide rapidement si vous vous sentez en difficulté – le médecin ou

TRAVAIL D'ÉQUIPE *L'adoption d'un enfant est une décision très importante, et elle renforce généralement les liens entre les deux partenaires.*

VOTRE BÉBÉ GRANDIT

C'EST BON À PARTIR DE SIX MOIS, VOTRE BÉBÉ DÉCOUVRIRA LES DÉLICES DE L'ALIMENTATION SOLIDE

L'ADRESSE DE BÉBÉ TENIR DEUX OBJETS À LA FOIS EST L'UNE DES NOMBREUSES FACULTÉS QUI SE DÉVELOPPERONT DURANT CES MOIS

JE VEUX MAMAN VOTRE BÉBÉ S'ATTACHE PLUS SPÉCIALEMENT À VOUS ET EST BOULEVERSÉ SI VOUS ÊTES SITUÉE HORS DE SA VUE

« Avec le développement de nouvelles facultés, l'observation du bébé devient votre passe-temps favori. »

L'habileté du bébé

La période entre six et neuf mois est particulièrement excitante, car votre bébé fait constamment de nouvelles expériences et développe de nouvelles capacités. Il ne se passe pas une semaine sans qu'il fasse de nouvelles acquisitions. Le défi pour vous va consister à le suivre, en particulier quand il sera en mesure de se déplacer.

Cette période sera celle des premières fois, car votre bébé apprendra à s'asseoir sans aide, à ramper (ou à utiliser un autre moyen pour se déplacer) et peut-être à se mettre debout. Il goûtera à sa première nourriture solide et il est possible qu'apparaissent les premiers signes de poussée dentaire. Sachez apprécier chacun de ces progrès, car tout passe très vite. Quel que soit l'émerveillement soulevé par l'étape en cours, la prochaine vous semblera toujours plus fascinante.

Développement physique

De nombreux bébés sont en mesure de s'asseoir sans aide dès six ou sept mois et certains sont prêts à manipuler un jouet sans le laisser tomber. À présent, lorsque votre bébé est étendu sur le dos, il commence à soulever sa tête et ses épaules. Quand il est sur le ventre, il peut remonter ses genoux ou rester à plat et utiliser ses bras pour soulever le haut de son corps.

La plupart des bébés essaient de ramper, mais ne vous inquiétez pas si ce n'est pas le cas du vôtre. Certains glissent sur leurs fesses ou passent directement de la position assise à la marche. D'autres traversent la pièce en roulant sur eux-mêmes. Quelle que soit la méthode utilisée, votre bébé commence à se déplacer et vous devez redoubler de vigilance en matière de sécurité (voir pages 134-135).

Votre bébé aura une surprise quand il commencera à ramper. En effet, en essayant de se diriger vers l'avant, il est possible qu'il se retrouve dans la direction opposée. Cela est dû au fait que, à cet âge, ses bras sont mieux coordonnés que ses jambes et, en poussant sur ses deux bras, il glisse vers l'arrière. Dans un premier temps, cela lui semblera frustrant, mais il finira par progresser.

Son développement moteur lui permet à présent de tenir un jouet et de le faire passer d'une main à l'autre. Il apprendra également à tenir un jouet dans chaque

À VOS MARQUES...

Soulever le haut de son corps constitue une aptitude physique importante. Grâce à elle, votre bébé peut se mettre en position pour ramper. Encouragez-le en plaçant un jouet légèrement hors de sa portée.

main et à les frapper pour faire du bruit. D'ici l'âge de huit mois, il sera capable de lâcher délibérément un objet, ce qui deviendra son jeu favori. Il sera également capable de prendre des objets plus petits, tels qu'un grain de raisin sec. Alors qu'à six mois il utilisait toute sa main pour saisir des objets, à huit mois, il commence à se servir de son pouce et de son index pour pincer, ce qui est beaucoup plus précis.

Bébé parle

Entre six et sept mois, votre enfant répétait probablement des sons simples, tels que « bababa ». À l'âge de huit mois, il commence à combiner des sons pour former des phonèmes du style « ah-bou-lo ». Ce babillement se rapproche plus du langage lorsque vous parlez avec lui. Il apprend également à crier pour attirer votre attention. De nombreux bébés aiment tellement entendre le son de leur voix qu'ils répètent les sons sans fin.

Les psychologues ont découvert que, pour communiquer avec leur bébé, la plupart des parents utilisaient automatiquement des gestes tels que montrer du doigt, dire « oui » ou « non » d'un signe de tête et mimer des actions (par exemple, faire semblant de manger avec une cuiller pour indiquer à l'enfant qu'il est l'heure du repas). Vous pouvez également décider de l'entraîner à la langue des signes (voir page 133). Ces gestes, affirment les chercheurs, accélèrent le développement du langage et aident l'enfant à comprendre plus de mots.

FACULTÉS DE SAISIE *En développant ces facultés, votre enfant apprend à ramasser de petits objets.*

SUR SES PIEDS *Il aime être tenu dans une position verticale et parvient rapidement à se mettre debout par lui-même.*

Ce qu'il comprend

La compréhension de votre enfant progresse en dents de scie. Il imite des sons que vous produisez et adore que vous l'imitiez. Il commence à comprendre vos intonations et à pleurer si vous êtes fâchée ou mécontente. Il est fasciné par vos conversations avec d'autres personnes, tournant la tête pour écouter tour à tour chaque interlocuteur.

Il apprend à suivre votre regard et à fixer quelque chose que vous êtes vous-même en train d'observer. Il comprend maintenant la permanence des objets. S'il en laisse tomber un, il le cherche au lieu de l'oublier instantanément. Lorsque vous l'asseyez devant un miroir, il se montre fasciné par « l'autre » bébé en face de lui, mais il réalise vite qu'il regarde sa propre image. À présent, en plus d'apprécier passivement un jeu de cache-cache, il y participe et essaie de vous imiter.

En matière de communication, son répertoire s'enrichit et il ouvre les bras pour vous faire savoir qu'il souhaite être pris dans les vôtres. Certains bébés commencent à montrer un objet au moyen de leurs bras, alors que chez d'autres cette faculté se développe plus tard.

Anxiété de séparation

Durant cette période, votre enfant risque de devenir moins à l'aise avec les étrangers. À six mois, il sourit joyeusement à tout le monde et réclame un câlin à toutes les personnes qui se trouvent en sa présence. À sept mois, il se montre plus réticent et à huit mois vous êtes désormais sa préférée, à tel point qu'il devient anxieux ou maussade lorsque vous quittez la pièce. C'est « l'anxiété de séparation », qui est une étape capitale du développement social et psychique de l'enfant. Cette période risque d'être éprouvante pour vous, car il souhaite vous suivre partout, même aux toilettes.

« Cette période d'attachement a été agréable pour moi, mais il m'était difficile de faire mon ménage. »

Progressivement, votre bébé se montrera moins anxieux quand il devra être séparé de vous, son expérience lui indiquant que vous revenez toujours lorsque vous le quittez. En améliorant sa mobilité, il devient capable de vous suivre quand vous quittez la pièce, ce qui apaise son anxiété. Durant cette période, gardez-le avec vous lorsque cela vous est possible, invitez les autres personnes à prendre de la distance et encouragez votre enfant à engager la communication avec elles au lieu de tenter de le persuader de répondre.

Problèmes de développement

Pendant cette période, votre bébé devra subir un examen médical obligatoire, mais si vous rencontrez des problèmes en attendant, n'hésitez pas à en faire part à votre médecin. Il fera en sorte de lui faire subir les tests adéquats pour les points suivants :

■ **Audition :** bien que tous les enfants nés au Québec subissent un examen auditif peu de temps après la naissance (voir page 27), parlez à votre médecin de toutes les inquiétudes que vous pouvez avoir à ce sujet. Mentionnez également tous les antécédents de surdité dans votre famille. Si nécessaire, il vous proposera de consulter un ORL.

■ **Vue :** votre médecin vérifie si les yeux de votre bébé travaillent de façon synchrone et s'il réagit à des stimuli visuels (si, par exemple, il vous suit du regard lorsque vous vous déplacez dans la pièce).

■ **Croissance et développement :** si vous êtes inquiète du poids de votre enfant, votre médecin pourra étudier avec vous son régime alimentaire et vous conseiller si nécessaire. Si son développement physique vous semble lent, votre médecin évaluera ses facultés générales. Si son langage ou si sa communication avec les autres vous préoccupe, il vérifiera s'il babille, s'il peut établir un contact visuel, s'il sait délibérément attirer votre attention et s'il parvient à prendre son tour dans une « conversation » avec vous.

Un nouveau rôle pour le père

C'est une période de transition pour votre bébé : il commence à manger une alimentation solide, il dort dans sa propre chambre et votre partenaire a peut-être repris le chemin du travail et arrêté l'allaitement au sein. C'est donc une phase importante pour les pères. De nombreuses opportunités s'offrent à eux pour aider leur partenaire et leur bébé à s'adapter à ce nouveau rythme.

Votre bébé ne vous associant pas à l'allaitement au sein, il s'adaptera peut-être plus facilement dans sa nouvelle chambre et à ses nouvelles habitudes de sommeil si c'est vous qui vous en occupez. Il prendra également plus volontiers son premier biberon et sa première alimentation solide s'il est avec vous.

Il peut être difficile pour votre partenaire de retourner travailler après un congé de maternité, même si c'est la solution qui convient le mieux à votre famille. Assistez-la dans les soins de l'enfant et soutenez-la psychologiquement, car elle doit accepter l'idée de se séparer de son bébé pour retourner au travail. Réservez également un peu de temps pour le jeu et le plaisir. Votre bébé réagira positivement à toute l'attention que vous lui prêtez et vous émerveillera par ses progrès.

POINT DE VUE DU PÈRE

Problèmes courants

▷ **Je suis anglophone, ma femme est francophone et nous souhaiterions que notre enfant soit bilingue. Devons-nous lui parler dans les deux langues à ce stade ?**

La recherche montre que, pour avoir un enfant bilingue, il est préférable de communiquer avec lui dans les deux langues dès le départ. Parlez-lui donc en anglais et encouragez votre femme à ne lui parler qu'en français. Certains bébés bilingues progressent plus lentement dans le domaine du langage que les autres, car ils doivent traiter plus d'informations. Il n'y a pas lieu de s'inquiéter de ce léger retard, car il est vite rattrapé par la suite.

▷ **Mon fils et ma nièce ont tous deux sept mois, mais ma nièce se fait plus entendre et est plus sociable que mon bébé. Comment puis-je l'aider ?**

Tous les bébés sont différents. Ne tombez donc pas dans le piège de la comparaison avec votre nièce. À cet âge, les garçons développent plus rapidement certaines capacités physiques alors que les filles ont tendance à être plus avancées dans le domaine du langage et plus sociables. Il existe cependant des exceptions à cette règle. Les bébés ne peuvent généralement se concentrer que sur un seul domaine à la fois. Il est donc possible qu'ils développent dans un premier temps des facultés physiques, puis que leur langage progresse rapidement par la suite. Mon premier fils n'a rien dit avant d'avoir deux ans, alors que les bébés de mes amis répétaient des comptines depuis des mois. Je ne m'inquiétais pas car je savais qu'il comprenait tout.

Parlez souvent avec votre bébé en lui laissant un temps de « réponse », et efforcez-vous de le faire participer à de nombreux jeux sociaux, tels que des comptines et des chansons d'action.

▷ **Mon bébé a une respiration sifflante quand il est enrhumé. Le fait que je fume peut-il avoir une incidence sur sa santé ?**

La respiration sifflante est courante chez les bébés, mais le fait que vous fumiez n'aidera pas du tout votre enfant. En effet, la recherche a montré que les enfants de fumeurs sont plus exposés aux rhumes que ceux des non-fumeurs. Si vous fumez, la meilleure chose que vous puissiez faire pour votre enfant est d'arrêter. Il n'est pas suffisant de fumer à l'extérieur, car des molécules de fumée s'incrustent dans vos vêtements et dans votre haleine.

▷ **Mon infirmière me dit que mon bébé de huit mois est en surpoids. Il semble heureux et en bonne santé. Ceci a-t-il vraiment une importance à cet âge ?**

Bien que les bébés potelés semblent mignons, il est préférable de veiller à ce qu'ils conservent un poids proportionnel à leur taille. Une obésité précoce risque d'engendrer des problèmes de santé tels que le diabète et l'hypertension. De plus, à court terme, l'enfant risque de rencontrer des difficultés pour se retourner et pour ramper, d'où un retard dans ces acquisitions.

Si votre infirmière pense que le surpoids de votre bébé est inquiétant, veillez à ne pas lui proposer un régime trop calorique. Un bébé ne doit pas boire plus d'un demi-litre de lait par jour, le tout fractionné en trois repas. Les enfants nourris entièrement au sein ne présentent que très rarement un surpoids et sont moins exposés à l'obésité dans leur vie adulte. Vous ne devez cependant pas vous inquiéter si le surpoids n'est que léger, car les enfants maigrissent généralement avec l'amélioration de leur motricité.

Le jeu

Dès l'âge de six mois, les jouets et les objets du quotidien deviennent fascinants pour votre enfant. Il les explore en les mettant à sa bouche et ses acquisitions seront plus rapides si vous vous asseyez pour jouer avec lui. Des jeux répétitifs lui seront grandement profitables.

Jouets favoris

SURPRISE ! Les jouets interactifs procurent plus de satisfaction une fois leur fonctionnement compris.

Les jeux de cause à effet rencontrent beaucoup de succès chez les enfants de six mois et plus. Par exemple, si vous remontez un *jack-in-the-box* (une boîte à surprise pour bébés) et que vous aidiez votre enfant à appuyer sur le bouton grâce auquel jaillit le personnage, vous constaterez qu'il est ravi. La répétition est importante

pour les bébés, car ils sont en cours d'acquisition de nouvelles facultés et d'apprentissage de nouveaux concepts. Ne soyez donc pas surpris si votre bébé vous invite inlassablement à lui montrer comment fonctionne le même jouet. Il n'est pas nécessaire d'investir de grosses sommes dans les jouets sophistiqués du commerce, car votre bébé a autant de plaisir à jouer avec des pots de yogourt vides, des boîtes en carton et des clés. Il souhaite saisir tout ce que vous tenez ou portez.

À cet âge, les bébés adorent fouiller. Remplissez donc un récipient de petits jouets et laissez-le l'explorer. Votre enfant a encore la mémoire courte. Ainsi, si vous cachez des jouets intéressants et que vous les échangiez régulièrement, il aura toujours de « nouveaux » jouets à découvrir.

Il n'est pas encore capable de se concentrer sur plus d'une chose à la fois. C'est pourquoi, s'il a un jouet dans chaque main et que vous lui en proposiez un autre, il laissera tomber ceux qu'il tient pour saisir celui que vous lui offrez.

La langue des signes

La langue des signes est une forme de communication non verbale grâce à laquelle un bébé peut exprimer ses besoins et ses sentiments. Le principe est le suivant : un bébé qui peut indiquer quand il est fatigué, quand il a faim ou soif...

Au Québec, cette méthode n'est apparue que récemment. Le langage des signes renforce le désir naturel de communication de l'enfant. Si cette expérience vous intéresse, il faut savoir que certains bébés mettront environ six mois à s'adapter à ce style de communication, alors que, pour d'autres, deux ou trois mois suffiront.

Pour assurer la réussite de cet entraînement, il faut le répéter souvent mais brièvement. Souvenez-vous que vous devrez lui montrer un signe de nombreuses fois avant qu'il ne soit capable de le comprendre. Indiquez-lui simplement le signe correspondant à un objet ou à un besoin quand il est évoqué dans la conversation – par exemple, faites le signe correspondant à « plus » lorsque vous lui offrez plus de nourriture. Ne transformez pas cet entraînement en une leçon scolaire, car vous vous exposeriez ainsi immanquablement à l'échec. Le danger est ici la course à la performance.

Tout ce qui est à la portée du bébé finit dans sa bouche pour être exploré. Il est donc essentiel de s'assurer qu'il ne puisse pas saisir de petits objets susceptibles de l'étouffer. Lorsque ses dents commencent à pousser, il est également tenté de mordre les jouets, les cuillers en bois et autres objets durs. Comme de nombreux parents, il est possible que vous soyez préoccupée par l'aspect non hygiénique de ce comportement, mais ne vous inquiétez pas et n'essayez pas de retirer les objets de la bouche de votre enfant. Il est important de savoir que, pour le bébé, c'est un procédé normal et naturel d'exploration de son univers. Vous pouvez investir dans des jouets ou des anneaux de dentition, mais ce n'est pas indispensable. Si vous souhaitez lui donner quelque chose à mâcher, des jouets en bois ou en plastique feront très bien l'affaire.

Faire de la musique

On pense que la musique est bénéfique à de nombreux égards pour le bébé – elle stimule la communication et le langage, l'aide à se détendre et à dormir, encourage son développement social, physique et psychique.

Votre bébé appréciera tous les types de musiques, depuis les maracas de votre fabrication jusqu'à vos chansons (même si vous chantez faux !) en passant par les CD commerciaux de chansons pour enfants. Bien qu'il ne soit pas souhaitable de restreindre son écoute à des chansons conçues spécifiquement pour les bébés, il y a fort à parier que les CD que vous écouterez le plus souvent dans votre voiture seront ceux de chansons pour enfants.

POUSSÉE DENTAIRE *Votre bébé trouvera apaisant de mordre dans un jouet dur lorsque ses dents auront commencé à pousser.*

Assurer la sécurité du bébé

La maison recèle de nombreux risques pour un bébé qui commence à se déplacer, dont les escaliers, les tables avec des angles vifs et les petits objets auxquels il peut maintenant accéder et qu'il est susceptible d'avaler. Une fois votre habitation sécurisée, vous pourrez vous détendre et votre bébé sera plus libre pour ses explorations.

RAMPER

La meilleure façon de connaître toutes les zones dangereuses de votre habitation consiste à observer une pièce du point de vue du bébé : mettez-vous sur vos genoux et sur vos mains pour ramper. Forte de cette expérience, vous découvrirez votre maison sous un autre angle.

MESURES DE SÉCURITÉ ESSENTIELLES

▷ Installez des détecteurs de monoxyde de carbone et de fumée.

▷ Dès que votre bébé peut ramper, utilisez des barrières de sécurité en haut et en bas de vos escaliers. Montrez-lui comment monter vers l'avant et descendre vers l'arrière, mais restez avec lui, car il n'est pas encore prêt à aborder la montée et la descente des marches seul. Envisagez également de placer une barrière de sécurité dans l'encadrement de la porte de la cuisine, de sorte qu'il puisse vous observer sans approcher de la cuisinière.

▷ Placez des protections de coin de meuble pour éviter à l'enfant de se blesser contre un angle vif. Retirez ou sécurisez temporairement tout meuble instable afin qu'il ne puisse pas le renverser en s'y agrippant pour se mettre debout.

▷ Utilisez un garde-feu pour l'éloigner des flammes de votre cheminée et empêchez-le d'approcher de votre barbecue.

▷ Attachez les cordages de vos rideaux et de vos stores afin de les placer hors de sa portée. Ils présentent en effet un

ATTENTION AUX MARCHETTES !

Au Québec, les marchettes à roulettes ont été retirées des tablettes depuis plusieurs années, car elles présentent trop de risques de chute. Elles permettent aux bébés de se déplacer rapidement sur leurs doigts de pied, ce qui les propulse dans toutes sortes de situations périlleuses et amène souvent la marchette à basculer si elle heurte un obstacle. Par ailleurs, les marchettes sont néfastes au développement physique de votre bébé, car elles encouragent de mauvaises postures et la marche sur les doigts de pied.

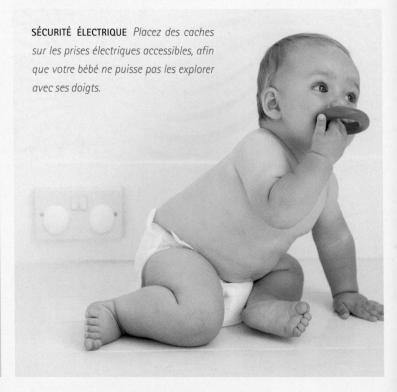

SÉCURITÉ ÉLECTRIQUE *Placez des caches sur les prises électriques accessibles, afin que votre bébé ne puisse pas les explorer avec ses doigts.*

risque d'étranglement pour un bébé et un jeune enfant.

▷ Placez les boissons chaudes hors de portée de l'enfant et évitez de les boire quand il est assis sur vos genoux.

▷ Faites l'acquisition d'un parc (voir page 159) afin de pouvoir répondre à la porte, aller aux toilettes ou préparer le repas sans avoir à le prendre avec vous.

SÉCURITÉ DANS LA SALLE DE BAIN

Montrez-vous extrêmement vigilante dans la salle de bain. Ne laissez jamais votre enfant une seconde dans l'eau, même s'il est installé dans un siège de bain pour bébés, car il risque de tomber et de se noyer dans quelques centimètres d'eau. Faites d'abord couler l'eau froide afin d'écarter tout danger de brûlure. Lorsque votre enfant est en mesure de s'asseoir dans la grande baignoire, utilisez un tapis antidérapant.

PLACARDS

Veillez à les verrouiller pour empêcher votre bébé d'accéder à tout tiroir ou étagère contenant des substances potentiellement dangereuses. Les médicaments, compléments alimentaires et autres substances chimiques doivent être tenus hors de portée des enfants. Il en va de même pour des produits apparemment inoffensifs, tels que des comprimés de fer ou des bains de bouche, car ils sont dangereux pour les bébés. Envisagez d'offrir à votre enfant l'accès à un placard d'objets avec lesquels il peut jouer sans danger, tels que des cuillers en bois et des boîtes en plastique. De très petits doigts peuvent aisément être blessés par les portes. Prévoyez donc des dispositifs de blocage afin qu'elles ne claquent pas.

CHEZ LES AUTRES

Si votre enfant est gardé dans un CPE en milieu familial, des barrières et autres équipements de sécurité doivent déjà être en place.

S'il est gardé par un ami ou un membre de la famille, assurez-vous qu'il est équipé.

BARRIÈRE DE SÉCURITÉ *Une fois votre bébé mobile, il sera déterminé à explorer son environnement. Une barrière doit être placée en haut et en bas des escaliers.*

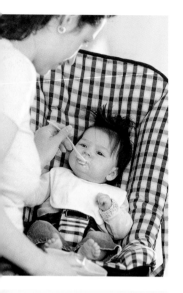

REPAS FACILITÉS *Lorsque vous donnez pour la première fois une alimentation solide à votre bébé, il est plus facile de le placer dans un petit siège que de l'asseoir sur vos genoux. Lorsqu'il sera capable de rester assis sans être soutenu, placez-le dans une chaise haute.*

Passer à l'alimentation solide

L'alimentation est plaisante. L'alimentation est salissante. L'alimentation est également puissante. Comme vous souhaitez que votre enfant mange bien, l'alimentation est l'arme la plus puissante dont il dispose. Si vous montrez combien vous êtes soucieuse qu'il se conforme à votre schéma, il apprendra rapidement à utiliser le refus de nourriture à son avantage.

Premiers goûts

À partir de 4 mois, mais assurément après l'âge de 6 mois, il est conseillé de passer à une alimentation solide, même si l'enfant continue à puiser ses principaux nutriments dans le lait.

Le passage à l'alimentation solide représente une expérience nouvelle. Laissez donc votre bébé explorer doucement la cuiller vide avec sa bouche. Tout d'abord, offrez-lui deux ou trois cuillerées deux fois par jour. Laissez-vous guider par l'appétit de votre bébé – il vous fera savoir s'il en veut davantage. Dans un premier temps, il sera surpris par les nouveaux goûts et il est possible qu'il marque un temps d'arrêt avant de poursuivre l'expérience ou de décider qu'il en a assez. S'il se montre réticent envers la nourriture solide, essayez de le faire téter, puis proposez-lui de nouveau une cuillerée de nourriture.

Commencez par du riz pour bébés ou de la purée de légumes, tels que des carottes et des pommes de terre, le tout mélangé à du lait industriel ou maternel. Personnellement, je trouvais le riz pour bébés très peu appétissant – son aspect et son goût me faisaient penser à de la colle pour tapisserie. Si votre bébé le recrache immédiatement, proposez-lui des aliments ayant meilleur goût.

Une fois que votre bébé est familiarisé avec l'alimentation solide, introduisez tous les deux jours de la purée constituée de légumes ou de fruits différents pour l'habituer à d'autres goûts et textures. Proposez-lui des poires ou des pommes cuites, des carottes, des patates douces, des bananes, des avocats ou du rutabaga. Quand il est accoutumé à un large éventail d'aliments simples, mélangez-en plusieurs – pommes de terre et carottes, par exemple. Vous pouvez utiliser l'alimentation industrielle ou lui préparer ses repas. Dans ce cas, veillez à n'ajouter ni sucre ni sel. Si vous préparez vous-même ses repas, vous déciderez peut-être de les congeler dans des bacs à glaçons, de façon à disposer aisément de petites portions. Si vous utilisez des produits frais, les repas

préparés par vos soins seront meilleurs nutritionnellement et auront plus de goût.

Nos bébés ont cependant beaucoup mangé de petits
pots et ils se portent bien. Ne vous obligez donc pas
à passer des heures à cuisiner et à composer des
purées.

Cette période est généralement angoissante pour les
parents, qui se demandent si leur bébé mange suffisamment. Souvenez-vous qu'il mangera toujours ce
dont il a besoin – à moins que vous ne le laissiez
utiliser la nourriture pour vous manipuler (voir
ci-après).

Nouvelles textures

Aux alentours de sept mois, votre bébé sera prêt à
passer de la purée à une alimentation contenant des
morceaux. Veillez néanmoins à ce qu'ils soient assez
tendres. Il commence à prendre trois repas par jour,
qu'il mange avec une cuiller ou avec les doigts. Dans
les prochains mois, votre enfant devra progressivement passer à un régime incluant des aliments de tous

les groupes principaux : glucides (céréales, pommes de terre et riz), fruits et légumes, protéines (viande, poisson, produits au soja, fromage, légumineuses telles que
lentilles, haricots en grains, pois chiches, etc.) et lipides (lait, fromage et yogourts).

Gérer le refus de nourriture

Certains bébés chipotent dès le départ, alors que d'autres voient le côté ludique
des choses. Dans un premier temps, il vous suffit d'introduire de nouveaux
goûts et textures dans son alimentation. Évitez de réagir de façon excessive s'il
ne les aime pas. Quel que soit le temps passé à cuisiner la purée de carottes, s'il
ferme la bouche et détourne la tête, mettez-la simplement de côté et essayez un
autre jour. Vous éviterez ainsi qu'il se braque. Si vous suppliez, persuadez, jouez
aux avions avec la cuiller, puis finissez par lui cuisiner un autre repas, il recommencera indéfiniment. Votre bébé apprendra rapidement que ce jeu est très
divertissant et représente un bon moyen d'attirer votre attention. Sachez qu'un
bébé en bonne santé ne se privera pas volontairement. À moins qu'il ne souffre

MANGER PAR SOI-MÊME
*Il veut tenir la cuiller.
Encouragez-le et ne
vous préoccupez pas du
gâchis.*

ALIMENTS À MANGER AVEC LES DOIGTS *Encouragez-le à manger seul en lui donnant des petites parts d'aliments qu'il peut aisément tenir en main.*

d'une maladie physique ou mentale rendant l'alimentation difficile, il est inutile de supplier un bébé pour qu'il mange. S'il refuse la nourriture que vous lui proposez, mettez fin au repas et passez à une activité différente. Il y en aura plus au prochain repas. À partir du moment où vous commencez à le supplier de prendre « une cuillerée pour maman », vous courez le risque de vous engager dans un combat qui ravira votre enfant dans les années à venir.

Aliments à manger avec les doigts

Dès que votre enfant est capable de les prendre dans ses mains et de les porter à sa bouche, offrez-lui des aliments qu'il peut manger avec les doigts. Proposez-lui des morceaux de fruits tendres, tels que la banane ou le melon, des bouchées de pain, du gâteau de riz, ainsi que des morceaux de carottes, de pommes de terre et de brocolis. Si vous lui donnez des raisins, veillez à les couper en quartiers, car des grains entiers présentent un risque d'étouffement.

Ne laissez jamais le bébé sans surveillance pendant qu'il mange (voir page 289), mais donnez-lui l'occasion de faire des expériences, quel que soit le chaos final. Lorsque vous le nourrissez, mettez-lui une cuiller dans une main et un aliment à manger avec les doigts dans l'autre. Encourager cette indépendance sera payant dans l'avenir, car il s'habituera ainsi à se nourrir seul. Il apprendra aussi à manger la quantité voulue, puis à arrêter, en fonction de son appétit.

Quand un bébé commence à manger seul, il se salit. Vêtissez-le au minimum et utilisez une bonne bavette. Une fois le repas terminé, donnez-lui directement un bain si nécessaire. Placez une feuille de plastique ou de papier journal sous sa chaise et éloignez-le des murs si possible. La banane est souvent le fruit favori, mais elle laisse des taches noires indélébiles sur les vêtements. Une vieille bavette représente donc le meilleur choix vestimentaire.

Alimentation biologique et OGM

Tous les parents souhaitent offrir à leur enfant le meilleur départ dans la vie et ils sont nombreux à choisir une alimentation biologique. Bien qu'il existe peu de preuves démontrant les bienfaits d'un régime biologique sur la santé d'un enfant, celui-ci présente indiscutablement des avantages. Les plantes biologiques poussent sans utilisation de pesticides ou d'engrais chimiques. De plus, les produits carnés proviennent d'animaux élevés en liberté auxquels on ne donne pas de médicaments pour accélérer la croissance. Il semble raisonnable d'éviter autant que possible les substances chimiques et il est préférable pour l'environ-

« Mon bébé de six mois ne semblait pas s'intéresser à l'alimentation solide jusqu'à ce que nous l'asseyions à notre table aux heures des repas. Quand il a vu son grand frère se servir, il a voulu l'imiter. »

nement de promouvoir l'agriculture biologique, car elle favorise la pousse des fleurs sauvages et encourage le retour des oiseaux et des insectes. Cette alimentation est cependant plus coûteuse, et les engrais « naturels » peuvent inclure du fumier qui contient des bactéries dangereuses. Lavez donc toujours soigneusement les fruits et les légumes, notamment s'ils proviennent de l'agriculture biologique. Les OGM ont été génétiquement modifiés pour éviter les maladies et produire de meilleures récoltes. À l'heure actuelle, il n'a pas encore été prouvé qu'ils représentaient un risque pour la santé de l'enfant.

Boissons

La meilleure boisson pour votre enfant est l'eau. À l'âge de six mois, il sera en mesure de boire dans un gobelet pour bébés. Ces gobelets sont vendus sous différentes formes et tailles, avec un bec dur ou mou et des poignées qui l'aideront à le soulever aisément. Si vous donnez du jus de fruits à votre bébé, diluez une dose de jus pour dix doses d'eau et réservez cette boisson uniquement pour les heures de repas. Les bébés peuvent être nourris au biberon avec du lait industriel ordinaire jusqu'à douze mois, âge auquel ils passeront au lait homogeneisé (3,25 %). Il existe également des « laits de suite » pour bébés à partir de six mois, mais ils ne sont pas indispensables.

Aliments et boissons à éviter

Évitez ces aliments dans le régime de votre bébé et consultez les étiquettes.

▷ **Miel** : peut contenir des bactéries provoquant le botulisme.

▷ **Noix, arachides et noisettes** (risques d'étouffement). Éviter en cas d'antécé-dent allergique dans la famille.

▷ **Toute boisson contenant de la caféine**, les boissons gazeuses et les fruits pressés. Les composants phénoliques du thé interfèrent avec la capacité d'absorption du fer.

▷ **Aliments avec du sucre, du sel et des édulcorants** : peuvent être dangereux.

▷ **Lait de vache** : évitez-le comme boisson avant l'âge d'un an. Vous pouvez néanmoins l'utiliser dans la cuisine et avec des céréales.

Soins quotidiens

Votre bébé connaîtra de nombreux bouleversements dans les mois qui vont suivre – déménagement dans sa propre chambre et apparition de ses premières dents. Mais les soins quotidiens resteront en grande partie identiques. Il est maintenant familiarisé avec ceux-ci et vous devez le trouver sécurisé et épanoui.

Une chambre à lui

Certaines études (voir page 312) conseillent de faire dormir votre bébé dans votre chambre pendant les six premiers mois, mais après cet âge, il est préférable de le déménager dans sa propre chambre. Il existe plusieurs raisons à ceci. L'une des plus importantes est que vous vous sentirez plus à l'aise pour reprendre votre vie sexuelle sans la présence de votre bébé à vos côtés dans sa bassinette. Dormir dans sa propre chambre devrait aussi favoriser un temps de sommeil nocturne plus long. S'il a le sommeil léger, vous risquez de le déranger (et inversement). De plus, il est beaucoup plus difficile de lui apprendre à se rendormir seul s'il vous voit à son réveil. Il sera plus tentant de le prendre dans vos bras ou dans votre lit s'il partage votre chambre.

Problèmes courants

▷ **La face arrière de la tête de mon bébé est plate. Est-il vrai qu'il doit porter un casque spécial pour y remédier ?**

De nombreux bébés ont une zone plate derrière la tête, qui résulte en partie du sommeil sur le dos. Cette caractéristique n'affecte aucunement la croissance ou le développement. Vous pouvez limiter cette déformation de la boîte crânienne en plaçant votre enfant sur le ventre dès que possible et en réduisant le temps passé dans un siège d'auto. Les casques ne sont pas conseillés par les pédiatres et les neurochirurgiens.

▷ **Mon enfant de neuf mois se cogne régulièrement la tête contre les barreaux de son lit. Dois-je m'inquiéter ?**

Bien que ce phénomène puisse être un signe de perturbation psychique chez un enfant plus âgé, il est souvent anodin chez un bébé. Celui-ci apprécie la sensation et le son ainsi produits. Dans de rares cas, cette pratique peut être liée à une douleur, telle qu'une otite. Si votre enfant semble ne pas se sentir bien, consultez votre médecin. Dans le cas contraire, rassurez-vous. Sachez qu'il ne se blessera pas ainsi et qu'il perdra cette habitude avec le temps.

QUESTIONS ET RÉPONSES

L'idée de déménager votre bébé dans sa propre chambre peut vous sembler très intimidante. Vous vous demandez peut-être s'il s'y habituera. Ce sentiment est compréhensible. De nombreux parents s'angoissent à l'idée de ne pas être à proximité de leur bébé durant la nuit. Mais ne vous inquiétez pas, car cette étape n'est pas aussi importante qu'elle en a l'air et les choses se passent généralement plutôt bien. Souvenez-vous que votre bébé est une véritable éponge de vos émotions. Ne vous montrez pas trop anxieuse. Le fait de placer un moniteur de surveillance dans sa chambre vous rassurera en vous donnant la possibilité d'écouter le bébé depuis une autre pièce. Dites-vous que, même en déménageant le lit dans une autre pièce, l'environnement de l'enfant reste très similaire.

Si vous rencontrez des problèmes, ne baissez pas les bras trop tôt. Une ou deux nuits d'adaptation seront peut-être nécessaires à l'enfant. Il convient donc de persévérer. Rassurez-le s'il est perturbé, mais essayez de ne pas céder et évitez de le reprendre dans votre chambre.

Le bain et l'habillement

À cet âge, le bain fait partie des habitudes que vous apprécierez probablement autant l'un que l'autre. Dès qu'il pourra s'asseoir sans être soutenu, votre bébé aimera se divertir avec des jouets et faire éclabousser l'eau dans la pièce. Vous ne devrez cependant jamais le quitter. Si vous utilisez un bain moussant, choisissez des produits pour bébés, car ceux destinés aux adultes et aux enfants plus âgés risquent d'irriter sa peau.

Quand vous le placez dans la grande baignoire, utilisez un tapis antidérapant pour l'empêcher de glisser. Avec votre aide, il apprendra beaucoup des jouets pour le bain. Il découvrira, par exemple, comment les objets flottent et coulent. Il apprendra également à verser un liquide. Agenouillez-vous à ses côtés, car vous risquez de vous faire mal au dos en vous penchant par-dessus le bord de la baignoire pour le tenir et jouer avec lui. Mieux encore, baignez-vous avec lui. Vous pourrez alors vous amuser ensemble dans la mousse.

Il existe un gros marché de vêtements pour bébés. Il n'est cependant pas nécessaire d'investir beaucoup dans l'habillement, car l'occasion représente un excellent

RITUEL DE COUCHER *Le bain continue à être pour votre bébé une composante importante de sa préparation au sommeil.*

moyen de recyclage et mes bébés ont été pratiquement entièrement habillés dans des vêtements de seconde main. Vous découvrirez une grande variété de styles, mais le point le plus important reste le confort, les possibilités de lavage et la facilité d'accès aux couches. Votre enfant devenant plus mobile, prenez en considération les aspects pratiques et veillez à ce qu'il puisse se déplacer aisément. Un tissu élastique est plus agréable pour un bébé qu'un jean raide et les pantalons sont plus pratiques que les robes pour ramper.

Les premières dents

Certains bébés font leurs premières dents très tôt, alors que d'autres sont toujours sans dents à leur premier anniversaire. Mais pour la plupart des enfants, les dents de lait commencent à pousser aux environs de six mois. Ne vous inquiétez pas si aucune dent n'apparaît encore dans la bouche de votre enfant, car il n'y a absolument aucun lien entre une dentition précoce et l'intelligence, quoi qu'en dise votre grand-mère.

Les premiers signes de poussée dentaire sont une salivation importante, des joues rouges, des selles légèrement molles et un désir de mordre. Offrez à votre bébé des objets sûrs à mâcher, tels que des anneaux de dentition, des biscottes dures ou des cuillers en bois et en plastique. Une grosse carotte sortant du réfrigérateur (et non du congélateur) peut être efficace, mais restez à proximité de l'enfant au cas où il parviendrait à en détacher un morceau – il risquerait alors de s'étouffer.

Vous pouvez également soulager ses gencives douloureuses en les massant avec un doigt ou en appliquant un gel dentaire contenant un anesthésique local. De nombreux

VÊTEMENTS PRATIQUES

Lorsque votre bébé commence à ramper, des vêtements tels que des salopettes s'avèrent très pratiques, car ils ne restreignent pas sa motricité.

Et les chaussures ?

Votre bébé n'a pas encore besoin de chaussures. Même s'il commence à marcher, elles sont inutiles avant plusieurs semaines. Attendez que la marche devienne stable et indépendante. Ses pieds étant toujours très mous et malléables, veillez à ce que ses pyjamas et ses chaussettes soient suffisamment amples et confortables. Si vous pensez que ses pieds nécessitent plus de protection, utilisez des chaussons en tissu léger offrant beaucoup de place pour la croissance du pied. Dans la plupart des cas, cependant, il est préférable de le laisser pieds nus. Si vous choisissez néanmoins de lui mettre des chaussures, veillez à ce qu'elles n'aient pas des semelles glissantes.

parents tendent à l'appliquer généreusement, mais il convient de ne jamais dépasser la dose conseillée. Comme souvent, l'acétaminophène pour nourrissons est utile en cas de douleurs. Les poussées dentaires ne provoquent jamais de forte fièvre, de vomissements, de diarrhées aiguës, de pleurs excessifs, d'apathie ou de perte d'appétit. Si votre bébé ne semble pas bien, consultez votre médecin.

Votre bébé aura vingt dents de lait en tout, qui pousseront dans un ordre précis. Les premières à apparaître sont les deux incisives centrales inférieures, suivies par les deux incisives du maxillaire supérieur. Il aura une dentition complète à l'âge de deux ans et demi environ. Même si votre bébé n'a pas encore de dents, ses gencives sont assez dures pour mâcher. Ne renoncez donc pas à lui donner de la nourriture en morceaux et des aliments à manger avec les doigts.

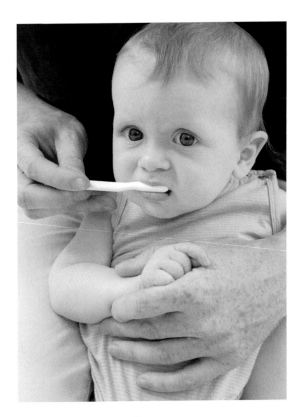

Les soins dentaires

Il est important de prendre soin des dents de votre bébé dès leur apparition pour les conserver en bonne santé. Achetez du dentifrice pour bébés pauvre en fluor et mettez l'équivalent d'un petit pois sur une brosse à dents de bébé. S'il refuse le brossage, asseyez-le sur vos genoux, le visage dirigé vers l'avant, tenez-le fermement avec une main et utilisez votre main libre pour lui brosser les dents. Un doigtier (brosse à enfiler sur le doigt) peut vous faciliter la tâche. Si vous lui donnez dès à présent l'habitude de se laver les dents matin et soir, il protestera moins en vieillissant, car il sera déjà familiarisé avec ce rituel.

Comme pour vous, le régime de votre bébé affecte sa santé dentaire. Les jus de fruits et les gâteaux sucrés risquent d'endommager l'émail. Réservez-les donc pour les repas. La salive produite en mangeant permettra d'éliminer le sucre. Ne donnez jamais à votre bébé de boissons sucrées dans un biberon. La pire des choses est de coucher votre enfant avec un biberon de jus de fruits. Cette pratique provoquera l'apparition rapide de caries.

BROSSAGE DES DENTS

Asseyez votre bébé le visage dirigé vers l'avant et utilisez les mêmes techniques de brossage que pour les adultes.

Les sorties

Votre enfant trouvera les autres personnes de plus en plus fascinantes. Rejoindre une association représente un bon moyen d'améliorer sa sociabilité et de rencontrer d'autres parents. Il existe également des clubs dans lesquels vous pourrez partager une activité avec votre enfant, comme la natation. Quelle que soit l'activité choisie, y participer au sein d'un groupe sera l'occasion pour votre bébé d'enrichir ses jeux et sa relation avec vous. Si vous n'osez pas vous joindre à un groupe, demandez à votre CLSC s'il peut vous mettre en contact avec d'autres mères qui font déjà partie de groupes.

« Participer à une activité dans une association a été une bouffée d'air frais – autant pour moi que pour ma fille de huit mois. »

Si vous faites partie d'une association qui ne vous convient pas, ne vous sentez pas obligée de persévérer – une sortie dans les magasins ou au parc profitera également à votre bébé. Le parc est un excellent endroit pour rencontrer d'autres mères. Les bébés sont souvent un bon prétexte pour engager la conversation et des parents avec des enfants d'âge similaire représentent une compagnie et un soutien importants. Vous rencontrerez vite des personnes partageant vos points de vue, mais, bien que les échanges concernant votre progéniture soient importants, tâchez de ne pas tomber dans le piège de la compétition parentale. Si vous manquez cruellement de sommeil, n'oubliez pas que si le petit ange de vos amis fait ses nuits, il aura peut-être une adolescence difficile alors que votre petit cauchemar nocturne peut se transformer en adolescent tendre et attentionné.

Apprendre à dire « non »

Au fur et à mesure de l'accroissement de la mobilité et de la curiosité de votre enfant, il vous faut poser de plus en plus de limites. Il est important de ne pas vous fâcher si votre bébé essaie à plusieurs reprises de faire ce que vous lui interdisez. Les bébés de cet âge n'ont aucune notion du « bien » et du « mal » et il ne comprend pas que le nouveau jeu qu'il vient de découvrir est répréhensible. Il n'est pas non plus capable d'associer vos cris et votre punition à ce qu'il a fait. Sans perdre votre calme, dites « non » fermement, puis détournez son attention par une autre activité. Renforcez le comportement souhaité et ne le punissez pas.

Problèmes courants

▷ **Mon bébé fait ses dents et j'ai peur qu'il me morde lorsque je l'allaite. Dois-je arrêter l'allaitement au sein ?**

Ne vous inquiétez pas. Vous pouvez continuer à allaiter votre bébé au sein. Lorsque ses deux premières dents apparaîtront, elles se situeront dans sa mâchoire inférieure et seront recouvertes par sa langue. Il ne pourra donc pas vous mordre. Une fois que les dents supérieures ont poussé, votre instinct sera probablement de crier s'il vous mord – ce qui peut le dissuader de recommencer ou, au contraire, l'encourager à tenter une nouvelle fois l'expérience pour voir s'il

obtient la même réaction. S'il mord votre mamelon, éloignez-le immédiatement du sein et dites « non ». Il apprendra ainsi très rapidement que la morsure s'accompagne d'un éloignement du sein. Si vous restez cohérente dans votre réponse, il arrêtera.

▷ **Lorsque je change les couches de mon bébé, il joue avec son pénis. Est-ce normal ?**

Il est tout à fait normal pour les garçons et les filles de toucher leurs organes génitaux. De la même façon que les bébés découvrent leurs mains et leurs pieds, ils découvrent leurs organes génitaux à un certain stade. Si leur manipulation leur procure du plaisir, ils recommencent. Ce comportement n'est pas préoccupant et il est préférable de l'ignorer.

▷ **Mon bébé suce toujours son pouce. Dois-je l'en dissuader ?**

Non. Votre bébé apprend rapidement que vous êtes là et que vous le rejoignez s'il a besoin de vous. Vous ne pouvez cependant pas le câliner vingt-quatre heures sur vingt-quatre. Il est normal pour les bébés de sucer leurs doigts ou de s'attacher à un objet tel qu'un jouet mou, un tissu ou une couverture pour se réconforter. Par rapport à la suce, le pouce présente

l'avantage d'être toujours disponible. De plus, on ne rencontre pas avec le pouce les problèmes d'hygiène associés à une suce tombant sur le sol. Des problèmes peuvent malgré tout se poser si votre bébé suce toujours beaucoup son pouce lorsque apparaissent ses dents définitives, celles-ci risquant alors de pousser vers l'avant.

▷ **Je suis mère au foyer et mon bébé semble préférer son père à moi. Que puis-je faire ?**

Comme vous êtes la principale personne s'occupant du bébé, celui-ci vous voit toute la journée et sait que vous êtes toujours là. Votre présence est normale pour lui. Son père travaille à l'extérieur toute la journée et s'avère donc un nouveau compagnon plein d'entrain pour communiquer avec lui quand il rentre à la maison.

Encouragez votre bébé et son père à apprécier le temps passé ensemble, tout en vous joignant quelquefois à leurs jeux. Essayez peut-être de redresser la barre les fins de semaine, de sorte que votre mari prenne plus en charge les tâches pratiques et que vous puissiez vous accorder plus de plaisir avec votre enfant.

QUESTIONS ET RÉPONSES

Premières vacances en famille

Après vous être accoutumée à votre nouvelle vie de famille, vous aurez probablement besoin de vacances. De nombreuses destinations sont envisageables pour de jeunes bébés. Veillez cependant à éviter les pays où les maladies infectieuses représentent un danger. Sachez également qu'un bébé de moins de trois mois supportera mal un climat chaud.

Un des gros avantages de voyager avec un jeune bébé est que vous pouvez l'emmener pratiquement partout. Il sera heureux tant qu'il restera à vos côtés. À l'étranger, votre bébé sera généralement le bienvenu.

Durant le premier mois, votre bébé sera vulnérable aux microbes présents dans l'air recyclé des avions, mais passé cet âge, ce moyen de transport ne lui posera aucun problème. Cela dit, le bateau et le train sont plus écologiques et ils vous permettront de vous déplacer plus facilement durant le voyage. Les enfants de moins de deux ans voyagent souvent gratuitement dans les trains et les avions, même s'ils n'ont pas de place réservée. On vous proposera une ceinture supplémentaire se fixant à la vôtre, de sorte qu'il soit en sécurité sur vos genoux. Vous pouvez réserver un berceau pour les longs voyages, mais votre enfant devra rester sur vos genoux pour le décollage et l'atterrissage, ce qui est ennuyeux s'il est profondément endormi. Si vous louez une voiture à votre point de destination, il vous faudra veiller à ce qu'elle soit équipée d'un siège adéquat pour votre bébé. Ne prenez pas le vôtre, car il s'ajoutera à vos bagages. Certaines compagnies aériennes vous autoriseront à prendre votre poussette avec vous, alors que d'autres vous demanderont de

PROTECTION *Une crème solaire avec un indice de protection d'au moins 30 doit être utilisée à partir de six mois, quel que soit le type de peau de votre enfant.*

ASTUCES DE VOYAGE

▷ **Produits pour bébés :** il existe partout des produits tels que les couches. Il est donc inutile de dévaliser le rayon enfants de votre supermarché. Prenez juste ce dont vous avez besoin pour le voyage et les deux premiers jours de vacances, en attendant de trouver vos repères.

▷ **Équipement de location :** si vous envisagez de louer des objets tels qu'une bassinette et une chaise haute à votre point de destination, veillez à ce qu'ils soient conformes aux normes de sécurité. Les barreaux du lit ne doivent pas être espacés de plus de 6,5 cm et être assez hauts pour empêcher le bébé de les escalader. La chaise haute doit être munie d'un harnais ou d'anneaux qui permettent de l'attacher.

▷ **Utiliser une poussette :** la poussette légère, qu'il est possible de plier et de porter d'une main, est idéale pour les enfants de plus de six mois qui tiennent assis sans difficulté. Vous aussi pouvez laisser tomber les roulettes et choisir un porte-bébé.

▷ **Décollage et atterrissage :** les oreilles de votre bébé sont une source de sensations désagréables au décollage et à l'atterrissage. C'est pourquoi il pleure, afin d'égaliser la pression. Mais la succion ayant le même effet, vous pouvez anticiper les choses en l'allaitant durant cette période.

la mettre dans la soute à bagages. Gardez-la avec vous si vous le pouvez, car elle sera utile si votre enfant souhaite faire un somme dans la salle d'embarquement – et pour y stocker des produits hors taxes.

Même très jeunes, les bébés, au Canada, doivent disposer de leur propre passeport muni d'une photo. Celle-ci doit être prise dans un centre spécialisé qui effectue des photos de passeports.

DÉTENTE AU SOLEIL

Par temps chaud, les bébés de moins de six mois ne doivent pas être exposés aux rayons directs du soleil. Après six mois, votre enfant aura toujours besoin d'une bonne protection et, bien que les écrans solaires (d'un indice 30 ou plus) ne présentent pas de danger, il est préférable de les couvrir de vêtements amples et légers. Un chapeau de soleil avec de larges bords protégera son cou et un T-shirt à manches longues pardessus un maillot de bain empêcheront votre enfant de souffrir de coups de soleil.

Évitez de sortir votre bébé au soleil entre 11 et 15 heures, et veillez à ce qu'il boive suffisamment d'eau ou de jus de fruits très dilué, pour éviter la déshydratation.

Si vous allez à la plage, une couverture étendue sous un grand parasol offrira à votre enfant l'ombre et la sécurité dont

il a besoin pour jouer ou dormir. Un drap placé sur le parasol fournira une protection supplémentaire. Il existe également de nombreux abris de plage pour bébés sur le marché.

BÉBÉS NAGEURS

Alors que les piscines canadiennes sont relativement sûres, il est préférable de prendre des précautions à l'étranger, particulièrement dans des pays où la polio est encore présente. Lorsque vous voyagez à l'étranger, veillez donc à n'emmener votre enfant à la piscine qu'une fois totalement immunisé, à l'âge de quatre mois.

Si votre bébé apprécie le bain, il aimera vraisemblablement aller dans l'eau avec vous. N'oubliez pas que,

quel que soit le système de flottaison choisi, il vous faudra toujours le tenir. Une fois habitué à cette étendue impressionnante de liquide, il commencera probablement à taper joyeusement dans l'eau avec les mains et les pieds. S'il a peur, cependant, ne le forcez pas. Achetez une pataugeoire gonflable et placez-la sous votre parasol afin qu'il puisse s'asseoir dedans. Avec de l'eau, c'est une piscine qui n'est pas trop intimidante. Sans eau, elle devient un excellent terrain de jeux pour les bébés qui ne sont pas encore mobiles.

BARBOTER *De nombreux bébés apprécient la liberté de mouvement et le contrôle de leurs membres dans l'eau – une sensation qu'ils ne connaissent pas encore sur la terre.*

VOTRE BÉBÉ MOBILE

ÇA NE S'ADAPTE PAS LES JOUETS PRENNENT UNE IMPORTANCE CROISSANTE EN STIMULANT LE CERVEAU DE VOTRE BÉBÉ ET EN AMÉLIORANT SA PRÉHENSION

JOUE AVEC MOI LE JEU DE LA CULBUTE FERA CRIER VOTRE ENFANT DE PLAISIR, ET IL SOUHAITERA RECOMMENCER ENCORE ET ENCORE

JE M'EN VAIS CERTAINS BÉBÉS FONT LEURS PREMIERS PAS AVANT LEUR PREMIER ANNIVERSAIRE, MAIS POUR LA MAJORITÉ D'ENTRE EUX, IL FAUT ENCORE ATTENDRE UN PEU

« Que ce soit en rampant ou en se roulant sur le sol, votre bébé est prêt à se déplacer, et vous devez vous y préparer aussi. »

Grandir

En repensant aux neuf mois qui viennent de s'écouler, vous constaterez que le développement de votre bébé a été remarquable. Choyé par ses parents, il est devenu une petite personne sociable, qui commence à contrôler son corps et à comprendre l'univers qui l'entoure.

Au cours des deux prochains mois, il est possible que votre enfant fasse ses premiers pas et prononce son premier mot. Et même si ce n'est pas encore le cas, il fera des progrès importants vers ces étapes. Dès neuf mois, il pourra probablement s'asseoir avec assurance et se déplacer en rampant, en roulant ou en glissant sur ses fesses.

Il saura se mettre debout en s'accrochant à tout ce qui le lui permet, comme les barreaux de son lit ou de sa bassinette, les meubles ou vos jambes. Une fois debout, il lui sera cependant difficile de se rasseoir et il sollicitera votre aide jusqu'à ce qu'il apprenne à s'abaisser et à retomber sur ses fesses.

Une fois l'art de se mettre debout maîtrisé, il fera un pas en avant en s'agrippant à ce qui lui a servi pour se hisser en position verticale. Il sera bientôt capable de marcher dans la pièce en s'appuyant aux meubles et aux aides généreuses. Vous pourrez l'assister en lui tenant les deux mains (si vous ne lui en tenez qu'une seule, il ne se sentira pas en sécurité), ou en lui procurant un camion pousseur robuste avec un centre de gravité bas qui sera plus difficile à renverser. Certains bébés se lancent assez vite et font leurs premiers pas sans aide extérieure à dix mois environ, mais pour la majorité d'entre eux il faudra encore quelques mois. Votre enfant sera vite capable de monter les marches, mais la descente restera dangereuse, d'où la nécessité de laisser les barrières en place.

Sous contrôle

Les mouvements de main de votre enfant deviennent plus précis : il commence à pointer les choses du doigt et, plutôt que de saisir des objets avec la main entière, il utilise son pouce et son index pour les pincer. Encouragez cette nouvelle faculté en lui offrant de petits morceaux de nourriture, tels que des grains de raisin et des

UNE PETITE PROMENADE
Une fois sur ses pieds, il adorera pousser son camion. Dans un premier temps, il aura peut-être besoin de votre aide pour le faire avancer et l'empêcher de rouler loin de lui.

cubes de carottes ou de fromage. Restez toujours avec lui en cas d'étouffement et souvenez-vous que s'il est capable de ramasser un grain de raisin, il peut également ramasser un bouton, une épingle ou une petite pile (objet particulièrement dangereux) et les porter à sa bouche. Veillez donc à les placer hors de sa portée.

À neuf mois, votre enfant peut encore avoir des difficultés pour lâcher les objets volontairement, mais à dix ou onze mois, il commence à les lancer. Nourriture, tasses et jouets représentent tous de bons missiles. Il regarde où ils atterrissent et attend que vous les ramassiez s'il ne peut pas aller les chercher lui-même. Tôt ou tard, vous vous lasserez de ce nouveau jeu, mais n'oubliez pas qu'il est encore trop jeune pour faire des bêtises volontairement – il apprend simplement en jouant, ce qui est nécessaire à son développement. S'il teste votre patience, le meilleur moyen de vous en sortir est de détourner son attention. Dénichez-lui un nouveau jouet ou emmenez-le observer quelque chose d'intéressant dans une autre pièce.

Acquérir de nouvelles facultés

Chaque semaine, votre bébé comprend de plus en plus de choses : il commence à se retourner et à vous regarder lorsque vous l'appelez par son prénom et se révèle capable de suivre une instruction simple, telle que « Donne le ballon à maman. » Aidez-le en simplifiant au maximum les instructions. Vous aurez de bien meilleures chances qu'il réponde si vous dites : « Fais au revoir à papa » plutôt que « Donne la tasse à maman puis dis au revoir à papa. » N'oubliez pas de le féliciter en cas de succès, mais évitez de réagir négativement s'il ne comprend pas ce que vous attendez

REGARDE ÇA *Il commence à utiliser son index pour montrer quelque chose.*

NE SUIS-JE PAS ADROIT ? *Si vous tapez dans vos mains, il commence à vous imiter.*

AU REVOIR *Le geste d'au revoir est une de ses nouvelles facultés sociales.*

de lui. Ces nouvelles facultés ouvrent la voie à toutes sortes d'opportunités de jeu et de communication. Elles rendent la communication plus amusante et satisfaisante. Il peut être très tentant d'encourager votre bébé à montrer ce qu'il sait faire à vos tantes, amis et voisins, mais essayez de résister s'il n'y prend pas goût. S'il ne souhaite pas jouer, ne le forcez pas. Sa progression ne doit en aucune façon se transformer en une course d'obstacles.

Besoins psychiques

Votre bébé peut se montrer affectueux en vous faisant des câlins et des baisers, mais il aura probablement sa première crise de colère avant la fin de sa première année, lorsque la vie deviendra plus frustrante. Il se montrera plus anxieux en présence d'étrangers et il sera plus difficile de le séparer de vous. Alors qu'à neuf mois il se montre bouleversé lorsque vous quittez une pièce, ce phénomène s'amplifie jusqu'à devenir un réel problème à onze mois, le pic d'anxiété se situant à la fin de la première année. Ne vous inquiétez pas, car ce comportement est normal. Vous pouvez aider votre enfant à dépasser son inquiétude en l'assurant constamment de votre retour. Cette étape est assez difficile pour la famille et les amis proches qui risquent de se sentir rejetés par le refus soudain de votre bébé d'aller vers eux. Cela peut également se produire avec un parent – il est courant pour un bébé de s'attacher à celui qui s'en occupe le plus (généralement la mère) et de refuser les soins de l'autre. Ce comportement peut être blessant pour le parent « rejeté », mais cette phase passe rapidement.

POURQUOI PLEURE-T-IL ?

À cet âge, votre bébé peut pleurer de frustration, notamment s'il n'est pas aussi mobile qu'il le souhaiterait.

Le temps de la fête ?

Si vous souhaitez organiser une fête pour le premier anniversaire de votre enfant, n'oubliez pas que la célébration est pour vous, plutôt que pour lui. Votre bébé appréciera recevoir de nouveaux jouets et passer du temps avec des amis et de la famille – pas trop –, mais n'a aucune notion de ce qu'est un anniversaire. Il peut même gâcher la fête si vous tentez de l'asseoir sagement à une table pour lui faire manger des gâteaux ou utiliser des jouets à la demande. Tout ceci risque de devenir très rébarbatif pour un enfant d'un an et mener à des larmes de tristesse plutôt qu'à de la joie. Si vous invitez d'autres bébés, il est probable qu'ils soient également très déconcertés.

La meilleure chose à faire est d'ouvrir une bouteille de champagne une fois votre enfant endormi et de célébrer entre vous cette merveilleuse étape. Faites donc simple et gardez vos projets de fête pour les années à venir. Présentez à votre enfant les cadeaux qu'on lui a offerts sur plusieurs semaines, plutôt que tous à la fois.

Les premiers mots

À présent, le babillement de votre bébé est probablement plus sophistiqué, et vous avez peut-être même remarqué quelques mots dans son bavardage. Quel que soit le son, il compte pour un mot si l'enfant l'utilise régulièrement avec un sens précis. Encouragez-le en lui parlant, en lui lisant des livres et en nommant les choses qui l'intéressent.

RECONNAISSANCE DES OBJETS *Votre bébé n'est peut-être pas encore en mesure de parler, mais il comprend le sens des mots. Si, par exemple, vous lui dites « Donne-moi les clés », il vous les tend.*

Il se peut que votre bébé prononce un ou deux mots avant son premier anniversaire, mais il est également possible qu'il faille attendre quelques mois encore. Quoi qu'il en soit, ceci ne présente que peu d'importance, car le principal moyen de communication de votre enfant est le langage corporel, les gestes et également son propre « vocabulaire ». S'il prononce invariablement « dah » pour désigner son biberon, considérez qu'il s'agit d'un mot. Dans ce cas, ne le reprenez pas pour lui faire dire le terme « correct ». Encouragez-le plutôt en disant « Oui, c'est ton biberon. »

Au cours de cette période, vous entendrez peut-être votre bébé prononcer « papa » ou « maman » avec un sens – même s'il est probable que papa vienne en premier, car votre bébé prononcera les « p » avant les « m ». Un de mes amis a dressé une liste des premiers mots et expressions de ses enfants. J'ai souvent regretté de ne pas y avoir pensé moi-même, car il est surprenant de constater avec quelle rapidité nous les oublions. À dix mois environ, le développement intellectuel de votre bébé a atteint un stade qui lui permet de comprendre que certains mots font référence à des objets, à des actions ou à des personnes spécifiques. Il connaît son propre prénom et, s'il est assez simple, il peut même parvenir à le prononcer aux environs de onze mois.

Que votre enfant soit sourd ou qu'il ait une audition normale, la recherche a montré qu'il « babillera » avec ses mains s'il a été exposé au langage des signes, et les premières étapes de l'acquisition du langage sont similaires chez les enfants entendants et les malentendants (voir page 310).

Suivre les instructions

La compréhension de votre bébé s'améliore rapidement. Si vous lui indiquez qu'il est l'heure du repas, il va probablement ramper vers sa chaise haute ou bondir d'excitation. Si vous prenez son manteau, non seulement lèvera-t-il les bras pour vous aider à le lui enfiler, mais il regardera peut-être aussi sa poussette ou la porte. Il vous embrasse, s'agrippe à vous, fait volontiers un signe d'au revoir et apprécie les réponses positives induites par ces facultés sociales.

Au cours de cette période, votre bébé apprend à dire « non » de la tête, une faculté qu'il mettra souvent en pratique dans les mois et les années à venir. Bien qu'il soit toujours relativement facile de le distraire, les choses se compliquent un peu depuis un mois. Il a tendance à protester si vous tentez de lui retirer un jouet. Il est cependant encore trop jeune pour ressentir un sentiment de possessivité et ne se montre pas jaloux si un autre bébé joue avec ses jouets.

Livres pour bébés

Votre bébé appréciera des moments de lecture en tête à tête et aura probablement quelques livres favoris. Il

aimera le son de votre voix et s'assiéra avec vous plusieurs minutes d'affilée pour regarder un livre. À onze mois, il commencera même à montrer du doigt certaines images qui lui sont familières.

Il deviendra capable de tourner les pages de gros livres cartonnés, ce qui signifie que vous pourrez en laisser un ou deux dans son lit. Si vous n'avez pas encore inscrit votre enfant à la bibliothèque, il est maintenant temps de le faire. Il aura ainsi accès à une grande variété de livres. En règle générale, un enfant de cet âge appréciera les livres illustrant clairement et simplement des situations et des objets familiers : comptines, livres à rabats (même s'il lui faudra encore du temps pour les feuilleter sans les abîmer), livres avec des textures différentes, des miroirs et des haut-parleurs intégrés.

HEURE DE L'HISTOIRE *Le partage de livres est une activité qui est appréciée par de nombreux grands-parents. Elle favorise une meilleure acquisition du langage.*

« Le livre favori de mon fils est un livre cartonné illustrant des animaux. Je lui parle de chacun d'eux et lorsque j'émets le cri d'un animal, il essaie de m'imiter. »

Le plaisir du jeu

La nouvelle mobilité de votre bébé en fait un explorateur qui souhaite tout explorer. Intrigué et excité par son environnement, il observe tout, même s'il se montre méfiant envers les étrangers. Il est probable qu'il s'intéresse aux autres bébés, mais il faudra encore attendre deux ans pour qu'il joue avec eux.

Jouer avec vous

Vous remarquerez que le jeu de votre bébé se complexifie au fur et à mesure de ses nouvelles acquisitions. Si vous ne souhaitez pas dépenser de grosses sommes en jouets et si vous vous sentez noyée dans un univers de plastique coloré, voyez s'il existe une ludothèque près de chez vous. Votre enfant pourra ainsi accéder à un large éventail de jouets.

Les bébés de cet âge adorent l'incongruité et trouvent hilarant le fait de placer le chapeau de papa sur la tête de l'ours en peluche. Ils aiment également les farces, et la « chute » d'un jouet sera accueillie par un rire frénétique. Ils commencent à comprendre la notion de « à tour de rôle ». Ainsi, si vous le chatouillez, il est possible qu'il essaie de vous chatouiller en retour. À ce stade, les jouets appréciés par votre bébé sont les suivants :

■ **Téléphones :** ils sont source de fascination et votre enfant aimera jouer avec le vôtre, mais il se montrera mécontent si vous parlez des heures au téléphone à l'une de vos amies.

■ **Une balle après laquelle courir :** à neuf mois, il ne sera probablement pas en mesure de la faire rouler par lui-même, mais à onze mois ceci devient possible. Il trouvera alors amusant de la faire rouler vers vous et de la rattraper lorsque vous la lui renvoyez.

■ **Jouets à roulettes munis de ficelles :** au début, il tirera la ficelle en restant assis, mais une fois la marche acquise, il pourra traîner le jouet derrière lui.

■ **Tout ce qu'il peut faire tomber :** une fois votre bébé capable de lâcher les objets délibérément, ce jeu deviendra probablement son favori ! Lors de vos sorties, vous éviterez de perdre des livres et des jouets placés dans la poussette en les attachant avec des pinces. Ainsi, quand il les fera tomber, il sera capable de les récupérer, puis de les lâcher de nouveau.

■ **Jouets à empiler :** de même que les briques légères et faciles à tenir en main, tout ce qui s'empile est excellent pour l'enfant. Par exemple, un jeu de gobelets qui s'emboîtent

EMPILER LES JOUETS *Avec un simple jeu de gobelets en plastique, votre bébé apprend les couleurs, les formes et les tailles.*

les uns dans les autres ou s'empilent les uns au-dessus des autres sera parfait pour stimuler votre enfant. Le bébé pourra également les utiliser pour les remplir d'eau et la verser dans le bain. Un jeu d'anneaux à enfiler sur un cône contient plusieurs éléments similaires mais différents : les anneaux sont de la même forme, mais de taille, de couleur et dans certains cas de texture différentes. Dans un premier temps, votre enfant aura besoin d'aide pour empiler les anneaux (et certains bébés se montreront beaucoup plus intéressés pour les porter à leur bouche et les mordre que pour les empiler), mais il apprendra progressivement à résoudre le problème.

■ **Récipients :** votre bébé adorera placer des objets dans un récipient et les en ressortir. Des jeux contenant des éléments de différentes tailles et formes à emboîter dans une base avec des trous préformés représentent une bonne option, car ils sont plus stimulants. Montrez-lui comment ils fonctionnent. Mais si faire passer les éléments dans les trous de forme identique est trop difficile et frustrant pour votre enfant à ce stade, il peut se contenter de soulever le couvercle et les placer directement dans la boîte.

Drogués par la télé ?

Asseoir votre bébé avec vous pour regarder occasionnellement un programme destiné aux enfants de son âge n'est absolument pas nocif pour lui, mais résistez à la tentation d'utiliser la télévision en guise de gardienne. Certains bébés de cet âge regardent l'écran attentivement, mais sont incapables de donner du sens à ce qu'ils voient. Ils sont fascinés par le bruit et l'action, sans rien comprendre.

Les études ont indiqué que, à la fin de la deuxième année, de courtes périodes passées à regarder des programmes adaptés à l'âge de l'enfant permettent de stimuler le développement du langage, ce qui n'est pas le cas pour les bébés de moins de dix-huit mois. Chez les jeunes enfants, le temps passé à regarder la télévision étant directement lié à l'obésité, il est préférable d'éviter l'habitude sofa-télé. Veillez donc à ne pas laisser la télévision fonctionner à l'arrière-plan lorsque votre bébé se trouve à proximité. La radio peut également générer un bruit de fond susceptible d'interférer avec la parole, ce qui rend la communication avec votre enfant difficile.

OCCUPATION *Un récipient et quelques objets ou jouets sûrs raviront votre bébé. Il pourra les placer à l'intérieur et les sortir sans fin.*

Sable et eau

Alors que creuser des trous dans le jardin est déconseillé si vous avez des animaux familiers qui y font leurs besoins, un bac à sable couvert permettra à votre bébé de creuser autant qu'il le souhaite et d'explorer les propriétés du sable. Un récipient rempli d'eau à proximité l'intéressera beaucoup, car il pourra alors jouer avec chaque élément séparément ou les associer. Remplissez un seau d'eau et aidez-le à le verser pour lui montrer la différence entre du sable sec et mouillé. Il aimera sentir la texture avec ses doigts. Bien qu'il soit encore trop jeune pour créer des formes par lui-même, vous pouvez lui bâtir des châteaux de sable qu'il écrasera, ce qui sera une grande source d'hilarité. Comme il adore remplir et vider des récipients, un seau, une pelle et quelques gobelets représentent un excellent investissement. Ne vous inquiétez pas s'il mange un peu de sable. Il réapparaîtra dans ses couches et n'est absolument pas nocif.

Les sorties

Plus vous sortez avec votre bébé, mieux c'est pour vous deux. Lorsque votre enfant devient mobile, les possibilités de jeux à l'extérieur se diversifient. Faites-lui découvrir, par exemple, les balançoires et les glissades au parc. Avec l'amélioration de ses facultés de communication, l'observation peut également devenir une grande source de plaisir – les canards sur l'étang, les chiens des passants, les autres bébés ainsi que le spectacle et le son d'une rue passante. Les parcs offrent de nombreuses occasions de découvrir les saisons pour votre bébé : il s'intéressera au crissement des feuilles d'automne, rira lorsque vous courrez sous la pluie avec sa poussette et s'étonnera en touchant la neige pour la première fois. Il adorera, bien sûr, se rendre aux jeux, mais tenez-vous toujours prête à intervenir en lui donnant la main ou en l'attrapant en cas de culbute. Dans les parcs, veillez particulièrement à ce que votre enfant n'entre pas en contact avec les déjections canines, mais la plupart des zones de jeux sont grillagées et les chiens n'y sont pas admis.

En cas d'intempérie, vous pouvez vous rendre à votre centre de sports et de loisirs local. La plupart d'entre eux ont des sections réservées aux bébés et aux jeunes enfants. Vous y découvrirez un espace de jeu adapté à l'âge de votre enfant avec des aires de réception souples. Votre bébé se fascinera également pour tout ce qui se passe au centre commercial, mais il risquera de s'y ennuyer si vous y restez trop longtemps. Sortez-le donc de temps en temps de sa poussette ou arrêtez-vous pour lui parler. Restez autant que possible à l'écoute de votre bébé lorsque vous sortez ensemble – une récente recherche a montré que certaines mères « se coupaient » souvent de leur bébé en écoutant de la musique sur un baladeur.

Les parcs pour bébés

Votre enfant a besoin de liberté pour explorer son environnement, mais tant que vous ne l'y placez pas trop souvent, le parc peut s'avérer utile. Si votre bébé apprend à marcher en se tenant aux meubles, les barreaux verticaux du parc lui fourniront un excellent cadre auquel s'agripper. De plus, c'est un endroit sûr où vous pourrez le placer si nécessaire pendant de brèves périodes, que ce soit dans le jardin ou à l'intérieur de la maison. Il pourra vous observer jardiner ou cuisiner en sécurité. Veillez à lui proposer quelques jouets afin qu'il ait quelque chose pour s'occuper. Un parc est également un bon endroit où jeter tous les jouets à la fin de la journée si, comme Peter, vous souhaitez obtenir rapidement un semblant d'ordre.

Jouez avec le père

Les capacités physiques de votre enfant s'améliorent de jour en jour. Les jeux extérieurs et les bagarres représentent un bon moyen de mettre en pratique et d'affiner les nouvelles acquisitions. Mais bien que votre bébé soit remarquablement résilient, il est important de garder à l'esprit que ces acquisitions sont récentes et qu'il faudra encore quelque temps avant qu'il ne puisse les mettre en pratique de façon sûre et efficace.

Deux jeux favoris des pères à cet âge requièrent une grande vigilance. Le premier consiste à lancer le bébé en l'air et le second à le balancer par les bras. Ces deux jeux sont généralement accueillis avec des cris de joie, mais chacun renferme ses propres dangers. Dans le premier cas, une attention extrême est essentielle, car votre enfant tombera de haut si vous ratez votre coup. Dans le second cas, placez vos mains sous ses aisselles. Il est important de ne pas le balancer, le faire tourner ou le soulever par les poignets, car il risquerait une luxation du coude. C'est un traumatisme très douloureux, et votre enfant pleurera sur-le-champ. Vous remarquerez alors qu'il n'utilise plus le bras luxé. Un clinicien habile pourra néanmoins remettre l'articulation en place.

LE POINT DE VUE DU PÈRE

Soins quotidiens

Votre enfant aime participer aux repas de famille et goûte avec enthousiasme à la nourriture des adultes, ce qui signifie que vous pouvez maintenant cuisiner pour toute la famille. À cet âge, les réveils très matinaux peuvent être difficiles, mais il existe des moyens ingénieux de gagner une heure de sommeil supplémentaire.

Habitudes alimentaires

Les repas de famille sont profitables au développement social de votre bébé, qui s'intéresse à ce que vous mangez. Évitez donc de toujours le nourrir à part, même s'il vous est impossible de prendre votre propre repas en paix. Si ses heures de repas ne coïncident pas encore avec les vôtres, donnez-lui une collation ou un aliment à manger avec les doigts afin qu'il puisse se joindre à vous.

Les aliments que vous offrez à votre bébé maintenant conditionneront ses préférences alimentaires pour la vie. Si vous lui donnez des bonbons, des biscuits, des chips, du pain blanc et une alimentation toute prête, il est probable qu'il en redemandera en grandissant, alors que si vous lui proposez une alimentation saine, elle aura sa préférence toute sa vie. Vous ne le privez pas en ne lui donnant pas de chocolat, car il ne sait pas encore ce que c'est. Vous vous faciliterez la tâche en ayant vous-même une alimentation saine. Comme il souhaite vous imiter, c'est la meilleure façon de l'encourager à bien manger. Du pâté chinois, du poulet ou du poisson avec des légumes, du couscous, du riz, des pâtes, des produits laitiers (votre bébé a besoin de graisses dans son alimentation) ainsi

Menus typiques pour un bébé de neuf à douze mois

▷ **Au lever :** lait au biberon ou au sein.

▷ **Déjeuner :** céréales, lait/œufs brouillés, pain grillé/yogourt et fruits.

▷ **Collation de dix heures :** fromage/raisins secs ou gâteau de riz/petits sandwichs.

▷ **Dîner :** hoummos avec du pain et des légumes/pommes de terre avec du thon/tomates, concombres et morceaux de fromage avec des bouchées de pain.

▷ **Collation de trois heures :** fruits frais/yogourt/fromage frais.

▷ **Souper :** agneau et lentilles ou pommes de terre écrasées/ pâtes aux tomates et aux légumes/viande, poisson ou tofu avec des légumes et un glucide (pommes de terre ou riz).

Au coucher : lait au biberon ou au sein.

que des œufs bien cuits sont des aliments nourrissants que vous pouvez offrir à votre bébé. Ils seront préparés à la maison ou en pots. Veillez cependant à ce qu'ils ne contiennent ni sucre ni sel ajouté. Vous pouvez commencer à adapter vos repas familiaux pour votre bébé (ses aliments doivent encore être hachés ou écrasés). Attendez la fin de la cuisson pour ajouter du sel, de façon à pouvoir prélever un peu de nourriture sans assaisonnement pour lui. Vous pouvez en profiter pour habituer toute la famille à prendre de bonnes habitudes en mangeant sans sel.

Quelle quantité de nourriture doit-il manger ?

La quantité d'aliments solides ingérés par votre bébé dépend en grande partie du lait que vous lui offrez. Seule une certaine quantité de nourriture par jour lui est nécessaire, et s'il y parvient avec les tétées, il n'a plus faim pour les aliments solides. Une fois votre enfant accoutumé à manger aux heures des repas, diminuez progressivement le lait de sorte qu'il n'ait

plus qu'une tétée le matin et une le soir. Commencez avec de petites quantités de nourriture solide (deux cuillerées à soupe) afin qu'il ne se sente pas submergé – il peut toujours en avoir plus s'il le désire. Rappelez-vous que l'appétit de votre bébé peut diminuer à certains moments de la journée. Notre fille mangeait joyeusement au déjeuner et au souper, mais le dîner ne semblait pas du tout l'intéresser. Nous l'acceptions et nous poursuivions notre journée normalement. Elle a toujours mangé avec appétit quand elle en ressentait le besoin. Tant que votre bébé se développe bien et qu'il prend un poids suffisant, tout va bien.

Si vous vous inquiétez des habitudes alimentaires irrégulières de votre bébé, prenez connaissance de cette fameuse recherche du début du XXᵉ siècle dans laquelle les bébés étaient autorisés à choisir leurs propres aliments à partir de la sélection qui leur était proposée. Dans un premier temps, leurs apports quotidiens étaient très déséquilibrés, mais au bout de quelques mois, chaque enfant avait un régime nourrissant et tous se sont parfaitement développés. Offrez-lui donc une alimentation variée, laissez-le manger la quantité qu'il souhaite et ne vous inquiétez pas.

REPAS FAMILIAUX *Votre bébé peut commencer à manger la même nourriture que vous, mais veillez à ne pas ajouter de sel ou de sucre dans sa part.*

Votre bébé végétarien ou végétalien

Un régime végétarien ou végétalien (sans aucun produit d'origine animale tel que les produits laitiers) est sans conséquence pour un bébé, car le tofu et les légumes sont également sources de protéines. La plupart des produits laitiers peuvent être remplacés par du soja. Les bébés ont besoin de plus de protéines et de calcium qu'à tout autre âge de la vie. Ceci ne pose pas de problème pour les bébés végétariens, mais les enfants ne prenant pas du tout de lait doivent puiser du calcium dans les produits à base de soja, les légumes verts et les lentilles. Les réserves en fer risquent de commencer à s'épuiser dès l'âge de six mois. C'est pourquoi il est essentiel de leur donner des aliments qui en contiennent beaucoup. Sachez qu'un régime très sévère risque de mener à des carences, notamment chez les bébés. Si vous avez des doutes au sujet des besoins nutritionnels de votre bébé, demandez à votre médecin de vous adresser à un diététicien qui s'assurera alors que l'alimentation de votre enfant recèle tout ce dont il a besoin pour sa croissance.

Réveil matinal

JE SUIS RÉVEILLÉ *Il est possible qu'il dorme toute la nuit, mais qu'il souhaite commencer sa journée de bonne heure et de bonne humeur.*

Certains bébés ont tendance à se réveiller à l'aube et se montrent particulièrement impatients de commencer leur journée. Si votre bébé se réveille régulièrement aux aurores, efforcez-vous de le coucher plus tard ou de raccourcir ses siestes durant la journée – à neuf mois, il est peu probable qu'il dorme douze heures par nuit s'il a fait deux siestes de trois heures pendant la journée. L'utilisation de stores ou de rideaux peut se révéler utile l'été, mais si votre bébé est un lève-tôt, pensez à lui fournir quelques divertissements dans son lit. Des livres cartonnés, de petits jouets et sa poupée en chiffon favorite le tiendront occupé un peu plus tard. Un miroir pour bébés sans danger, que vous attacherez aux barreaux du lit, lui offrira quelqu'un à qui parler. S'il a l'esprit aventureux, veillez à ce que ces objets ne puissent pas être utilisés comme marchepied pour passer par-dessus les barreaux du lit. Il est préférable de laisser une veilleuse dans sa chambre – la lumière douce ne le dérangera pas du tout, et il lui sera ainsi possible de jouer s'il se réveille avant vous. Avec de la chance, il ne vous appellera pas avant une heure.

Voyager en toute sécurité

Votre bébé est probablement prêt à changer de siège d'auto. De plus, il est impératif que toute personne le transportant dans son véhicule ait un siège adapté à sa taille et parfaitement fixé. Les sièges d'auto sont conçus pour les enfants en fonction de leur poids, plutôt que de leur âge. C'est donc la croissance de votre bébé qui déterminera le besoin d'un nouveau siège. Au Québec, les sièges du groupe 1 sont portables et placés dos à la route. Ils sont conçus pour les bébés de la naissance à 13 kg environ. Les sièges du groupe 2 sont conçus pour les enfants de 9 kg à 18 kg. Ils se fixent dans votre voiture au moyen des ceintures de sécurité existantes ou à l'aide d'un kit de fixation. Ils sont dotés de leur propre harnais à cinq points à déclenchement instantané.

Comme pour tout équipement pour bébés, il existe un large éventail de styles et de prix, mais le point capital est que le siège s'adapte parfaitement à votre véhicule. Si vous utilisez un siège d'occasion, il est essentiel que vous connaissiez son histoire et que l'on vous fournisse le guide d'utilisation. Dans le cas contraire, il est possible que votre bébé ne soit pas protégé en cas d'accident. Veillez à ce que toute personne transportant votre bébé – grands-parents, gardiens, etc. – sache fixer correctement son siège d'auto.

Problèmes courants

▷ **Mon bébé a des bourrelets de graisse sur les bras et les jambes. Est-ce dû au fait qu'il mange trop ?**
Les bébés de cet âge sont naturellement potelés. Ils perdent généralement leur graisse au fur et à mesure de l'amélioration de leur mobilité. N'hésitez pas à en parler avec votre médecin. Si votre enfant prend plus de poids que prévu, c'est plus la nature de son alimentation que la quantité qui est en cause. Des calories provenant d'aliments tels que la viande maigre, le poisson, les légumes, les produits laitiers, les céréales et les fruits frais, plutôt que des biscuits et des boissons sucrées, lui sont indispensables. Tant que vous lui donnez une nourriture saine avec suffisamment de lait pour satisfaire son appétit, il est peu probable qu'il soit en surpoids.

▷ **Quelle quantité de lait doit boire mon bébé de onze mois ? Il réclame son biberon plusieurs fois par jour, puis refuse ses repas.**
En règle générale, les bébés de cet âge nourris au biberon ont besoin de 500 à 600 ml par jour. La plupart prennent encore un biberon au lever et au coucher. Il est possible que votre bébé utilise son biberon pour se réconforter. Dans ce cas, encouragez-le à adopter d'autres objets, tels qu'une doudou en tissu, son pouce ou un toutou en peluche. Après un an, il est préférable de ne plus donner de biberons à un enfant, car ils sont préjudiciables à sa dentition. Faites-le donc boire dans un gobelet muni d'un couvercle. Certains gobelets pour bébés sont dotés d'un bec conçu pour faciliter la transition avec les biberons. Vous pouvez lui donner du lait, de l'eau ou du jus de fruits bien dilué pendant les repas. Sachez tout de même que l'eau reste la meilleure boisson en dehors des repas. Si vous l'accoutumez à boire dans un gobelet dès maintenant, il sera plus facile de supprimer les biberons dans quelques semaines.

Soins de l'enfant plus âgé

Si vous reprenez le travail à la fin de la première année, la séparation sera peut-être difficile pour vous et votre bébé. Efforcez-vous de rester positive – vous avez vécu douze mois merveilleux ensemble et, bien que vous restiez toujours sa préférée, cette nouvelle expérience sera profitable à votre enfant.

Évitez de vous inquiéter ou de culpabiliser si vous devez retourner travailler. Tout se passera bien si votre enfant évolue dans un environnement accueillant, amical et stimulant. La recherche montre que les bébés dont les mères travaillent se développent parfaitement dans un environnement de qualité. À cet âge, il est souvent préférable de présenter à votre bébé la nouvelle gardienne et le nouvel environnement à l'avance, afin qu'il puisse s'y acclimater progressivement. Restez si possible pendant les deux premières visites, puis commencez à le laisser durant de brèves périodes. Rallongez progressivement la durée de

Garderie en milieu familial ou CPE

Lorsque vous avez trouvé un environnement satisfaisant, posez-vous les questions suivantes :

▷ Mon bébé sera-t-il en relation avec une éducatrice particulière ? Ce point est essentiel, car il a besoin de créer une relation de confiance avec la même personne à la garderie ou au CPE.

▷ Combien d'enfants et de nourrissons sont gardés par le service de garde et quels sont leurs âges ? Si vous fréquentez une garderie en milieu familial, le ratio conseillé de une éducatrice pour cinq enfants ou deux pour neuf est-il respecté ?

▷ Les bébés font-ils plusieurs activités extérieures, vont-ils au parc régional ? Et quelles sont les possibilités de jeu à l'intérieur ?

▷ Quel est le rythme quotidien des repas, des changements de couches, etc ?

▷ Quel type de nourriture est offert aux bébés ? Et assurez-vous, si vous fréquentez un centre subventionné, que les repas sont bien fournis par le CPE sans frais supplémentaire.

▷ Une des éducatrices de la garderie a-t-elle une formation officielle pour prodiguer les premiers soins ?

▷ Que se passe-t-il si mon bébé est malade ?

▷ Quels sont les frais supplémentaires si je viens chercher mon enfant en retard ?

▷ Les éducatrices vous remettent-elles un compte rendu de la journée ?

▷ Finalement, assurez-vous d'avoir un numéro de téléphone où il vous sera possible d'appeler à tout moment.

votre absence au fur et à mesure de sa familiarisation avec sa gardienne. Il est naturel pour un bébé de pleurer lorsque vous le confiez à quelqu'un d'autre. C'est l'anxiété de séparation (voir page 129) qui en est la cause. Le meilleur moyen de gérer ce problème est de lui dire au revoir et de le laisser vous regarder partir. Dans le cas contraire, il risque de ne plus vous faire confiance et de redouter à tout moment votre disparition, ce qui le rendrait encore plus anxieux et collant. Confiez-le à la gardienne, embrassez-le, dites-lui que vous allez revenir bientôt et partez. Si vous hésitez, la séparation n'en sera que plus douloureuse pour lui et pour vous.

Si vous êtes inquiète, téléphonez à la gardienne pour vous assurer que votre bébé va bien. La plupart des enfants s'adaptent bien, mais si son bouleversement perdure jour après jour, ou si votre enfant pleure pendant de longues périodes après votre départ, l'environnement ne lui convient peut-être pas. Si cette situation vous est inconfortable, parlez-en à la gardienne et si vous n'êtes toujours pas satisfaite, passez chez elle pour voir ce qui se passe – une bonne garderie ou un bon CPE n'y verra aucun inconvénient.

ADIEUX RAPIDES *Une transition rapide sera moins douloureuse pour vous et votre bébé.*

Problèmes courants

▷ **Ma mère garde souvent notre bébé et elle nous dit constamment ce que nous devrions faire avec lui. Comment puis-je gérer cette situation avec tact ?**

Votre mère essaie seulement de vous aider et elle pense peut-être vous rendre la vie plus facile en vous donnant son avis. Il convient d'en parler avec elle et de lui expliquer que vous souhaitez vous occuper de votre enfant à votre façon, mais que vous appréciez son aide et comprenez que sa relation avec son petit-enfant est importante. Prenez un point à propos duquel lui demander son avis. Elle se sentira ainsi valorisée et il est même possible qu'elle ait un point de vue intéressant.

▷ **Nous souhaiterions sortir plus, mais nous ne parvenons pas à trouver de gardienne. Que pouvons-nous faire ?**

Demandez à vos amis de vous en conseiller une ou rejoignez une association de gardiennes de votre quartier. Ne perdez pas de vue le fait qu'une gardienne jeune, même si elle est encadrée par ses parents et vous a été recommandée comme responsable, risque de ne pas être en mesure de faire face à une situation d'urgence. Il est conseillé de ne pas laisser un bébé à une gardienne de moins de 15 ans. Si vous avez des doutes concernant une gardienne, cherchez-en une autre.

QUESTIONS ET RÉPONSES

Vos jumeaux grandissent

Si vous avez deux bébés ou plus, vous commencez peut-être à émerger des problèmes d'allaitement, de changement de couches et de lavage. Le nouveau défi pour vous consiste à suivre vos bébés – souvent dans des directions opposées – quand ils commencent à acquérir une certaine mobilité.

SE FACILITER LA VIE

S'occuper de deux bébés au lieu d'un seul est, bien sûr, une tâche difficile. Mais l'avantage avec des jumeaux est qu'ils se tiennent compagnie et se réconfortent mutuellement. Vous pouvez donc sans problème les asseoir ensemble et les laisser vous regarder vaquer à vos occupations.

Prenez soin de vous et réduisez les tâches ménagères au minimum. Vous aurez ainsi plus de temps pour apprécier

DOUBLE DÉFI *Une poussette double est essentielle si vous avez des jumeaux, mais il vous faudra peut-être du temps pour maîtriser son maniement.*

cette étape délicieuse du développement de vos bébés.

Lorsque vos enfants commencent à se déplacer, un parc représente un investissement utile. Ils peuvent alors gigoter en toute sécurité pendant que vous répondez à la porte, rattrapez votre retard dans vos tâches administratives ou prenez une tasse de café en lisant le journal.

L'épicerie peut se révéler spécialement stressante avec des jumeaux. Si vous avez un ordinateur, facilitez-vous la vie en commandant votre épicerie en ligne.

LA COMMUNICATION AVEC VOS BÉBÉS

Chacun de vos bébés appréciera de passer du temps en tête à tête avec vous et votre partenaire. Efforcez-vous donc de réserver quelques instants à cette fin, même s'il ne s'agit que de changer les couches d'un enfant pendant que votre partenaire s'occupe de l'autre. Si vous partagez les soins de vos bébés avec votre partenaire, tâchez de passer un temps équivalent avec chacun d'eux, de façon à développer une bonne relation avec les deux.

Chez les jumeaux, le langage est généralement plus tardif que chez les bébés uniques. Ceci peut être dû au fait que les jumeaux naissent souvent prématuré-

ment. Ils souffrent donc du même retard de développement que tous les bébés prématurés. De plus, les parents ont moins de temps pour communiquer avec chaque enfant individuellement, ce qui peut expliquer pourquoi les babillements et les premiers mots arrivent plus tardivement. Un autre facteur est la proximité entre les deux bébés. Ils sont ainsi moins motivés que les bébés uniques pour communiquer avec l'adulte et développer leurs facultés langagières. Certains jumeaux développent même leur propre langage, qu'eux seuls comprennent. À cet âge, ne vous inquiétez pas si vos bébés se montrent plus lents à vocaliser qu'un enfant unique, mais si à leur premier anniversaire vous remarquez qu'ils conservent un gros retard sur les autres bébés du même âge (s'ils ne babillent pas encore, par exemple), parlez-en avec votre médecin qui pourra alors vous donner quelques stratégies pour les stimuler.

S'ORGANISER

Il est évident que répondre aux besoins de deux individus différents prend du temps, mais une bonne organisation vous aidera à gérer la situation. Si vous allaitez et couchez vos bébés en même temps, il vous sera plus facile d'organiser vos journées, alors que s'ils ont des rythmes totalement différents, les choses risquent rapidement de devenir ingérables.

Que vos bébés soient alimentés au sein, au biberon ou les deux, essayez de les nourrir simultanément, car vous aurez ainsi plus de chance qu'ils dorment au même moment.

La recherche a montré que des jumeaux partageant le même lit adoptent plus facilement le même rythme de sommeil et d'alimentation que ceux ayant des lits distincts. Cela étant, avec l'amélioration de la mobilité de vos bébés, vous déciderez peut-être de les placer dans les lits séparés, en particulier s'ils ont le sommeil léger.

Il convient de faire l'effort de sortir avec vos jumeaux. Un peu d'air frais et un changement de décor seront profitables pour tout le monde. Et lorsque vous vous sentirez à l'aise pour sortir vos bébés, inscrivez-vous à une association locale où vous rencontrerez d'autres mères (voir p. 312).

OBTENIR DU SOUTIEN

Si vous n'avez pas encore entrepris la démarche – vous n'en avez peut-être pas encore eu le temps ! –, pensez à rejoindre une association pour parents de jumeaux (voir page 312). Si vous n'en connaissez pas, votre médecin pourra vous aider. Certaines associations offrent un soutien et un avis en ligne ou au téléphone. Savoir que vous pouvez parler de tous les problèmes liés à l'éducation de jumeaux avec des parents dans la même situation que vous est essentiel.

DU TEMPS POUR LE COUPLE

De même que pour les parents de bébés uniques, la relation avec votre partenaire a besoin d'être nourrie et il est essentiel que vous puissiez sortir ensemble, même si ce n'est qu'un bref moment.

Il est maintenant temps de profiter de toutes ces offres d'aide – vous pourrez peut-être envisager de recourir aux deux grands-parents ou à deux amis à la fois pour gérer vos jumeaux en bas âge. Organiser cette garde (régulièrement si possible) vous permettra de prendre du temps pour souffler, vous occuper de vous et vous détendre avec votre partenaire.

COPAINS *Contrairement aux bébés uniques qui ont toujours tendance à jouer seuls à cet âge, les jumeaux sont habitués à être ensemble et il est possible qu'ils communiquent plus tôt entre eux.*

LA DEUXIÈME ANNÉE

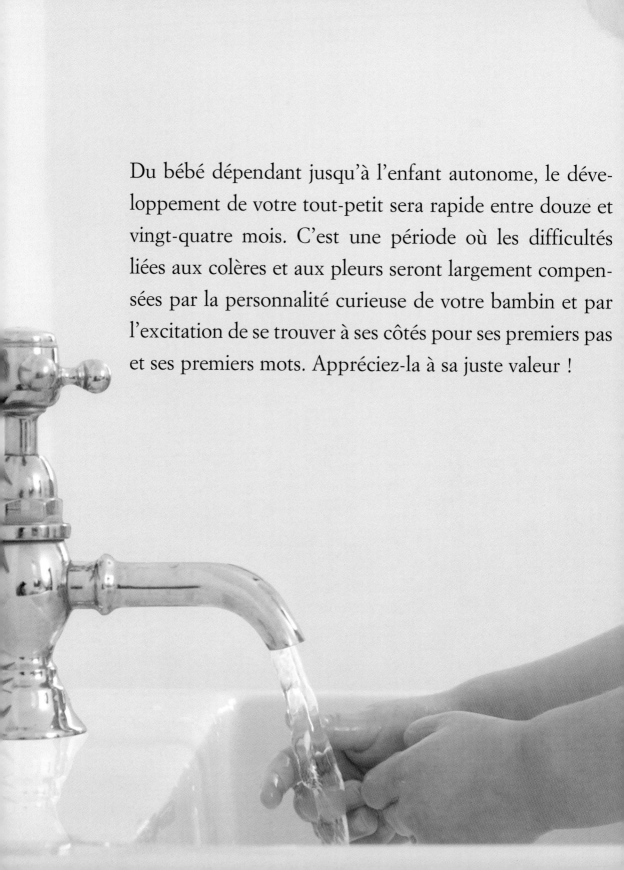

Du bébé dépendant jusqu'à l'enfant autonome, le déve-loppement de votre tout-petit sera rapide entre douze et vingt-quatre mois. C'est une période où les difficultés liées aux colères et aux pleurs seront largement compen-sées par la personnalité curieuse de votre bambin et par l'excitation de se trouver à ses côtés pour ses premiers pas et ses premiers mots. Appréciez-la à sa juste valeur !

Table
des matières

VOTRE JEUNE ENFANT

« Votre enfant commence à marcher et son énergie sans bornes vous stupéfie. »

ÉPOQUE DU JEU VOUS DEVREZ OFFRIR À VOTRE BAMBIN DE L'ESPACE POUR SE DÉPENSER. FRÉQUENTEZ DONC LES PARCS ET LES JARDINS AUSSI SOUVENT QUE POSSIBLE

QU'EST-CE QUE C'EST ? VOTRE ENFANT COMMENCE À PRONONCER SES PREMIERS MOTS ET À MONTRER DU DOIGT LES OBJETS QU'IL RECONNAÎT

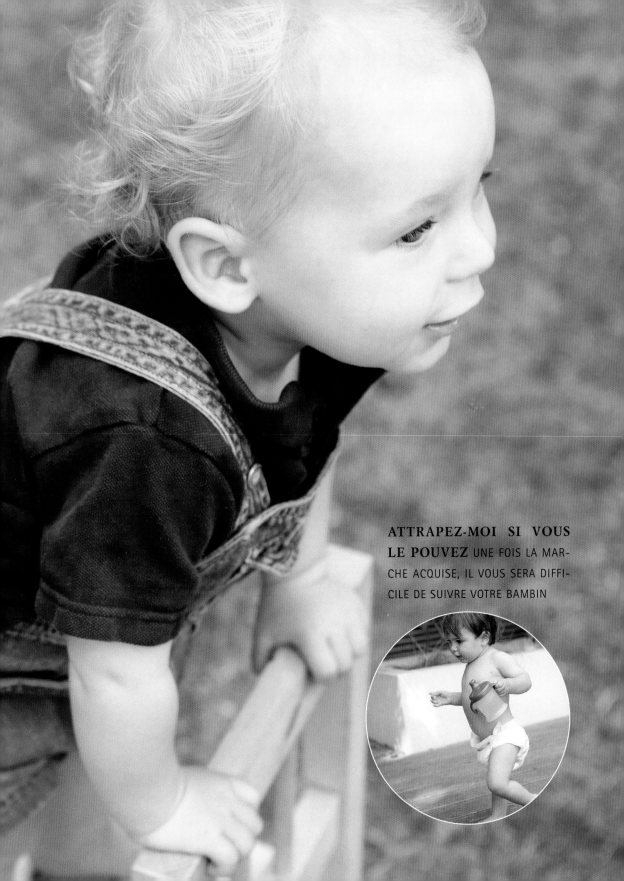

ATTRAPEZ-MOI SI VOUS LE POUVEZ UNE FOIS LA MARCHE ACQUISE, IL VOUS SERA DIFFICILE DE SUIVRE VOTRE BAMBIN

La deuxième année

Arrivé à son premier anniversaire, votre enfant se mêle de tout et se transforme en moulin à paroles. À quatorze mois, vous comprendrez peut-être un mot ou deux, mais il communiquera principalement par le ton de sa voix, les expressions faciales, le langage du corps et les gestes.

Facultés physiques

Les premiers pas de votre bébé représentent une étape capitale de son développement et doivent être célébrés en tant que tels, même s'il s'agit plus d'un dandinement. Les jambes écartées, il place timidement un pied devant l'autre, ce qui lui octroie une démarche assez raide. Il lui faudra encore quelque temps avant d'acquérir une démarche fluide avec une action talon-orteils. Il commence aussi à escalader les objets, d'où la nécessité de barrières, et grimpe sur le sofa. Dans un premier temps, il lui est impossible d'en redescendre seul et appelle à l'aide, mais vous pouvez lui montrer comment se retourner sur le ventre et poser les pieds sur le sol en toute sécurité. C'est pour lui un bon moyen d'apprendre à descendre les marches. Continuez néanmoins à le surveiller, car la maîtrise de cette pratique demande du temps.

Lorsque votre enfant commence à marcher seul, il améliore progressivement ses capacités d'arrêt et de démarrage et il parvient à s'accroupir pour observer quelque chose d'intéressant sur le sol. Un certain temps lui sera encore nécessaire pour être en mesure de porter un objet tout en marchant, mais une fois vraiment sûr de lui, il pourra tirer un jouet sur roulettes avec une ficelle. Vous ne devez cependant pas vous inquiéter si votre enfant est toujours fermement assis sur le sol. Toutes les acquisitions développementales se font approximativement dans le même ordre, mais à des moments différents en fonction des individus. Pour certains enfants, quelques mois seront encore indispensables pour maîtriser le principe de la marche. Si votre bébé ne parvient pas à se hisser debout à l'âge de quatorze mois, parlez-en à votre médecin, car il existe peut-être une raison – bien que la cause la plus probable soit généralement qu'il n'est pas encore prêt ou intéressé.

À douze mois, il n'est pas capable de s'habiller seul, mais il peut retirer certains de ses vêtements, tels que les chaussettes. C'est un jeu qu'il trouve probablement très amusant s'il vous exaspère. Aidez-le à les renfiler, puis tâchez de détourner son attention.

UN COUP DE MAIN *Votre bébé aura besoin de votre aide pour apprendre à marcher. Préparez-vous à ce qu'il fasse de nombreuses chutes – elles font partie du processus d'apprentissage.*

Son niveau de compréhension

Les bébés de cet âge comprennent beaucoup plus de choses qu'ils ne sont capables d'en dire, et ils répondent par des babillements qui offrent toutes les inflexions et cadences du discours « correct ». Les jeux de bavardage et de communication auxquels vous vous êtes livrée avec votre bébé depuis sa naissance lui ont permis d'améliorer sa compréhension. Il est maintenant capable de suivre des instructions verbales et de répondre à sa façon à des questions simples telles que « Va chercher ton manteau », « Où est ton toutou ? » ou « As-tu soif ? » Il sait également désigner du doigt des parties du corps humain et vous pouvez améliorer sa compréhension en lui parlant pendant que vous l'habillez – dites-lui, par exemple, « Où est ta main ? » en lui enfilant son manteau, puis « La voici ! » Vous pouvez aussi lui demander de montrer du doigt les yeux de son ours en peluche, votre nez ou une image d'un bébé dans son livre.

Tous les bébés utilisent dans une certaine mesure la langue des signes quand ils font des gestes, montrent du doigt et tapent des mains. Mais si vous avez enseigné à votre enfant des signes spécifiques pour désigner certaines choses (voir page 133), il commence à les utiliser à bon escient. Il peut ainsi vous faire savoir s'il a faim ou est fatigué, ce qui, en théorie tout au moins, évite quelques séances de pleurs de frustration, qui sont courantes à cet âge.

À l'âge de la marche

Votre bébé a atteint un stade où il n'apprend pas seulement à marcher et à parler, mais où sa perception du monde évolue. Jusqu'à présent, il n'avait que très peu de contrôle sur son environnement. De plus, son manque de compréhension et d'habileté le rendait totalement dépendant de vous. Vous découvrez maintenant en lui une nouvelle volonté d'indépendance. C'est une évolution excitante, même si son désir de faire les choses seul dépasse souvent ses compétences.

Votre enfant ne traverse peut-être pas encore la phase de sautes d'humeur qui caractérise ce stade de développement (pour certains, les colères commencent à un an alors que, pour d'autres, elles débutent à deux ans ou plus), mais quand elle arrivera, elle constituera un bon entraînement pour l'adolescence. Pourquoi votre charmant bambin se met-il à hurler d'un instant à l'autre ? Le problème pour les enfants de cet âge (et pour vous) est que leur compréhension et leur désir d'autonomie excèdent de loin leurs possibilités du moment. La frustration s'installe donc très facilement. L'expérimentation et la frustration représentent des éléments essentiels du processus d'apprentissage. Il est important de permettre à votre bébé de chercher à comprendre par lui-même au lieu de toujours lui venir en aide. Il existe des périodes où se tenir en retrait provoquera autant de larmes qu'un interventionnisme excessif. La difficulté consiste alors à doser votre aide afin qu'il franchisse l'étape qui lui pose problème. Par exemple, s'il essaie de tourner sans succès les pages de son livre et qu'il se mette à pleurnicher, soulevez-les légèrement pour lui, puis laissez-le les tourner par lui-même. C'est un dosage savant et ne vous inquiétez pas si vous avez quelquefois l'impression que vous n'y parviendrez pas. C'est un sentiment partagé par tous les parents, qui réapparaît souvent lorsque l'enfant grandit.

Me, moi, je

Durant sa première année, votre bébé se percevait comme faisant partie de vous. Aux alentours de sept mois, ce sentiment évolue avec le développement de l'anxiété de séparation. Mais au cours de la deuxième année, ces sentiments deviennent plus complexes et l'enfant commence à comprendre qu'il est un individu à part entière. C'est un concept très difficile à saisir, et probablement très déstabilisant pour votre tout-petit. Comprendre que vous et lui êtes des personnes différentes entraîne un changement profond dans son mode de vie et de pensée. Les incertitudes et les confusions résultantes expliquent en grande partie ses colères. Lorsque cette nouvelle perception de sa personne émerge, il doit découvrir de quoi il est capable et de quelle façon ses actions vous affectent. Il commence donc à tester vos limites. S'il lance son bol de lait sur le sol et que vous le grondiez, il recommencera probablement en vous observant du coin de l'œil pour voir ce qui se passe.

PRISE DE RISQUES *Lorsque votre bambin découvre ce dont il est capable, il devient plus aventureux. Bien qu'une surveillance soit encore nécessaire, il est essentiel que vous preniez de la distance pour le laisser faire ses propres expériences.*

« J'ai vite réalisé que mon fils n'était pas méchant. Il essayait juste de faire ce dont les tout-petits ont besoin pour progresser. »

Souvenez-vous que le but de votre enfant n'est pas de se montrer méchant – il apprend simplement la relation de cause à effet, l'action et la réaction. Il fait ses propres expériences. En comprenant cela, vous trouverez plus facile de garder votre calme et de réagir en détournant son attention, plutôt qu'en vous mettant en colère. Quand il laisse son bol sur le plateau de sa chaise haute au lieu de le lancer, félicitez-le.

À ce stade, il n'a pas encore assez de mémoire pour se souvenir de vos interdits et sa curiosité instinctive le conduit invariablement vers des situations périlleuses. Mais si vous utilisez un renforcement positif, tel que des félicitations et des câlins, pour le comportement que vous souhaitez encourager et ignorez le comportement indésirable, votre bambin comprendra rapidement comment vous souhaitez qu'il se comporte.

CE N'EST PAS JUSTE *Les larmes de frustration reviendront régulièrement lorsque votre tout-petit commencera à apprendre les leçons importantes de la vie – les choses ne peuvent pas toujours se passer à sa façon.*

Détourner son attention

Vous pouvez minimiser les colères (de votre part et de la sienne) en exploitant le fait qu'il est toujours assez facile de le distraire au début de la première année. Au lieu de dire « Non » quand il souhaite regarder de nouveau son DVD, amenez-lui son jeu favori. Au lieu de lui interdire de vider votre sac à main, donnez-lui-en un avec lequel il peut jouer ou demandez-lui de vous aider à vider la sécheuse – et félicitez-le pour sa contribution. Vous apprécierez ainsi beaucoup plus sa compagnie et lui la vôtre.

Partage

Votre bébé découvre la notion de possession. Alors que le mois dernier il partageait encore volontiers ses jouets, sa nourriture et même ses parents, il se montre aujourd'hui beaucoup moins enthousiaste. Ne vous inquiétez pas de ce comportement. Il ne devient pas égoïste pour autant. Il s'agit simplement d'une étape supplémentaire qu'il doit traverser pour comprendre son environnement et se situer dans celui-ci. Alors qu'il commence à se définir en tant qu'individu distinct, il devient immanquablement possessif envers ses jouets. Il lui faudra encore une étape pour comprendre que devoir les partager ne présente pas de risque.

Vous l'y aiderez en continuant à fréquenter un centre des loisirs ou une association, où il pourra rencontrer d'autres enfants d'âges divers et découvrir différents types de jouets qui sont ici pour tout le monde. Il s'agit d'un excellent moyen d'aider votre enfant à comprendre le concept de partage.

Pourquoi les fessées ne fonctionnent pas ?

Le comportement de votre enfant vous mettra quelquefois en échec et vous pourrez envisager de lui donner la fessée pour « lui donner une leçon ». Avant de prendre cette décision, réfléchissez à ce que vous allez lui enseigner. Si vous le fessez parce qu'il ne se comporte pas comme vous le souhaitez, vous lui apprenez qu'il convient de frapper quelqu'un dont le comportement ne vous satisfait pas. Dans ce cas, ne soyez pas surprise s'il frappe un autre enfant qui emprunte son jouet ou l'irrite.

À cet âge, votre bébé ne distingue pas un bon comportement d'un mauvais. Il est donc incapable d'apprendre quoi que ce soit d'un châtiment corporel. Lorsqu'il vieillira, les punitions physiques ne lui enseigneront rien d'utile non plus – et s'il se comporte bien (tant que vous vous trouvez à proximité), ce sera pour éviter une claque plutôt que pour se montrer véritablement « gentil ».

Si vous lui donnez la fessée parce qu'il vous a fait mal, afin qu'il constate la sensation produite, il ne fera aucun lien entre les deux incidents : il est bien trop jeune pour comprendre vos sentiments ou vos motivations et il se montrera simplement bouleversé parce que vous l'avez frappé. Certains parents prétendent qu'un enfant doit être frappé dans certaines conditions, pour l'avertir du danger. Si vous êtes suffisamment proche pour fesser votre enfant quand il essaie de toucher à la cuisinière, vous l'êtes également assez pour l'en écarter avec un « Non » ferme.

COMPORTEMENT VIOLENT

De nombreuses personnes qui frappent régulièrement leur enfant affirment que c'est la seule chose qui fonctionne et qu'une petite fessée ne fait pas de mal. Il s'agit néanmoins d'une forme de violence et les enfants ainsi frappés risquent de devenir agressifs en grandissant. Réfléchissez bien à ceci : si la violence est inacceptable dans l'univers adulte (que diriez-vous si votre patron vous frappait pour avoir fait une erreur à votre travail ?), pourquoi serait-elle plus appropriée pour les bébés et les enfants qui sont les membres les plus vulnérables de la société ?

Frapper un tout-petit constitue également une porte ouverte à toutes sortes de dérives lorsque l'enfant grandit et devient plus rebelle. Si vous le fessez et qu'il vous regarde simplement d'un air de défi, vous risquez alors de le frapper plus fort la prochaine fois pour obtenir une réponse. Stop ! Vous risquez ainsi de blesser sérieusement un bébé ou un enfant.

Si vous perdez votre calme et fessez votre enfant sous l'effet de la colère, tâchez de ne pas vous montrer trop dure envers vous-même. L'erreur est humaine. Quand il s'agit d'un geste impulsif, la plupart des parents se sentent terriblement coupables. S'il vous arrive de fesser votre enfant, prenez-le dans vos bras et excusez-vous auprès de lui – après tout, quand il grandira, vous attendrez de lui qu'il s'excuse après avoir commis une erreur.

Si vous êtes tellement exaspéré, il est souvent préférable de quitter la pièce pour vous calmer.

GESTION ADROITE *Le fait de se placer au niveau de l'enfant pour le calmer est beaucoup plus efficace que les claques.*

La sécurité

Avec l'amélioration de ses capacités physiques, votre enfant risque de se mettre dans des situations périlleuses. Si vous avez déjà sécurisé votre habitation pour le bébé qu'il était, il convient de revoir la sécurité de votre maison et de votre jardin au fur et à mesure du développement de ses facultés physiques et de sa mobilité.

VOTRE BAMBIN INQUISITEUR

Bien qu'il soit impératif de protéger votre enfant, il n'est pas souhaitable de transformer votre habitation en un environnement stérile. Avec des zones de jeux sécurisées, il sera moins tenté de se rendre dans des endroits inappropriés pour lui. La salle de bain reste néanmoins une pièce très attirante et votre bambin ne verra aucun inconvénient à jouer avec l'eau des toilettes. S'il est difficile de l'en éloigner, vous pouvez acheter un simple verrou pour l'empêcher de soulever l'abattant. Si vous craignez que votre enfant ne verrouille la porte de la salle de bain de l'intérieur, vous pouvez soit déplacer la serrure de sorte qu'elle soit trop haute pour qu'il puisse l'atteindre ou en installer une qui s'ouvre de l'extérieur. Lorsque mon fils aîné était encore enfant, il a réussi à s'enfermer dans la salle de bain pendant que l'eau était en train de couler dans la baignoire. J'étais terriblement inquiète, mais fort heureusement sa sœur ainée lui a expliqué calmement comment déverrouiller la porte. Je tremble encore à l'idée de ce qui aurait pu se passer si elle n'avait pas été là et j'ai probablement pris à ce moment-là une leçon de vigilance !

ACTIVITÉS DE PLEIN AIR

Veillez à utiliser la ceinture de la poussette, car votre enfant peut facilement

PETITS DOIGTS *La curiosité est naturelle chez les enfants de cet âge. Créez donc un environnement intérieur et extérieur qu'il pourra explorer en toute sécurité.*

Dans le jardin

▷ Mettre hors de portée de votre bébé les substances chimiques, les poisons et les outils.

▷ Si vous avez une piscine, clôturez-la ou couvrez-la avec une grille qui supportera le poids de l'enfant. La clôture doit être conçue de telle sorte que votre enfant ne puisse pas l'escalader ou passer par-dessous et le portail doit être verrouillé.

▷ Videz les pataugeoires, les piscines gonflables, les seaux et autres récipients en les retournant après usage.

▷ Prenez garde aux petits objets présentant un risque d'étouffement, comme les cailloux.

▷ Taillez les arbustes à baies de sorte qu'elles soient hors de portée ou envisagez même de les arracher. Recherchez les plantes toxiques dans votre jardin.

▷ Ne laissez pas votre enfant approcher des outils électriques et veillez à disposer les câbles de telle sorte qu'il ne puisse pas s'y prendre les pieds.

▷ Réduisez son accès aux marches abruptes.

▷ Retirez toute déjection canine ou féline. Dissuadez votre bébé de jouer avec la terre et, s'il possède un bac à sable, couvrez-le quand il n'est pas utilisé.

tomber s'il n'est pas maintenu. Assurez-vous que le siège d'auto de votre bébé est de la bonne taille. Il aura besoin d'un siège du groupe 1 (voir page 163) et, s'il est habile, c'est à ce stade que les problèmes risquent de commencer. Ce type de siège possède un harnais à cinq points, mais pour des raisons de sécurité, il doit être muni d'un dispositif de déverrouillage rapide. Lorsque votre bébé aura compris comment appuyer sur le bouton, il est possible qu'il répète l'opération inlassablement. Tout ce que vous pouvez faire est de vous garer et de l'attacher de nouveau, car rouler non protégé peut être fatal.

La tentation peut être grande de prendre le bébé sur vos genoux et de l'attacher avec vous au moyen de votre ceinture de sécurité, notamment pour des trajets de courte durée. Ne tentez pas l'expérience. Imaginez une situation où vous roulez à 90 km/h et où la voiture freine brusquement. Si vous tenez votre bébé sur vos genoux, son poids sera démultiplié. Il risque alors d'être arraché de vos bras et de venir heurter le siège avant ou même le pare-brise. S'il est maintenu à l'intérieur de votre ceinture de sécurité, votre poids l'écrasera purement et simplement contre celle-ci.

CHEZ LES AUTRES

Si vous emmenez votre bébé en visite dans des habitations sans enfant, méfiez-vous des dangers tels que les

escaliers, les angles vifs et les meubles bancals. Recherchez également les objets dangereux. Les maisons avec des enfants un peu plus âgés sont aussi hasardeuses, car il est probable que le salon regorge d'objets avec lesquels il risque de s'étouffer, tels que des billes et des morceaux de Lego.

LES ANIMAUX FAMILIERS

Même si votre chien est gentil et tolérant, ne prenez jamais le risque d'autoriser votre enfant à grimper dessus ou à le

déranger, car il risquerait alors de mordre. Montrez-vous toujours prudente avec les chiens des autres : demandez au propriétaire s'il vous est possible de vous en approcher avec votre enfant et soyez vigilante, car les animaux peuvent être imprévisibles. Il est important de savoir que les chiens sont des animaux de meute où il existe une hiérarchie. Votre enfant peut être considéré comme l'élément le plus bas de la hiérarchie et risque d'être remis à sa place par une petite morsure, ou pire.

EXPLORATEUR INTRÉPIDE *Il aimera escalader les escaliers. Encouragez-le tout en le surveillant attentivement et enseignez-lui des moyens sûrs de monter et de descendre les marches.*

Jeux et jouets adaptés aux tout-petits

Au cours de cette période, votre bébé participe plus activement à vos jeux. Il est plus susceptible de vous tendre un jouet et de prendre celui que vous lui proposez. Les jeux d'action et les chansons sont toujours bien accueillis et il lui est maintenant possible de taper dans ses mains au rythme de la musique et d'effectuer certaines actions sans aide.

JEUX INTERACTIFS *Il devient plus adroit pour manipuler et utiliser ses jouets. Il est probable qu'un téléphone factice devienne son jouet favori.*

Votre bambin lance, pousse et escalade toujours les objets, mais il lui arrive également de s'asseoir quelques minutes, absorbé par un livre ou un jeu. Comme il a probablement reçu de nombreux jouets pour son anniversaire, mettez-en un certain nombre de côté et présentez-les-lui progressivement dans les semaines et les mois à venir.

À douze mois, votre enfant est toujours en mouvement, et l'activité qu'il apprécie le plus est l'investigation. Restez donc vigilante, car il ne fait pas la différence entre ses jouets et les autres objets. Il peut se montrer aussi intéressé par le papier d'emballage de ses cadeaux d'anniversaire que par le jouet le plus séduisant caché à l'intérieur, et les objets du quotidien se transforment en jouets tout aussi fascinants – boîtes, cuillers, clés et téléphones sont quelques-uns des objets qui attirent irrésistiblement les bébés. Il se montrera également enthousiaste pour vous « aider ». À votre retour de l'épicerie, laissez-le donc sortir les légumes de votre panier ou placer les paquets de pâtes dans le placard. Restez cependant vigilante en matière de sécurité et ne l'autorisez pas à jouer avec des objets cassables, lourds ou suffisamment petits pour qu'ils présentent un risque de blessure ou d'étouffement. Ne lui proposez pas des pièces de jeux, car elles peuvent se révéler dangereuses, quelle que soit leur apparente innocuité.

Les jouets susceptibles d'attirer votre enfant à ce stade sont les suivants :

■ **Porteurs :** une voiture sur laquelle il peut s'asseoir et se propulser avec ses pieds sera son jouet favori. Ces produits disposent quelquefois d'une poignée arrière pour les pousser, ainsi qu'un siège qui se soulève autorisant le rangement d'objets à l'intérieur.

■ **Toutous :** votre bébé peut maintenant s'attacher à un toutou particulier qui sera parfait pour ses jeux (voir page 223).

■ **Jeux de construction :** un ensemble de blocs mous à assembler, ou un système de pièces à emboîter, permettront de stimuler son développement.

■ **Récipients :** placez des jouets intéressants et sûrs à l'intérieur et assurez-vous qu'il possède un couvercle facile à retirer.

Jeux salissants

Il y a des chances pour que votre enfant joue avec la nourriture. Il prendra beaucoup de plaisir à explorer de nouvelles textures. Autorisez-le à remplir un bol avec du Jell-o ou des Corn-Flakes et laissez-le écraser et faire crisser le contenu avec ses doigts.

Vers douze à quatorze mois, votre tout-petit appréciera sa première rencontre avec les crayons et la peinture. Veillez à ce que le matériel utilisé ne soit pas toxique. De gros crayons à la cire seront plus faciles à manipuler, car il ne les contrôle pas encore très bien (la plupart des bébés de cet âge les tiennent avec leur poing et ne développeront pas de prise mature avant trois ans). Il s'en tirera probablement mieux avec une grande feuille de papier immobilisée sur la table ou au sol à l'aide de ruban adhésif. Laissez-le tout d'abord vous observer dessiner, puis voyez s'il se surprend en faisant à son tour des marques sur le papier.

S'il aime les crayons et que vous ayez du courage, procurez-lui de la peinture pour enfants et laissez-le faire ses expériences, soit avec un gros pinceau soit avec les doigts. La prochaine étape sera de l'amener à mettre son pied ou sa main dans la peinture pour faire des empreintes sur le papier. Découpez ensuite la plus réussie, et vous avez une carte postale artisanale parfaite pour grand-maman. Il est préférable de faire couler un bain avant de commencer pour éviter les piétinements de votre bambin couvert de peinture une fois l'activité terminée. Ses nouvelles capacités n'excluent pas le bon sens. Pensez à ranger les crayons hors de sa portée si vous ne voulez pas que vos murs et que votre mobilier fassent les frais de ses talents artistiques.

J'AI DES ROUES *Il apprécie le mouvement, et les jouets porteurs facilitent considérablement les choses.*

SENS ARTISTIQUE *Offrez-lui du papier et de gros crayons pour encourager sa créativité.*

LE GOÛTER *L'estomac de votre enfant est encore très petit et nécessite des apports alimentaires réguliers. Il est donc indispensable de lui proposer des collations saines.*

Soins quotidiens

Votre bambin devient de plus en plus têtu et l'exprime aux repas quand il ne veut pas manger ce que vous lui proposez, ou lors du changement des couches quand il refuse de rester tranquille. Vous devez vous montrer ferme pour les soins quotidiens, mais n'oubliez pas qu'il est normal pour lui de tester vos limites.

Que doit manger votre enfant ?

Même si votre enfant a toujours mangé avec plaisir tout ce que vous lui avez proposé jusqu'à présent, vous constatez peut-être qu'il devient un peu plus sélectif. S'il choisit de ne pas manger un aliment que vous lui donnez, continuez à le lui offrir sans faire d'histoire, car les bébés ont besoin de temps pour s'adapter aux nouveaux goûts. Tant qu'il ne refuse pas un groupe complet de légumes, vous pouvez lui offrir une alimentation saine et variée sans le forcer à manger ce qu'il n'aime pas. Si votre enfant mangeait bien jusqu'à présent et s'il devient difficile, n'oubliez pas que sauter un repas, ou même plusieurs, n'aura aucune incidence sur sa santé. Il mangera quand il aura faim. S'il ne mange pas ce que vous lui donnez, retirez la nourriture après dix minutes environ et sortez-le de table. En évitant d'accorder une importance excessive à l'alimentation, vous empêcherez votre bambin de s'en servir d'arme contre vous.

Si vous êtes inquiète car votre enfant a tendance à grignoter, dressez une liste de tout ce qu'il mange et boit pendant quinze jours. Vous constaterez probablement qu'il mange plus que vous ne le pensez. Continuez à lui proposer de petits repas équilibrés et des collations saines avec des fruits, du fromage ou des galettes de riz soufflé et résistez à la tentation de lui offrir des cochonneries « juste pour qu'il mange quelque chose ». Si vous lui proposez des biscuits et des bonbons pour l'encourager à manger, vous lui enseignez comment obtenir ces aliments de vous. Il risque ainsi de ne plus vouloir manger que ceux-ci.

Il peut être tentant de proposer des chips et autres grignotines savoureuses, car c'est une nourriture facile que votre enfant mangera sans difficulté pendant que vous vaquez à vos occupations. Mais, sauf en de rares occasions, il est préférable de les éviter car ils sont riches en sel et en graisse et n'ont aucune valeur nutritionnelle.

Je dois confesser ici que mes deux plus jeunes enfants n'acceptent qu'une petite sélection d'aliments. Ils mangent néanmoins sainement, grandissent bien, ne souffrent pas de surpoids et disposent de tous les nutriments dont ils ont besoin. Nous sommes donc tout à fait rassurés sur ce point. La règle est cependant que s'ils ne mangent pas ce qui est proposé, ils n'ont pas d'autre choix.

Lait et sevrage

Si vous allaitez toujours avec plaisir votre enfant au sein, il n'y a aucune raison d'arrêter, mais de nombreuses mères sèvrent leurs bébés à cette période. Les enfants peuvent boire du lait de vache à partir de douze mois. Il est conseillé de leur donner du lait homogénéisé jusqu'à deux ans. Après cette période, vous pouvez si vous le souhaitez passer au lait 2 %.

Si votre bébé ne montre pas de signe de lassitude du sein, mais si vous sentez qu'il est temps de le sevrer, veillez à assurer une transition en douceur. Diminuez progressivement les tétées de la journée en lui proposant du lait dans une tasse. Tentez de détourner son attention s'il réclame le sein. Cette étape risque cependant de se révéler relativement difficile s'il est vraiment déterminé. Vous devez néanmoins persévérer. Une fois votre enfant désaccoutumé du sein durant la journée, vous pouvez remplacer sa tétée matinale par une tasse de lait. Il ne protestera probablement pas trop, car il a beaucoup d'énergie à dépenser à cette période de la journée et souhaite s'occuper. L'arrêt de la tétée du soir risque cependant de poser plus de problèmes, car c'est un rituel apaisant pour vous deux. Pour l'aider à surmonter cette étape, prodiguez-lui de nombreux câlins afin de conserver l'intimité qu'offrait l'allaitement au sein.

PASSAGE AUX TASSES

Dès son premier anniversaire, votre enfant doit boire son lait dans des tasses et non plus au biberon.

Soins de votre enfant

En grandissant, votre enfant essaiera tôt ou tard de résister lorsque vous le laverez, l'habillerez et changerez ses couches. Bien que ce comportement puisse être agaçant si vous êtes pressée, souvenez-vous qu'il ne vise pas à vous ennuyer délibérément. Faire les choses par lui-même et tester ses nouvelles capacités font partie de son développement normal. Pour qu'il reste maître de la situation sans trop de larmes,

Problèmes d'alimentation

▷ **Mon bambin de treize mois jette systématiquement son assiette sur le sol quand il en a assez. Comment puis-je mettre fin à ce comportement ?**

En premier lieu, pensez à la façon dont vous devez réagir quand il se comporte ainsi. Les enfants de cet âge font tomber et lancent des objets, puis ce comportement disparaît spontanément. Mais si votre bébé constate entretemps qu'il obtient une réaction intéressante de votre part, il continuera. Bien que cela semble difficile, le meilleur moyen est de l'ignorer. S'il a terminé son repas, essuyez-lui les mains et le visage et mettez-le par terre. Il sera peut-être plus facile de lui donner des aliments à manger avec les doigts sur le plateau de sa chaise haute que dans une assiette. S'il les y repose, félicitez-le et il comprendra vite que, en ne jetant pas sa nourriture, il obtient une attention positive de votre part.

▷ **Mon bébé a douze mois et, depuis que j'ai arrêté les biberons, il ne prend plus de lait. J'ai essayé de lui donner du lait de vache dans son gobelet, mais il n'en veut pas. Que dois-je faire ?**

Ne vous inquiétez pas trop au sujet du lait. Il puisera du calcium et des vitamines dans le fromage et les yogourts, aliments qui seront alors incorporés à ses repas. Vous pouvez aussi lui donner des produits à base de soja qui compenseront un grand nombre de nutriments du lait. Évitez de lui proposer beaucoup de jus de fruits en remplacement du lait, car ils risquent d'endommager ses dents – dans la mesure du possible, limitez-vous à l'eau.

▷ **Notre bébé a un an et mon partenaire pense que je devrais arrêter l'allaitement au sein. A-t-il raison ?**

Au Québec, la plupart des mères ont cessé l'allaitement à douze mois, mais il est tout à fait possible de le poursuivre plus longtemps si c'est ce que vous et votre bébé souhaitez. Avec mes enfants, j'ai considéré que six mois était une bonne durée pour l'allaitement au sein, mais c'est un choix personnel. Le sevrage a coïncidé avec mon retour au travail. Certaines mères continuent à donner le sein durant toute la petite enfance, ou même plus longtemps, et apprécient la proximité qui en résulte.

Mon opinion est que l'allaitement au sein après l'âge de deux ans est une pratique un peu étrange qui peut mener à un spectacle où l'enfant soulève le haut de sa mère pour parvenir au sein dès qu'il en a envie.

Parlez avec votre partenaire de la façon dont vous ressentez la chose, efforcez-vous de comprendre son point de vue et faites le meilleur choix pour vous trois. Votre partenaire est peut-être impatient de vous avoir de nouveau toute à lui et, si tel est le cas, il est important que les choses soient dites. Quant à votre enfant, même si la tétée lui procure un certain plaisir, il ne perdra rien nutritionnellement si vous décidez de le sevrer.

« Mon bébé a décidé d'arrêter de téter à onze mois. Je pensais de toute façon le sevrer à un an, mais pour être honnête, j'ai malgré tout vécu cet événement comme un rejet. »

impliquez-le autant que vous le pouvez. La clé est de s'assurer qu'il se sent acteur :

■ **Habillement :** bien que votre bébé soit trop jeune pour s'habiller tout seul, si vous lui demandez de faire un choix entre deux T-shirts ou deux chapeaux de soleil, vous le distrairez suffisamment longtemps pour lui enfiler le reste de ses vêtements.

■ **Changement des couches :** que vous lui chantiez une chanson ou que vous fassiez votre possible pour le divertir, votre tout-petit n'apprécie pas que vous lui changiez ses couches, car c'est un âge où il préfère être debout et en mouvement, et non pas cloué sur le tapis à langer. Vous pouvez l'aider en lui proposant de sortir la couche propre de la poche et de vous la tendre au bon moment. Si cette méthode ne fonctionne pas, un jouet favori que vous conservez uniquement pour cette occasion peut se révéler salutaire.

■ **Bain :** si le bain est très moussant, il sera propre. Ne vous inquiétez donc pas s'il ne vous laisse pas le laver avec une débarbouillette. Vous pouvez également essayer de lui donner une éponge afin qu'il se sente impliqué.

■ **Lavage des cheveux :** cet épisode risque de devenir traumatisant s'il ne souhaite pas coopérer. Avoir de l'eau dans les yeux et les oreilles peut lui faire peur. Dans ce cas, vous pouvez lui acheter une visière antishampooing qui empêchera ce genre de désagrément. Sinon, réduisez au minimum le lavage des cheveux et, si nécessaire, rincez-les-lui simplement avec l'eau du bain.

LES JOIES DU BAIN Il considère le bain comme un terrain de jeux et il est possible qu'il n'aime pas être interrompu par des tâches ennuyeuses telles que le lavage des cheveux.

Sommeil

Beaucoup de sommeil est encore nécessaire à votre bambin, mais il est maintenant possible de réduire le nombre de ses siestes. Le besoin de sommeil varie considérablement d'un enfant à l'autre : alors que certains dorment mieux la nuit s'ils ont fait de bonnes siestes qui leur permettent de ne pas être trop fatigués et grognons le soir, d'autres sont hypersensibles et ne dormiront pas avant minuit s'ils ont fait une sieste après deux heures de l'après-midi. Si votre enfant appartient à cette catégorie, il est préférable de le laisser debout l'après-midi afin qu'il reste éveillé (méfiez-vous des effets soporifiques de la voiture ou de la poussette).

Vous remarquerez peut-être que votre enfant met plus de temps à s'endormir en vieillissant. Il s'assoit alors dans son lit pour babiller. Ne culpabilisez pas s'il reste éveillé un moment, car il se calmera et s'endormira rapidement par lui-même. S'il lui faut beaucoup de temps pour trouver le sommeil, vous attendez peut-être de lui qu'il dorme plus que nécessaire. À douze mois, il a besoin d'environ douze à quatorze heures de sommeil par jour. Dans ce cas, il peut être utile de noter sur un carnet ses périodes de sommeil pendant une semaine afin de déterminer avec exactitude sa durée de sommeil et d'envisager la décision à prendre : le coucher plus tard, le lever plus tôt ou raccourcir les siestes.

Votre enfant peut maintenant avoir un drap de la taille de son lit et un oreiller, mais veillez à ce qu'il n'apprenne pas à les utiliser comme marchepied pour escalader les barreaux. Les bases de lit ajustables doivent maintenant être positionnées à leur niveau minimum pour déjouer les plans de votre explorateur intrépide et tous les jouets suffisamment gros pour servir de marchepied doivent être retirés de son lit. Si votre bébé continue à s'échapper, il est plus prudent de baisser les barreaux ou même d'installer son matelas sur le sol, en sécurisant soigneusement sa chambre et en plaçant une barrière de sécurité dans l'encadrement de la porte.

Le lit de nos bébés était immense, et ils y sont restés jusqu'à deux ans environ – et, dieu merci, ils n'ont jamais appris à escalader les barreaux. Ceci nous a soulagés, car nous n'étions pas enthousiastes à l'idée de voir nos enfants grimper dans notre lit au milieu de la nuit.

Problèmes courants

▷ **Mon bébé de quatorze mois vient juste de commencer à marcher, mais il tombe tout le temps. Comment puis-je assurer sa sécurité ?**

Les jeunes enfants qui apprennent à marcher sont instables et chutent souvent. Mais à moins qu'ils ne tombent dans les escaliers, il est très rare qu'ils se blessent gravement. Gardez simplement un œil sur lui, utilisez des barrières de sécurité si nécessaire et placez des protections sur les angles vifs des meubles. Cette phase est de courte durée, car la marche s'affirme rapidement.

▷ **Que dois-je faire pour empêcher mon tout-petit de me frapper ?**

Dites-lui fermement « Non, tu fais mal à maman » et remettez-le par terre ou partez. De cette façon, au lieu de lui accorder votre attention pour cet acte, vous vous détournez de lui. De la même façon, s'il frappe un autre enfant, indiquez-lui qu'il ne faut pas taper, puis reportez immédiatement votre attention sur l'autre enfant. En revanche, lorsque votre bambin vous fait un câlin sans vous frapper, prenez-le dans vos bras, dites-lui combien vous appréciez sa présence et félicitez-le pour sa gentillesse. De cette manière, il apprendra qu'en ne vous frappant pas, il obtient votre attention. Les tout-petits frappent quand ils sont frustrés, pour attirer l'attention ou simplement pour voir ce qui se passe. C'est un comportement courant qui disparaît rapidement si l'adulte se montre cohérent dans sa réponse.

Premières chaussures

Alors que votre enfant peut très bien marcher pieds nus à l'intérieur de la maison, il a besoin de chaussures dès qu'il est en mesure de marcher dehors. Ses chaussures principales devront toujours être achetées neuves, car elles prennent la forme du pied. C'est pourquoi les chaussures d'un autre enfant ne s'adapteront pas correctement aux pieds du vôtre. Veillez à vous rendre dans un magasin où le personnel est formé pour ce type de clientèle. Le critère le plus important est le confort et la forme de la chaussure, plutôt que son aspect. Ainsi, même si la dernière paire de chaussures à la mode attire votre bambin, restez ferme et ne les lui achetez pas si elles ne sont pas adaptées à son pied.

Cela dit, une fois que vous connaissez la taille des pieds de votre enfant, vous pouvez toujours utiliser des chaussures de seconde main pour un usage occasionnel. Nous avons toujours acheté avec soin les chaussures principales de nos enfants, mais nous nous en sommes également procuré une partie d'occasion. Si elles semblent engendrer un inconfort ou une blessure, débarrassez-vous-en. Les chaussures peuvent représenter un budget non négligeable pour un usage qui ne dépasse généralement pas quelques mois. Il convient donc de faire preuve d'un peu de bon sens dans leur choix. Soyez enfin attentive à leur composition. Évitez systématiquement le plastique. Préférez le cuir et autres matériaux qui respirent.

Un week-end en tête à tête

En plus de votre vie de parents, il est très important que vous poursuiviez votre vie de couple avec votre partenaire. Une fois le premier anniversaire de votre enfant passé, vous pouvez envisager de prendre une fin de semaine en amoureux.

À présent, vous vous êtes probablement accoutumée à laisser votre enfant pour aller travailler, ou pour une soirée au cinéma. Le problème de la séparation doit donc être plus facile à gérer. De la même façon, votre bébé s'est habitué à être séparé de vous pendant de courtes périodes et, s'il est en présence de personnes qu'il connaît, il ne sera pas malheureux pendant votre absence. C'est là que les grands-parents représentent une véritable béné-diction, car ils seront sans aucun doute enchantés de recevoir leur petit-enfant. Il est maintenant plus vieux, ses soins sont plus faciles et il est probable qu'il apprécie le type différent d'attention qu'il obtient de ses grands-parents.

Prenez le temps de planifier soigneusement votre escapade. Veillez à lui donner un caractère romantique – avec un souper dans un restaurant particulier, par exemple – et réservez du temps pour dialoguer et partager de nouveau une expérience à deux. J'ai toujours été étonnée de constater combien la conversation est différente et combien nous pouvons nous redécouvrir lorsque nous partons en vacances ensemble.

POINT DE VUE DU PÈRE

Prématurés

Les premières années de parentalité peuvent être plus complexes avec un bébé prématuré. Les étapes du développement sont plus difficiles, mais il est important de reléguer ce départ chaotique au rang des souvenirs et de vous occuper de votre bébé aussi normalement que possible.

Le développement d'un prématuré suit le même chemin que celui d'un bébé né à terme, si ce n'est qu'il franchit les étapes en fonction de la période où il devait naître et non de sa véritable date de naissance. Ainsi, par exemple, si votre enfant de douze mois est né à la vingt-huitième semaine, il y a des chances pour qu'il commence seulement à s'asseoir seul et que ses premiers pas soient encore loin. Évitez de le comparer aux bébés du même âge nés à terme.

UN DÉBUT DIFFICILE

Votre bébé a eu besoin de soins intensifs après sa naissance, ce qui a rendu les premiers mois encore plus ardus. Bien que les unités néonatales (voir page 36) encouragent les parents à s'impliquer auprès de leur bébé, si le vôtre a été très malade au cours des premiers jours de son existence, vous avez peut-être eu encore plus de mal à tisser un lien avec lui. Inversement, il est possible que le lien ait été très naturel, mais que les risques potentiels vous aient excessivement angoissée.

Si votre bébé a eu besoin de soins médicaux à domicile après sa sortie (oxygène ou visites régulières d'une infirmière), cette période a été probablement très stressante. La plupart des parents sont malgré tout soulagés de pouvoir s'occuper de leur bébé à la maison et non dans une salle d'hôpital.

Durant sa première année, votre bébé aura subi plusieurs examens médicaux, dont ceux qui sont obligatoires pour tous les enfants. Il est donc probable que tout problème majeur ait déjà été détecté. Avoir un bébé prématuré reste malgré tout une expérience difficile. N'ayez donc pas peur de demander de l'aide, même à ce stade du développement. Bien que le premier anniversaire soit une étape majeure, principalement si votre bébé était très petit et malade à sa naissance, ces problèmes, ainsi que les complications résultant de sa prématurité, peuvent encore vous affecter.

Plus votre bébé est né tôt, plus vous courez de risque de rencontrer des problèmes à long terme. La plupart des bébés prématurés subissent un bilan médical complet à un an. Le pédiatre contrôle principalement le développement et les progrès physiques de l'enfant, même s'il est probable que des retards perdurent par rapport aux enfants nés à terme.

PROBLÈMES COURANTS

Malheureusement, la prématurité de votre bébé l'expose à certains risques en grandissant : infections respiratoires, reflux gastro-œsophagien et mort subite du nourrisson. Bien que ces risques ne soient pas significatifs, votre pédiatre ou votre médecin en sera conscient et prêt à réagir efficacement.

Si votre bébé souffre de maladie pulmonaire chronique résultant de sa prématurité, il court plus de risque de développer de l'asthme dans ses premières années,

« Dans les premiers mois, nous nous montrions surpro-tecteurs envers notre enfant à cause de ses débuts difficiles, mais nous apprenons à présent à nous détendre. »

mais avec la croissance et la maturation de ses poumons, il est probable que les choses s'améliorent. De nombreux bébés prématurés auront rattrapé leur retard à l'âge de quatre ou cinq ans. Pour certains, en revanche, une aide supplémentaire sera nécessaire à l'école et quelques-uns conserveront des séquelles importantes telles qu'une paralysie cérébrale (voir page 308) et des problèmes d'apprentissage. D'autres connaîtront des problèmes de vue (voir page 311). Tous les grands prématurés doivent subir des contrôles ophtalmiques réguliers afin de détecter toute anomalie de la vue et la suivre dès que possible.

VOUS ET VOTRE TOUT-PETIT

Les combats que vous avez dû mener influencent la relation avec votre enfant, car vous risquez de culpabiliser ou de stresser au sujet de sa santé et de sa croissance. Vous vous montrerez donc plus indulgente au sujet de son sommeil, de son alimentation et de son comportement. Il est essentiel pour votre santé et son développement que vous évitiez de tomber dans ce piège, car votre bambin a autant besoin de limites que tout autre enfant de son âge. Il est naturel que vous vous inquiétiez de ses apports caloriques si son poids était très faible à la naissance, mais lorsque votre pédiatre ou médecin généraliste pense qu'il est prêt à passer à une alimenta-

PASSER LES ÉTAPES *Vous aurez peut-être à attendre plus longtemps avant que votre prématuré ne fasse ses premiers pas, mais vous serez alors récompensée de toutes vos peines.*

tion solide, il est important qu'il ait un régime sain. La seule façon d'y parvenir est de rester aussi décontractée que possible quand il recrache son déjeuner. Il en va de même pour le sommeil. Si vous avez passé plusieurs mois à surveiller sa respiration, il vous sera peut-être difficile de l'encourager à dormir seul. Vous aurez sans doute tendance à le garder un peu plus longtemps dans votre chambre que s'il était né à terme. Une fois encore, essayez de vous en empêcher et adoptez la même conduite que pour les autres enfants.

Un moniteur, par exemple Angelcare®, permettra d'apaiser vos craintes et si votre médecin pense qu'il y a un risque d'apnée du sommeil (brèves périodes pendant lesquelles le bébé s'arrête de respirer), procurez-vous un moniteur qui vous alertera à chaque épisode.

Le stress d'avoir un prématuré et les inquiétudes concernant sa croissance et son développement peuvent mettre à rude épreuve une relation. Parlez de vos sentiments entre vous et n'hésitez pas à demander de l'aide et des conseils supplémentaires à votre médecin si vous en avez besoin.

VOTRE PETIT EXPLORATEUR

« Il est curieux et a soif d'apprendre. Il recherche votre enseignement. »

JE SUIS TIMIDE LA PERSONNALITÉ DE VOTRE BAMBIN RECÈLE DE NOMBREUSES FACETTES

JOUONS LES JEUX INTERACTIFS DEVIENNENT SES FAVORIS. MAIS PRÉPAREZ-VOUS À LES RÉPÉTER ENCORE ET ENCORE

L'ASSISTANT DE LA MAMAN

SES JEUX VISERONT À IMITER LE COM-
PORTEMENT DU PÈRE OU DE LA MÈRE

Votre étonnant bambin

La plupart des enfants de cet âge essaient de repousser leurs limites à mesure du développement de nouvelles facultés. Si votre tout-petit pouvait escalader le sofa hier, il essaie de se hisser sur une chaise de cuisine aujourd'hui. La surveillance est donc plus que jamais de mise.

À présent, votre enfant maîtrise probablement l'art de la marche. Une fois stable sur ses pieds et capable de parcourir la pièce sans trop d'encombre, il ajoute de nouvelles variables, telles que traîner quelque chose derrière lui. À ce stade, il est normal pour certains enfants de marcher avec les jambes arquées – ce défaut se corrigera naturellement par la suite.

En testant ses limites et en luttant pour maîtriser son corps, votre enfant aura sa part de bleus et de bosses, mais si vous avez pris les précautions appropriées en matière de sécurité, il ne tentera rien qui soit dangereux pour lui. S'il monte sur une chaise mais se révèle incapable d'en redescendre, il vous appellera à l'aide. La recherche a montré que, au moment où les enfants commencent à ramper avec assurance, ils développent une crainte instinctive de la hauteur. Les bébés de l'étude refusaient de traverser un dessus de table transparent qui donnait l'impression d'avancer sur une « falaise ». Restez néanmoins vigilante. L'instinct de conservation de votre bambin ne doit pas être pris pour du bon sens, dont il est encore totalement dépourvu. Faites extrêmement attention aux nouveaux environnements, aux nouvelles situations ainsi qu'aux dangers occasionnels, tels qu'une fenêtre ouverte.

MULTITÂCHE *Votre tout-petit considère maintenant la marche comme acquise, et il adore traîner un jouet pour lui tenir compagnie dans ses expéditions.*

La parole

Au cours des trois prochains mois, le langage de votre bébé s'améliorera considérablement : de nombreux enfants (mais pas tous) sont capables de dire deux ou trois mots à 15 mois et plusieurs ont un répertoire impressionnant à 17 mois. Vous ne devez cependant pas vous inquiéter si tous les enfants de vos amis semblent bavarder sans problème alors que le vôtre possède juste quelques mots – ou même aucun. Si votre bébé vous comprend lorsque vous lui parlez, s'il se montre capable de suivre vos instructions et communique avec vous au moyen de gestes et de babillements, tout va bien : ce sont des étapes clés sur le chemin de la parole.

Il convient également de noter que les aînés ayant un parent à la maison apprennent beaucoup plus de mots et beaucoup plus tôt que les cadets, car ils bénéficient de l'attention constante du parent. Les enfants suivants, les jumeaux, les triplés ou les enfants dont les deux parents travaillent, commencent souvent à utiliser les mots plus tard mais sont ensuite capables de les assembler en phrases très rapidement. Les deux schémas sont normaux. Néanmoins, si votre enfant ne prononce encore aucun mot à dix-sept mois et ne semble pas comprendre ou

« Pouvoir converser est une expérience fabuleuse, même si je suis la seule à comprendre mon enfant pour le moment. »

PETITE CONVERSATION *À présent, il est possible que votre enfant préfère votre téléphone à son jouet, mais faites attention, car il est très probable qu'il le jette dès qu'il en a assez.*

réagir lorsque vous lui parlez, soulevez le problème avec votre pédiatre. Certains enfants présentent un retard de langage pour diverses raisons – problèmes d'audition, par exemple –, alors que d'autres ont un retard général en matière de langage et de communication qui peut être dû à une question de développement (voir page 299) ou à une naissance prématurée. Si le développement de votre enfant semble poser problème, n'hésitez pas à le faire examiner par votre pédiatre ou votre médecin généraliste. De cette façon, il sera possible de le traiter précocement.

À cet âge, il est vraisemblable que votre enfant rencontre des difficultés pour prononcer certains mots. Des lettres telles que « s » et « r » sont particulièrement difficiles à prononcer pour un tout-petit à cause de la coordination nécessaire entre l'action des lèvres et de la langue. Il est inutile de vous évertuer à lui faire prononcer le mot correctement. Il le fera naturellement quand il sera prêt. Vous pouvez néanmoins l'aider à apprendre le terme exact pour désigner un objet en le reprenant dans votre réponse. Ainsi, s'il parle de ses « dou », répondez-lui « Oui, ce sont tes souliers. » Vous l'aiderez à améliorer sa compréhension et son vocabulaire si vous développez ce qu'il vous dit au cours d'une conversation. S'il voit un chien et qu'il dit « Oua, Oua », répondez « Oui, c'est un chien et, regarde, il court après la balle. »

Mettez-vous autant que possible au niveau de votre enfant. Si vous lui demandez s'il n'a pas trop chaud, il est possible qu'il vous regarde avec des yeux vides. Demandez-lui alors « Veux-tu enlever ton manteau ? » Dans ce cas, il comprendra et répondra. Il est aussi plus facile pour votre bambin, à la fois émotionnellement et cognitivement, de répondre à des instructions positives, plutôt qu'à des réprimandes négatives. Ainsi, il est beaucoup plus probable que vous obteniez un résultat en disant « Mets ta tasse sur la table, s'il te plaît » plutôt que « Ne jette pas ta tasse par terre. »

Amusements

Votre bambin a non seulement une énergie débordante, mais également beaucoup d'affection et d'amour à offrir et il vous en réserve une large part. Malgré les frustrations de cette période, la compagnie des jeunes enfants est délicieuse et nombre d'entre eux ont un grand sens de l'humour – sauf quand les choses ne se passent pas de la façon dont ils le souhaiteraient (nous sommes tous un peu pareils à cet égard).

Votre enfant commence à distinguer ce qui vous fait plaisir de ce qui vous mécontente et, bien que toute l'attention qu'il parvient à obtenir de vous puisse faire

l'affaire, il recherche plus spécialement une réponse positive de votre part. S'il vous fait un câlin et que vous le câliniez en retour en lui disant que vous l'aimez, il recommencera probablement. De la même façon, il sera ravi lorsque vous rirez de ses bouffonneries. Veillez donc à ne pas trop rire quand il a un comportement que vous jugez indésirable. Vous émettez alors des signaux contradictoires. Si vous dites quelque chose, mais que votre expression faciale ou que votre corps envoie un message différent, votre enfant risque d'être désorienté.

Il peut toutefois arriver que son agitation devienne excessive, notamment si vous êtes fatiguée. Dans ce type de situation, une approche positive fonctionne bien. Ainsi, au lieu de le chicaner, dirigez-le vers une activité plus calme, telle que regarder un livre. Cette approche nécessite quelques efforts supplémentaires, mais s'avère payante au final. En agissant de cette façon, vous lui donnez l'attention positive qu'il recherche et désamorcez le comportement difficile susceptible d'apparaître s'il se sent ignoré. Cette solution vous évite également de rentrer dans le cycle du « Non » perpétuel qui risque de lui apprendre à attirer votre attention en vous mécontentant.

LE BOUTE-EN-TRAIN *Il recherche votre attention et répète le comportement qui déclenchera une réaction. Si son comportement vous amuse mais que vous le jugiez indésirable, évitez de réagir – même s'il est quelquefois difficile d'étouffer ses rires.*

Garçons et filles

Les garçons et les filles se comportent-ils naturellement différemment ou est-ce l'éducation et l'environnement qui influencent cette différence ? La réponse est probablement un peu les deux, bien que la recherche ait noté des divergences dans le développement des deux sexes.

RECONNAISSANCE DES SEXES

Nous avons tous grandi dans une culture où les rôles des deux sexes étaient clairement définis, même si nous avons choisi de les ignorer. Le sexe étant un élément identitaire puissant, il est essentiel pour les jeunes enfants de le reconnaître.

Bien que les parents aient tendance à faire fréquemment référence au sexe de leur enfant – « Bon garçon », etc. – un bébé de quinze ou seize mois comprend tout au plus que ce terme s'adresse à lui. Votre enfant ne réalise pas qu'il est un garçon et que le bébé du voisin est une fille. Il prendra probablement conscience de son sexe et de celui de ses petits camarades dans les mois à venir, mais il lui faudra encore plusieurs années avant qu'une forte identité liée au sexe l'amène à rejeter certains jouets, vêtements, couleurs ou types de jeux comme n'étant « pas pour les garçons ».

INNÉ OU ACQUIS ?

De nombreux parents essaient d'éviter les stéréotypes négatifs du type « les grands garçons ne pleurent pas », « les garçons ne sont pas soignés » ou « les filles ne sont pas fortes ». Il est cependant difficile de déterminer la part d'inné ou d'acquis, car vous pouvez renforcer de façon très subtile les différences liées au sexe sans même en avoir conscience. Par exemple, un garçon qui devient agressif durant un jeu de bagarre sera traité tout à fait différemment d'une fille dont le comportement est identique.

> « À la maison, ma petite fille aimait beaucoup s'habiller avec sa robe de dentelle et des ailes d'ange, mais lorsque nous sommes allés au centre des loisirs, elle s'est dirigée spontanément vers les jouets des "garçons". Nous avons donc décidé de mettre des voitures et un train électrique sur sa liste de Noël. »

Durant la deuxième année, les garçons et les filles sont généralement indifférents aux conventions sociales concernant le sexe, et tous aiment porter les habits de « grandes personnes », quels qu'ils soient.

Ne vous inquiétez donc pas si votre petit garçon souhaite enfiler une robe. Les parents se montrent souvent plus doux avec leur fille et entraînent leur garçon dans des jeux plus remuants. Même si vous tentez de ne pas tenir compte du sexe de votre enfant dans son éducation et si habiller une fille en bleu ne pose généralement pas de problème, il se peut que vous hésitiez à vêtir votre petit garçon en rose.

DIFFÉRENCES ENTRE LES SEXES

Voici les principales caractéristiques des deux sexes :

Développement physique : les garçons sont plus lourds que les filles à la naissance et grandissent plus vite, mais ils sont plus sujets aux fausses couches et plus vulnérables dans l'utérus. La fréquence des maladies congénitales et de mort subite de nourrisson est plus élevée chez les garçons.

Les garçons sont souvent plus intéressés par les jeux de construction et les jouets possédant des roues, alors que les filles ont plus tendance à s'investir dans des jeux avec des peluches et des poupées. Mais la part des attentes parentales et celle de l'inné restent ici incertaines.

Facultés sociales : les filles semblent développer des facultés sociales plus rapidement que les garçons. En outre, elles prennent conscience plus tôt des sentiments d'autrui. Nous ne pouvons pas encore affirmer si ce sont nos attentes qui sont responsables de cette différence ou leur développement cérébral, mais il semblerait qu'il y ait une cause physiologique.

La recherche récente a montré que plus le liquide amniotique environnant le fœtus (fille ou garçon) est chargé de testostérone, plus les facultés sociales sont « masculines ».

Des désordres du développement ayant un impact sur les facultés sociales, tels que les troubles du spectre autistique et les troubles de déficit de l'attention avec ou sans hyperactivité (TDA/H) (voir page 301), sont plus fréquents chez les garçons.

Langage : il est possible qu'une fille commence à parler plus tôt qu'un garçon du même âge. Cette caractéristique peut être liée à ses facultés sociales, mais aussi au fait que les filles sont impliquées très jeunes dans la « conversation » des adultes, alors que les gar-çons sont plus sollicités pour des jeux physiques et remuants.

Jeu : même si vous achetez des poupées pour votre garçon et des voitures pour votre fille, les préférences pour des jouets spécifiques en fonction du sexe sont pratiquement universelles. Vous pouvez néanmoins encourager un intérêt pour un type de jeu particulier, en le parta-geant avec votre enfant.

Les livres apportent beaucoup de plaisir aux deux sexes et, s'ils font partie intégrante de leur vie, il y a toutes les chances pour que les filles comme les garçons développent un goût marqué pour la lecture. En grandissant, il sera plus difficile pour votre garçon de res-ter indifférent devant un livre. C'est donc le bon moment pour lui faire découvrir les plaisirs de la lecture.

CHOIX DES JOUETS *Tous les bambins aiment imiter les adultes et de nombreux petits garçons apprécient les jeux avec les landaus, les poussettes, les ours en peluche et les poupées.*

Les montagnes russes émotionnelles

D'une minute à l'autre, votre enfant câlin et docile se transforme en un petit monstre qui hurle son indignation au monde entier lorsque vous essayez de l'asseoir dans sa poussette. Cette situation peut être difficile pour vous, mais ne vous inquiétez pas. Il a juste besoin d'un peu plus de temps pour gérer ses émotions.

CHANGEMENTS D'HUMEUR
La frustration et les colères apparaissent plus souvent lorsque l'enfant est fatigué. Efforcez-vous de les anticiper en le calmant avec un temps de repos.

Cette étape de développement est tout aussi frustrante pour votre tout-petit que pour vous. Il sait ce qu'il veut, mais il ne parvient pas toujours à l'exprimer clairement et il se heurte très souvent aux interdits. Par exemple, il peut aimer les voitures avec passion, mais aucun cri ne saura vous faire accepter qu'il joue sur la route. Comme il ne le comprend pas encore, il essaiera d'infléchir votre décision jusqu'à ce qu'il réalise que cela ne sera jamais permis.

Il est essentiel de poser des limites fermes pour votre enfant. En effet, celui-ci ne se sentira pas en sécurité si elles restent floues. Il est également important de faire preuve d'une certaine souplesse au sujet de petites choses. Vous pouvez, par exemple, autoriser votre enfant à regarder la télévision plus longtemps que d'habitude s'il est malade ou fatigué. De même, si grand-maman a cuisiné un fabuleux gâteau au chocolat, vous pouvez consentir à ce qu'il en mange une part, même si vous ne lui donnez habituellement ni gâteaux ni biscuits.

Il est également important pour votre enfant que vous lui laissiez la possibilité de faire certains choix, même s'ils doivent rester simples à cet âge. Demandez-lui, par exemple, s'il veut manger des toasts ou des céréales au déjeuner ou s'il souhaite porter le T-shirt rouge ou le bleu.

La personnalité de votre tout-petit

La plupart des enfants de cet âge ont une personnalité affirmée et il est possible que le vôtre montre fréquemment les nombreuses facettes de son caractère. Ses humeurs peuvent être pour le moins changeantes, mais évitez de l'étiqueter comme « timide », « bruyant » ou « difficile », par exemple. Ces étiquettes risquent d'influencer le regard que votre enfant portera sur lui-même en grandissant, ainsi que son comportement.

Dans l'espace d'une journée, les jeunes enfants revêtent souvent tous ces traits de caractère :

■ **Timidité :** de nombreux enfants restent toujours très attachés à la personne qui s'occupe d'eux et continuent à se montrer méfiants envers les étrangers. Ne forcez pas votre tout-petit à parler à des étrangers dans les magasins, ou même à des parents qui ne lui sont pas familiers, mais félicitez-le quand il réussit à leur dire « Bonjour ».

■ **Amour :** votre enfant vous aime et peut vous montrer une affection débordante. Si tel n'est pas le cas, ne le forcez pas à accepter vos câlins et vos embrassades. Contentez-vous de le suivre et répondez simplement lorsqu'il les réclame afin qu'il se sente aimé et chéri.

■ **Recherche d'attention :** il a besoin de votre attention et il préfère nettement une attention positive, telle que le jeu, la discussion et les câlins. S'il ne l'obtient pas, il

Apaiser les peurs de votre tout-petit

Avec l'amélioration de la compréhension de votre enfant surviennent des peurs en apparence irrationnelles. Il peut s'agir de la peur du noir, des araignées, du bain ou même de votre voisin parfaitement inoffensif. Soyez compréhensive tout en montrant que vous n'êtes pas effrayée par ce qui semble lui faire peur.

S'il est terrifié par le bain, ne le forcez pas – lavez-le au lavabo à la place. De la même façon, s'il a peur du noir, placez une veilleuse dans sa chambre. S'il est effrayé par votre voisin, laissez-le vous observer parler poliment avec lui, mais ne forcez pas le contact.

Il est important de savoir qu'un jeune enfant ne peut pas rationaliser ses émotions, mais avec votre soutien, il grandira et mûrira en confiance. Ces peurs enfantines sont normales et courantes. Elles disparaissent ensuite naturellement.

essaiera d'attirer votre attention par tous les moyens possibles, même s'il doit vous mécontenter pour avoir une réponse.

■ **Jeu** : les jeunes enfants découvrent leur environnement par le jeu et, comme tous les bébés mammifères, ils adorent s'ébattre. Avec le développement de ses facultés sociales, votre enfant aimera faire le clown pour vous faire rire – observez la lueur d'espièglerie dans ses yeux quand il fait quelque chose de défendu.

■ **Opposition** : tous les jeunes enfants essaient à un moment ou à un autre de s'opposer à la volonté de l'adulte, mais certains se montrent plus difficiles et têtus que d'autres en répondant systématiquement « Non » à toute suggestion et criant dès qu'ils sont frustrés. Lorsque vous devez faire face à ce comportement, essayez de garder votre calme et faites appel aux techniques capables de détourner son attention. Évitez d'entrer dans son jeu, et ne commencez pas à vociférer vous-même. Il finira par sortir de cette phase.

■ **Occupation :** la curiosité est naturelle chez les jeunes enfants. Le vôtre sera constamment à l'affût de nouvelles découvertes et tripotera tout ce qui lui tombe sous la main. Ce comportement risque quelquefois de l'attirer dans l'eau bouillante, car son besoin de découverte est plus fort que son désir de vous obéir. Offrez-lui donc de nombreux objets sûrs à explorer pour satisfaire sa curiosité.

■ **Bruit** : qu'ils chantent, crient ou entrechoquent des objets, les jeunes enfants sont bruyants. Vous pouvez quelquefois vous joindre au vôtre en chantant ou en tapant sur une casserole, mais n'oubliez pas que des périodes de calme lui sont également très bénéfiques.

■ **Régression** : à de nombreux égards, votre enfant est toujours un bébé et son comportement régresse fréquemment. Il peut réclamer un biberon occasionnel, à plus forte raison s'il est malade ou perturbé. Ne vous inquiétez pas – c'est tout à fait normal. Laissez-le donc régresser quand il en a envie.

■ **Réactionnaire** : les jeunes enfants aiment généralement que les choses restent identiques. Ceci peut vous aider à les contrôler, mais l'inconvénient est qu'ils risquent de ne vouloir manger que des céréales pendant trois semaines d'affilée ou ne porter que le même T-shirt jour après jour.

■ **Fatigue** : il est probable que, après une journée passée seule avec votre enfant, vous attendiez avec impatience l'arrivée de votre partenaire pour pouvoir prendre une tasse de café bien méritée.

« La compagnie de notre enfant de seize mois est très plaisante – nous avons nos jours difficiles avec beaucoup de larmes, mais ils sont compensés par les moments de joie. »

VOTRE ENFANT *Aussi petit soit-il, votre enfant est une personne à part entière, avec une personna-lité à multiples facettes – timide, insolent, sérieux, aimant, joueur et curieux. Même sans le lan-gage, il exprime tout ce qu'il pense au moyen de gestes et de mimiques. Une chose est certaine – la vie avec votre jeune enfant n'est jamais monotone.*

Jouer avec votre jeune enfant

Bien que le jeu ait toujours été essentiel dans le développement de votre enfant, celui-ci commence maintenant à explorer son environnement par le biais de jouets et de jeux imaginatifs. Il parvient à se concentrer plus longtemps, mais dépend toujours de vous et des autres pour jouer avec lui.

JEU IMAGINATIF *Les jouets tels que les trains électriques sont stimulants. Et il apprendra plus si vous vous joignez à lui pour lui montrer comment fonctionnent les différents éléments.*

Imiter les adultes

Si votre enfant commence dans ses jeux à reproduire l'univers des adultes, vous pouvez l'encourager en l'aidant à nourrir nounours, à baigner la poupée et à « préparer le dîner ». À son âge, il a besoin de soutien et n'est pas encore capable de boire dans une tasse ou de manger dans une assiette imaginaire. De la même façon que lorsqu'il était bébé, laissez-le prendre l'initiative de ces jeux, puis, s'il fait semblant de boire dans une tasse, joignez-vous à lui pour prendre un « café ».

S'il semble déconcerté par ces jouets, vous pouvez jouer avec et voir s'il vous emboîte le pas. S'il n'est pas intéressé, ne le forcez pas. Entre seize et dix-huit mois, certains enfants sont trop jeunes pour comprendre la notion de symbole, mais si c'est toujours le cas à la fin de sa deuxième année, parlez-en à votre pédiatre qui pourra vous indiquer s'il s'agit d'un simple manque d'intérêt ou d'un signe révélateur d'un problème potentiel (voir page 299).

Petit monde

À cet âge, votre tout-petit commence à explorer de petits jouets, tels que des animaux, des personnages, des maisons, des trains et des voitures (assurez-vous cependant qu'ils sont adaptés à son âge). Certains de ces jouets sont onéreux. Au Québec, vous pouvez consulter des sites de vente de seconde main comme LesPac.com pour vous les procurer.

Les petits jouets sont bénéfiques au développement de votre bambin à plusieurs égards : ils lui permettent d'améliorer sa dextérité et sa coordination œil-main, ils l'encouragent à développer son imagination et ils lui fournissent une expérience précoce d'activité en commun avec vous. Votre bambin n'est pas encore prêt à jouer avec un autre enfant de son âge, mais les frères, sœurs, cousins et amis plus âgés se transformeront en camarades de jeu lorsque vous serez trop occupée. Vous pouvez améliorer sa compréhension et développer son vocabulaire en nommant les différents objets ainsi que leurs couleurs, formes et tailles. Par exemple, présentez-lui la vache en lui parlant de son cri, placez la grosse tasse à proximité de la petite et regroupez toutes les briques rouges ensemble. Il comprend plus de choses que vous ne le soupçonnez, car ses facultés cognitives sont très en avance sur son langage. À cet âge, votre enfant utilisera peut-être un seul mot pour désigner une famille complète d'éléments. Par exemple, un grand animal sera systématiquement un « cheval », même s'il s'agit d'une « vache » et un véhicule à roues sera une « voiture ». C'est une étape normale du processus d'apprentissage. L'univers est complexe et un certain temps sera nécessaire pour qu'il prenne sens à ses yeux, mais jouer à toutes sortes de jeux de tri lui sera très bénéfique.

Sorties

Une fois votre enfant capable de marcher, il appréciera les espaces ouverts où il peut se mouvoir sans rencontrer d'obstacles. Il aimera aussi jouer avec d'autres enfants. Les parcs et les centres de loisirs offrant des activités de plein air seront l'occasion pour votre bambin de prendre une certaine autonomie et de côtoyer d'autres enfants.

Papa rentre à la maison

L'arrivée de papa à la maison après une journée de travail est un événement majeur pour votre tout-petit. Comme toujours dans les moments de grandes attentes associés à la fatigue de fin de journée, les choses peuvent dégénérer rapidement.

Votre bambin, excité par votre retour, ne comprendra pas que vous êtes fatigué. C'est une expérience merveilleuse d'être accueilli par quelqu'un d'aussi enthousiaste, mais si vous avez les nerfs à vif, sa demande peut vous sembler démesurée alors que vous n'aspirez qu'à une chose : vous écrouler dans le sofa avec une bière et un journal. Il est facile d'entrer dans un cycle négatif, qui peut rendre le retour à la maison stressant même lorsque vous avez passé une bonne journée. Cependant, après quelques minutes de joyeuses retrouvailles, dirigez votre enfant vers son jeu favori. Vous parviendrez ainsi à obtenir les quelques minutes de tranquillité auxquelles vous aspiriez sans avoir à crier systématiquement pour tenter de le calmer.

Ayez également une pensée pour votre partenaire si elle est restée toute la journée à la maison. Elle n'a pas passé son temps à prendre le café, manger des croissants et discuter. S'occuper d'un jeune enfant est un travail à temps plein et elle appréciera une conversation adulte ainsi qu'un coup de main pour les tâches ménagères. Le respect mutuel du rôle de chacun et le partage des tâches est la clé de l'équilibre familial – ceci s'applique bien sûr à la mère si c'est le père qui reste à la maison pour s'occuper de l'enfant.

POINT DE VUE DU PÈRE

Soins quotidiens

À présent, la nourriture de votre enfant devrait devenir plus variée, mais ne vous inquiétez pas si ce n'est pas encore le cas. Vous obtiendrez de meilleurs résultats en adoptant une approche détendue. Si votre partenaire et vous menez une vie instable, sachez qu'un semblant de régularité est profitable à votre enfant.

Si vous continuez sans succès à offrir des repas et des collations saines à votre tout-petit, ne désespérez pas. Les enfants de cet âge sont particulièrement rebelles au changement et ont encore plus tendance à utiliser la nourriture pour manipuler les parents si ceux-ci extériorisent leur angoisse. Continuez à lui proposer à chaque repas un large éventail de produits, incluant des aliments nouveaux et familiers. S'il ne les goûte pas, ne faites aucun commentaire, mais dans le cas contraire – même si ce n'est que pour y poser les lèvres et les retirer aussitôt – félicitez-le. Il est toujours important d'éviter les supplications pour qu'il mange, car il risque alors de saisir l'occasion qui lui est offerte pour entrer en conflit avec vous. Il peut maintenant manger comme vous. Tâchez donc de l'associer à vos repas lorsque c'est possible.

De nombreux enfants aiment les mets simples tels que des pâtes avec de la sauce tomate, des fèves sur une tranche de pain (ce qui est excellent pour la santé, les fèves équivalant à une part de légumes), des quartiers de fruits pour le dessert, le tout accompagné de lait ou d'eau. Ne soyez cependant pas surprise s'il change quelquefois de goût. Juste au moment où vous pensiez avoir découvert des aliments sains qu'il acceptait de manger, il décide de refuser quelque chose qu'il a toujours adoré.

Encouragez-le à manger seul en coupant sa nourriture en petits morceaux et ne vous occupez pas s'il mange avec les doigts ou une cuiller. De nombreux enfants acceptent de goûter à de nouveaux aliments, comme une soupe ou un hoummos, s'ils ont un morceau de pain à tremper dedans.

REFUS DE NOURRITURE
Votre bambin vous fera savoir énergiquement qu'il n'aime pas ce qui est au menu. Évitez cependant d'entrer en conflit avec lui au sujet de la nourriture.

Repas et collations

L'estomac de votre tout-petit demande à être rempli plus fréquemment que le vôtre. Il est donc important de fractionner ses apports alimentaires en plusieurs petits repas. Si vous souhaitez qu'il en partage quelques-uns avec le reste de la famille, programmez-les de sorte qu'ils tombent au moment du déjeuner, du dîner et du souper. De cette façon, il aura assez faim pour s'asseoir dans sa chaise haute et manger quelque chose avec le reste de la famille.

Diminuez progressivement la quantité de nourriture que vous lui offrez aux heures des collations. Il aura ainsi plus faim aux heures des repas. Proposez-lui des quartiers de fruits riches en eau, tels que des pommes ou du melon, plutôt que des glucides ou des produits laitiers. Surveillez également la quantité de boisson entre les repas. S'il boit deux gobelets de lait au cours de la matinée, il est probable qu'il n'ait plus faim pour le dîner.

Les additifs

Lorsque vous lisez les étiquettes des produits, elles mentionnent souvent une longue liste d'additifs qui apparaissent généralement sous la forme « E ». Certains de ces additifs sont des ingrédients naturels sans danger. Par exemple, le E101 correspond à la vitamine B2 et le E300 à la vitamine C, composants essentiels de l'alimentation. D'autres, cependant, peuvent occasionner des problèmes de santé et comportementaux chez les jeunes enfants. Le E102, par exemple, qui est un colorant alimentaire nommé tartrazine, a été associé à de l'hyperactivité (voir page 301) chez les enfants sensibles. L'édulcorant aspartame (E951) a été associé à des migraines et des vertiges. Le glutamate de sodium (E621) est un exhausteur de goût associé à des problèmes d'allergies et d'asthme. Vérifiez l'étiquetage des produits et, si vous avez des doutes, ne les achetez pas. La façon la plus facile d'éviter les additifs est d'acheter des produits frais et de préparer vous-même vos repas. Il n'est pas nécessaire qu'ils soient compliqués et seront plus sains pour votre enfant que des plats préparés.

ALIMENTATION SAINE *Les galettes de riz soufflé représentent une saine collation pour votre jeune enfant, mais s'il ne les aime pas, donnez-lui des céréales sèches et peu sucrées à la place.*

Apports en sel

Nous avons tous tendance à manger beaucoup trop salé. Pour un jeune enfant, il est conseillé de ne pas dépasser 2 g par jour. Même si vous n'ajoutez pas de sel dans l'alimentation de votre enfant, la plupart des aliments que vous achetez, tels que le pain et les céréales, en contiennent un peu. Il est donc important de consulter les étiquettes pour vérifier la quantité ajoutée.

Les aliments tout préparés sont généralement très riches en sel. Votre enfant peut en manger occasionnellement, mais il est préférable de choisir des marques n'ajoutant pas de sel, de sucre et d'édulcorants artificiels. Les chips font partie des pires aliments qui soient pour le sel. Elles en contiennent jusqu'à 0,68 g par paquet – un tiers de l'apport quotidien maximum de votre enfant.

« J'ai arrêté d'ajouter du sel à notre alimentation lorsque notre enfant a commencé à partager nos repas. J'ai été surprise de constater avec quelle rapidité nous nous y sommes accoutumés. »

La routine est-elle importante pour les jeunes enfants ?

De nombreux enfants se sentent plus en sécurité lorsque leur vie quotidienne est routinière et prévisible. Si, par exemple, vous avez établi un rituel de coucher pour votre bambin, il est possible qu'il soit perturbé si vous sautez une étape en écourtant son histoire et les câlins. La monotonie qui vous ennuie aidera votre enfant à se détendre et à aller joyeusement se coucher (en principe). Même les jeunes enfants dont les parents ont un style de vie nomade se développent mieux durant les périodes où leur existence devient plus structurée. Pour autant, il n'existe pas de bonne ou de mauvaise façon d'organiser vos journées. Elle dépend de ce qui convient le mieux à vous-même et à votre enfant. Si la régularité vous rebute, efforcez-vous d'envisager les côtés positifs suivants :

■ **Plus de sommeil :** vous aurez plus de chance de bénéficier d'une nuit de sommeil ininterrompue si votre enfant a été habitué à aller se coucher à heures fixes. Vous aurez également plus de temps pour vous le soir.

■ **Un meilleur appétit :** votre enfant aura un meilleur appétit si son horloge biologique l'a habitué à des repas et des collations réguliers.

■ **Un meilleur comportement :** une stimulation et une fatigue excessives associées à un manque de régularité peuvent rendre l'enfant le plus joyeux difficile à vivre. Un rythme calme durant la journée améliore considérablement les choses.

Problèmes courants

▷ **Mon enfant semble aimer le sucré. Est-il mauvais d'ajouter du sucre à son alimentation ?**

Votre enfant n'a pas besoin de sucre ajouté. Les fruits, les légumes ainsi que d'autres aliments tels que le lait sont déjà naturellement sucrés. Si vous réussissez à ne pas introduire de sucre raffiné (tel que le sucre en poudre) dans son alimentation à cet âge, vous installez de bonnes habitudes pour l'avenir et développez son goût pour une alimentation saine. Il est possible de sucrer les yogourts avec des compotes de fruits. Dans vos desserts, utilisez du jus de pomme comme alternative au sucre raffiné. Vous pouvez lui donner du miel à partir de douze mois, mais il est aussi mauvais pour sa dentition que le sucre. Il est facile de se faire avoir avec les céréales, dont certaines contiennent jusqu'à 38 % de sucre.

▷ **Notre enfant de dix-sept mois semble avoir un second souffle juste avant d'aller se coucher. Comment puis-je le calmer le soir ?**

Étudiez de quelle façon l'heure du coucher de votre enfant s'harmonise avec le reste de sa journée. Si vous essayez de le coucher juste après être rentrée du travail, il est possible que vous terminiez avec une association désastreuse d'excitation due à votre retour et de culpabilité de le mettre au lit si rapidement. Tâchez donc de définir une heure de coucher réaliste qui permette à votre enfant de passer un moment avec ses deux parents à la fin de la journée.

Veillez à ne pas le coucher trop tôt. S'il n'est pas suffisamment fatigué, il est peu probable qu'il se calme. Inversement, s'il est trop fatigué, il lui sera difficile de trouver le sommeil. De nombreux enfants s'énervent et deviennent incontrôlables quand ils dépassent un certain stade de fatigue. Si c'est le cas du vôtre, une sieste plus longue dans la journée et un coucher moins tardif amélioreront les choses.

Évitez les jeux remuants juste avant l'heure du coucher, car il sera alors difficile à l'enfant de se calmer. Il peut être utile d'adopter un rituel de coucher plus routinier, quitte à lui lire la même histoire chaque soir, afin qu'il comprenne qu'il est maintenant temps de dormir. Le but est de l'aider à se détendre avec une séquence d'événements réguliers – bain, histoire, chanson, sommeil. Les techniques pour aider les jeunes enfants à s'endormir seuls sont les mêmes que pour les bébés. La différence est que votre bambin se montrera plus habile pour engager une conversation ou jouer avec vous. Restez ferme. Vous reviendrez s'il a besoin de vous, mais dès qu'il est dans son lit, montrez-vous assez terne. Une fois votre enfant bordé et embrassé, le message est que vous êtes là s'il a besoin de vous mais que vous ne vous amuserez pas avec lui avant le lendemain.

▷ **Mes parents m'aident beaucoup en gardant mon enfant, mais ils lui donnent du chocolat et des biscuits. Dois-je les en empêcher ?**

Je pense que c'est un problème qu'il est essentiel de régler fermement, mais avec tact. Si vous ne souhaitez pas que votre enfant mange du chocolat et des biscuits, parlez-en avec vos parents. Ils prennent peut-être plaisir à gâter leur petit-enfant, mais vous pouvez leur suggérer d'autres types de collations. Expliquez-leur que vous souhaitez habituer votre enfant à manger une nourriture saine afin qu'il prenne dès le départ de bonnes habitudes alimentaires, qui lui seront bénéfiques pour sa santé plus tard.

Traverser des périodes difficiles

Toutes les familles ne sortent pas intactes de la petite enfance. Cette constatation est souvent due à une rupture de communication et à des divergences difficilement conciliables en matière de parentalité et de vie familiale. Ne rompez jamais le dialogue et, si nécessaire, prenez l'avis d'un professionnel.

Pour certaines personnes, un bébé représente une adjonction indésirable à la vie de couple. Dans la plupart des cas, cependant, une fois le choc initial passé, la relation mûrit – les bébés ont la merveilleuse faculté de faire fondre les cœurs les plus durs. Dans certaines familles, il est possible qu'un partenaire ait souhaité plus que l'autre devenir parent, et même si les deux partenaires ont désiré l'enfant à égalité, celui-ci peut être la cause de nombreux désaccords.

Si vous rencontrez des difficultés pour régler vos conflits en tant que parents, considérez les points suivants :

■ **La relation a besoin d'être nourrie :** si votre nouveau bébé semble creuser entre vous un fossé dû à la jalousie ou à des attentes différentes, il est très important de trouver le temps d'en parler ouvertement. Ne négligez pas votre vie de couple. Efforcez-vous de libérer du temps pour faire des choses ensemble, comme vous en aviez l'habitude auparavant. La vie ne sera plus jamais identique à ce qu'elle était, mais avec un peu d'organisation, vous devriez être en mesure de sortir régulièrement ensemble et de passer du temps sans le bébé. Si vous pensez qu'il est difficile de

« Nous nous sommes séparés parce que nous ne trouvions pas d'entente sur la façon d'élever notre fille d'un an. Tout a commencé par de petits désaccords, mais nous n'avons pas été capables d'en parler et les choses ont empiré. »

communiquer et que vos discussions semblent toujours se terminer en conflit, faites-vous aider par un professionnel. Il pourra vous inciter à trouver un terrain d'entente et vous aider à écouter les besoins et les idées de l'autre, au lieu d'engager des conversations qui dégénèrent en disputes et reproches.

■ **Acceptez que vos styles de parentalité puissent être différents :** la façon dont vous élevez vos enfants reflète généralement votre propre éducation. Vous souhaiterez probablement en perpétuer certains aspects, mais en éviter d'autres qui n'ont pas été idéaux pour vous (ce qui impliquera probablement un désaccord occasionnel avec les grands-parents également).

Si votre partenaire a reçu une éducation différente de la vôtre, il est possible qu'il ait une conception radicalement opposée de la parentalité, notamment en ce qui concerne la discipline. Si vous êtes opposée à

toute forme de châtiment corporel et que votre partenaire pense que « une bonne fessée ne lui a jamais fait de mal et l'a certainement aidé à bien se comporter », vous allez au-devant de problèmes, à moins que vous ne finissiez par trouver une solution à vos différends. Que vous le vouliez ou non, vous citerez vos parents à un moment ou à un autre – en particulier dans les périodes de stress – et répéterez certaines de leurs erreurs.

TRAVAIL D'ÉQUIPE *L'éducation des enfants est plus facile si vous vous soutenez mutuellement. Mettez-vous d'accord sur ce qui est important et présentez toujours un front uni.*

■ **Prenez conscience de la façon dont vos désaccords affectent votre enfant :** nous savons tous que de petits désaccords peuvent rapidement s'enflammer lorsque nous sommes fatigués et stressés. Bien que des divergences d'opinion occasionnelles soient inévitables et ne soient pas traumatisantes pour votre bébé, celui-ci risque d'être fortement affecté s'il vit dans une atmosphère de cris perpétuels, de ressentiments et de silences pesants.

Si vous le pouvez, parlez de tous les problèmes avant qu'ils ne deviennent ingérables – à long terme, les ressentiments peuvent se révéler extrêmement néfastes à la relation. Il est préférable d'attendre que le moment d'énervement soit passé, puis d'aborder le problème à l'écart de votre enfant. Ne tentez pas de partager les torts, mais efforcez-vous plutôt de déterminer l'origine du problème et de trouver une solution.

Quand le conflit va trop loin

Si vous pensez que votre partenaire fait preuve de violence physique ou psychologique envers votre bébé, il est important que vous protégiez et souteniez votre enfant. En tant que parent, c'est votre devoir. N'hésitez donc pas à en parler à votre médecin, à votre pédiatre ou à votre infirmière de CLSC. Ne laissez pas un sentiment de culpabilité ou de honte vous en empêcher.

Si votre partenaire vous maltraite, vous devez rechercher de l'aide, à la fois pour vous-même et pour votre bébé. Il existe différentes formes de violence domestique : psychologique, économique, émotionnelle ainsi que physique. La violence conjugale est une épidémie silencieuse, qui, au Québec affecterait, selon les dernières recherches, une femme sur cinq au cours de sa vie. Elle est plus courante après la naissance d'un enfant et, bien qu'elle touche majoritairement les femmes, les hommes également peuvent en être victimes.

Les études montrent que, dans les familles où elle se produit, la moitié des enfants ont été frappés. Mais, même s'ils n'en sont pas directement victimes, ce type d'environnement est toujours mauvais pour les enfants. Voir et entendre leurs parents se disputer, et dans de nombreux cas être témoins de violences, est néfaste pour leur développement. Ne souffrez pas en silence. Il est important de solliciter de l'aide assez tôt, lorsque le soutien d'un professionnel peut encore apporter une solution.

■ **Si possible faire front à l'unisson :** la cohérence au sujet des limites est fondamentale pour les enfants. Votre tout-petit se sentira plus en sécurité si vous semblez vous accorder au moins sur les points essentiels. En grandissant, il va tester vos limites. Cela fait partie de son processus de développement mais sachez que, de même que votre bébé se montre capable de capter vos émotions, votre tout-petit apprendra à utiliser à ses fins tous les désaccords entre vous. Si, par exemple, vous interdisez toutes les sucreries mais que son père les autorise quand il est trop harcelé, votre enfant saura vers qui se tourner s'il souhaite du chocolat. Ceci peut sembler relativement inoffensif, mais s'avère très minant pour le parent qui a posé les limites.

Des problèmes tels que celui-ci peuvent devenir une source de conflit permanent entre vous, votre enfant et votre partenaire. Si vous devez trouver un moyen de coopérer comme parent, il est important de ne pas exclure votre partenaire lors de la prise de décision concernant les problèmes parentaux tels que les soins des enfants, les heures de coucher, les repas, le comportement et la discipline.

■ **L'école des parents :** il est important pour les parents de se renseigner sur l'éducation, qu'ils rencontrent ou non des difficultés avec leur enfant. La lecture

Problèmes courants

▷ **Mon amie trouve le rôle de mère très stressant. Elle crie et frappe souvent son enfant quand il l'énerve. Quel conseil puis-je lui donner ?**

Aucun si vous souhaitez conserver son amitié. Si votre amie trouve sa vie très stressante, vous pourriez lui proposer de vous occuper de son petit garçon une heure ou deux, ou lui assurer que vous êtes là si elle souhaite parler. Vous pouvez également envisager de garder son enfant une soirée afin qu'elle puisse sortir. Tous les jeunes enfants poussent quelquefois leurs parents à bout et il est facile de sortir de ses gonds. Bien qu'il soit préférable de ne pas prodiguer de conseils parentaux sans que ceux-ci aient été sollicités par vos amis, vous devez néanmoins faire une exception lorsque vous voyez un parent maltraiter manifestement un enfant. Dans ce cas, il est de votre devoir d'intervenir. Si vous êtes inquiète au sujet d'un enfant, vous pouvez téléphoner au CLSC de votre région ou appeler la DPJ (Direction de la protection de la jeunesse).

▷ **Nous avons un enfant de seize mois et j'aimerais un autre bébé, mais mon partenaire reste inflexible. Il pense qu'un seul enfant est suffisant. Je suis tentée d'arrêter la pilule sans lui en parler, mais je sais que ce serait une erreur. Comment résoudre le problème ?**

Vous avez raison de résister à la tentation de décevoir votre partenaire. Ce ne serait pas une bonne base pour l'arrivée d'un nouveau bébé dans votre famille, et il serait à juste titre accablé s'il devait l'apprendre un jour. Il est important que vous communiquiez avec votre partenaire à ce sujet et que vous compreniez pourquoi il s'y oppose aussi fortement. Il est possible qu'il ait vécu la parentalité comme un immense bouleversement et qu'il soit effrayé à l'idée des problèmes supplémentaires qu'un deuxième enfant serait susceptible d'engendrer dans votre relation. Pour de nombreux hommes, les considérations financières jouent un rôle majeur, à plus forte raison s'ils assurent seuls le rôle de soutien de famille. Si tel est le cas, vous pouvez peut-être arriver à un compromis en reprenant votre travail à mi-temps.

Lorsque votre petite fille grandira et que la parentalité deviendra plus facile, votre partenaire reviendra peut-être sur ses positions. En attendant, ne fermez pas le dialogue. Et n'oubliez pas que de nombreux couples prennent la décision de n'avoir qu'un seul enfant.

QUESTIONS ET RÉPONSES

---

de revues et de livres spécialisés peut s'avérer un outil efficace. Par exemple : Margot Sunderland, *La Science au service des parents* (2007).

■ **Essayer toujours de garder son sens de l'humour :** si vous pouvez vous dérider et rire quand les choses ne se passent pas tout à fait comme prévu, vous vous épargnerez une anxiété considérable. Je me souviens avoir dit à mon cadet « Je t'aime beaucoup », ce à quoi il a répondu « Et moi, j'aime papa ! » Il aurait pu être facile pour moi de juger cette réponse blessante, mais au lieu de me vexer, je m'en suis amusée – et il m'était agréable d'entendre combien il était attaché à Peter.

UN ENFANT ACTIF

AUTONOMIE CROISSANTE VOTRE TOUT-PETIT SE MONTRE PLUS DÉTERMINÉ À FAIRE LES CHOSES PAR LUI-MÊME ET DEVIENT PLUS POSSESSIF

LAISSE-MOI T'AIDER IL APPREND EN AGISSANT ET S'IMPLIQUE AVEC ENTHOUSIASME DANS LES TÂCHES QUOTIDIENNES

FACULTÉS PHYSIQUES IL MAÎTRISE LA MARCHE, S'ATTAQUE AUX ESCALIERS ET COMMENCE MÊME À COURIR

« Son niveau de concentration s'améliore et il s'intéresse de plus près à certains jouets. »

Communication

Le développement de votre bambin fait un bond en avant, sur le plan tant physique que mental et émotionnel. Il est fasciné par son environnement ainsi que par les personnes qui l'entourent et il tire parti au mieux de ses facultés de communication – même s'il ne parle pas encore beaucoup – pour créer des relations et apprendre à interagir.

Facultés physiques

À dix-huit mois, pratiquement tous les enfants sont capables de marcher et les plus avancés expérimentent la façon de reculer. Une fois la marche parfaitement maîtrisée, votre enfant se mettra rapidement à la course – même s'il se montre un peu gauche dans un premier temps. Certains enfants essaient même de taper dans un ballon à vingt mois. Quand un tout-petit commence à courir, son système de freinage n'est pas encore au point. Veillez donc à l'écarter des obstacles, des marches masquées, des murets et de l'eau dans le jardin. À cet âge, il est en mesure de monter et de descendre les marches (à reculons ou sur les fesses) sans assistance.

Il devient de plus en plus habile et mobile. Alors qu'à dix-huit mois il retirait des vêtements faciles tels que des bas, à vingt mois il est capable de se déshabiller entièrement par lui-même.

Le langage et la compréhension

Vers l'âge de dix-huit mois, les enfants ont généralement une bonne quantité de termes simples à leur disposition et, dès vingt mois, certains associent deux ou trois mots pour former des expressions. Il peut s'agir de quelque chose que votre enfant vous a entendue prononcer, tel que « tous partis », ou d'une formule de sa propre fabrication, telle que « mettre chaussures », « voiture papa » ou « pas bon ». S'il connaît beaucoup de mots, son langage connaîtra une grosse évolution dans les prochains mois, car la recherche a montré que, dès que l'enfant a une cinquantaine de mots à son actif, son langage tend à s'enrichir rapidement pour atteindre les deux cents mots ou plus.

Cependant, si votre bambin de vingt mois montre toujours le chat du doigt en disant « ah-ba », sachez qu'il n'est pas le seul, car certains enfants – dont quelques-uns sont

PETIT DRIBBLEUR *Une fois stable sur ses pieds, il développe de nouvelles facultés telles que la course et le jeu avec un ballon. Certains enfants commencent à taper dedans et à le renvoyer.*

« À dix-huit mois, mon tout-petit n'avait pas fait un seul pas, puis un jour il s'est levé du sofa et a couru dans toute la pièce. J'ai appris à prendre chaque étape comme elle venait et à accepter qu'il évolue à son rythme. »

très brillants – ne prononcent encore aucun mot « correct » durant la première année. Si vous avez des inquiétudes à ce sujet et souhaitez écarter certains problèmes tels qu'une mauvaise audition, parlez-en à votre pédiatre ou à votre médecin généraliste. Mais dans la majorité des cas, il est inutile de s'inquiéter : les histoires d'enfants n'ayant pas prononcé un mot avant trois ans et se mettant tout d'un coup à formuler des phrases complexes abondent. Albert Einstein, par exemple, est connu pour ne pas avoir parlé avant quatre ans.

À dix-huit mois, il est possible que votre tout-petit utilise encore un seul mot pour désigner tous les éléments d'un même groupe. Il nomme « chat », par exemple, toutes les créatures à fourrure. Quelques mois plus tard, cependant, son discernement s'affine et il comprend la plaisanterie qui consiste à montrer un mouton du doigt et à dire « miaou ». Quelles que soient les capacités de communication de votre enfant, il choisira quelquefois de vous ignorer délibérément, faculté que la plupart des enfants perfectionnent au cours des années.

Durant cette période, la mémoire de votre enfant s'améliore. Il commence, par exemple, à chercher ses chaussures dans le garde-robe, à rechercher le chat (qui se cache prudemment sous le lit) ou à fouiller dans votre sac à provisions pour y dénicher les biscuits que vous avez achetés au supermarché. Bien qu'il soit toujours possible de détourner son attention, cette opération devient de plus en plus difficile, car loin des yeux ne rime plus forcément avec loin de l'esprit. Il s'agit d'une étape importante dans l'apprentissage de votre enfant qui se devrait d'être célébrée. Les choses sont cependant tout autres quand il persiste à chercher les biscuits alors que vous le lui interdisez et que, au lieu de se laisser divertir par un jeu intéressant, il donne des coups de pied dans tout ce qui se trouve sur son passage en hurlant de rage.

Musique et développement

Si votre enfant apprécie la musique, vous le verrez peut-être commencer à danser à dix-huit mois en se trémoussant sur place. À vingt mois, il sera capable d'exécuter quelques pas en rythme ou de tourner en rond en écoutant ses mélodies favorites. Il aimera créer sa propre musique avec des instruments jouets ou simplement en tapant avec une cuiller sur une casserole. La musique permet également de stimuler le développement intellectuel de l'enfant. La recherche a prouvé que jouer de la musique ou chanter des chansons favorisait le développement de sa mémoire.

La musique offre également une vertu immédiate et pratique. En effet, votre enfant se montrera plus coopératif si vous lui chantez une chanson pendant que vous changez ses couches, que vous le lavez ou l'habillez. Reprenez sa chanson préférée et encouragez-le à se joindre à vous. Les chansons renforcent les rituels qui sécurisent les enfants et leur évitent ainsi de s'opposer aux tâches quotidiennes.

Recherche d'attention

Le besoin d'attention de votre enfant vous semblera parfois dévorant, et il fera tout ce qu'il peut pour l'obtenir – lancer des objets, crier ou tirer la queue du chien. Efforcez-vous de comprendre sa motivation,

tout en lui expliquant pourquoi il ne doit pas agir ainsi. Mais s'il se comporte toujours aussi mal lorsque vous êtes au téléphone, par exemple, considérez les choses de son point de vue. Il vous voit et vous entend sans toutefois pouvoir attirer votre attention. Il ne comprend pas que vous parlez à une autre personne. Dans la mesure du possible, programmez les longs appels téléphoniques à une heure où il est déjà couché.

Si vous faites une liste d'épicerie, il se peut que votre enfant prenne un crayon pour « écrire également une liste ». S'il se sert d'une feuille de papier de brouillon, vous vous en amuserez probablement et le féliciterez, mais s'il gribouille sur une lettre importante, il y a des chances pour que vous vous fâchiez. De nouveau, efforcezvous de comprendre sa motivation. Il tentait de vous faire plaisir et de vous imiter. Il ne sait pas encore ce qu'est une lettre importante. La prochaine fois, veillez à ce qu'il ait son propre morceau de papier.

AMATEUR DE MUSIQUE

Il apprécie les instruments de musique simples – une guitare qu'il peut gratter, un tambour sur lequel il tape, des maracas ou un tambourin à secouer. Plus ils sont bruyants, mieux c'est.

Je veux être comme toi

Dès que possible, laissez votre enfant se joindre à vos activités : donnez-lui, par exemple, une petite pelle afin qu'il puisse creuser avec vous dans le jardin, quelques jouets pour clapoter dans une cuvette d'eau lorsque vous faites le ménage et quelques casseroles avec lesquelles il s'occupera pendant que vous cuisinez. Votre tout-petit appréciera les versions jouets des articles ménagers, tels qu'une boîte à outil, un fer et une table à repasser, un service à thé et un aspirateur.

Il n'est jamais trop tôt pour encourager un enfant à participer aux tâches ménagères, ce qu'il appréciera particulièrement si cela lui permet de vous imiter. Donnez-lui une éponge et laissez-le vous aider à nettoyer la voiture ou laver le plancher de la cuisine. Offrez-lui un chiffon afin qu'il se joigne à vous pour dépoussiérer. Voyez s'il peut sortir tous les bas de la pile de linge propre (plus tard, il sera en mesure de reconstituer les paires, ce qui vous sera très utile).

Ou que vous alliez, il vous suivra. Préparez-vous à ne connaître aucune intimité aux toilettes pendant un an ou plus, mais restez positif – s'il décide de vous copier, l'apprentissage du pot en sera considérablement facilité.

L'estime personnelle de votre enfant

Essayez de ne pas ébranler l'estime personnelle de votre enfant. S'il fait une bêtise, critiquez l'action et non l'enfant. Ainsi, au lieu de dire à votre fille, « Tu es vilaine car tu as vidé toute la poubelle par terre », dites-lui « C'était une bêtise - voyons si tu peux aider maman à tout nettoyer. » Si elle vous aide, félicitez-la. Il est important d'éviter toute parole susceptible de blesser profondément un enfant, telle que « Tu es stupide » ou « Je te déteste ». S'il vous prend l'envie de crier sur votre enfant ou de le gifler, prenez une profonde inspiration et faites un pas en arrière. Si vous prononcez quelque chose que vous regrettez, expliquez-lui que vos mots ont dépassé votre pensée, excusez-vous et faites-lui un câlin. Souvent, lorsque les enfants nous rendent fous par un comportement difficile, ils souhaitent tout simplement être cajolés. Avec notre cadet, nombre de situations se sont résolues et se résolvent toujours de cette façon.

« Les petits garçons sont comme les chiots – ils ont besoin d'amour et d'activité physique chaque jour ! »

Problèmes courants

▷ **Mon enfant de vingt mois n'arrête jamais de courir. Il ne m'écoute pas et est incapable de se concentrer sur quelque chose plus de quelques minutes. Est-il hyperactif ?**

Comme tous les jeunes enfants, le vôtre semble avoir une énergie débordante, ce qui ne signifie pas qu'il est hyperactif. Il est sans aucun doute épuisant d'essayer de gérer un bambin aussi actif, qu'il ait un problème médical ou non, mais plusieurs solutions s'offrent à vous. Pour commencer, faites-le évoluer dans un environnement aussi calme que possible et régularisez au maximum ses activités. Votre enfant se sentira ainsi sécurisé et sa concentration en sera facilitée. Quand il vous écoute, félicitez-le. Dans le cas contraire, tentez de capter son attention. Occupez-le autant que possible, ce qui lui évitera de courir partout sans but.

Emmenez-le quotidiennement en promenade – les tout-petits ont une énergie débordante qui les rend incontrôlables s'ils ne peuvent pas se défouler. Certains parents affirment que leurs enfants sont devenus hyperactifs après avoir eu une alimentation sucrée. Bien qu'il soit préférable d'éviter les aliments sucrés pour diverses raisons, il n'existe aucune preuve scientifique d'un lien entre le sucre et l'hyperactivité.

Habituellement, un excès de sucre est associé aux fêtes d'enfants, où l'excitation est de toute façon à son comble. Il est rare de diagnostiquer de l'hyperactivité, ou des troubles de déficit de l'attention (voir page 301), chez les très jeunes enfants. Si, cependant, votre tout-petit dort très peu, est sujet aux colères et semble être plus rebelle et/ou agité que les autres enfants de son âge, parlez-en à votre médecin généraliste ou à votre pédiatre.

▷ **Ma fille de dix-huit mois se montre réticente pour se joindre à des personnes qu'elle connaît bien et, quand un étranger s'en approche, elle se fige et cache son visage. Comment puis-je l'aider à surmonter sa timidité ?**

Nous avons tous des personnalités différentes et les jeunes enfants ne font pas exception à la règle. Certaines personnes sont naturellement plus timides ou introverties que d'autres, et votre petite fille est peut-être toujours en proie à une anxiété de séparation (voir page 129). Au lieu de forcer sa socialisation, essayez de créer des situations qui ne lui sont pas trop pénibles. Par exemple, invitez pour la collation un enfant qu'elle connaît bien avec sa mère ou passez du temps avec

les membres de la famille proche dans un environnement familier. Laissez-lui le temps de sortir progressivement de sa timidité.

▷ **Mon petit garçon est très sociable, mais ne prononce aucun mot compréhensible. Il a eu plusieurs infections auriculaires et je ne suis pas sûre qu'il m'entende correctement. Que dois-je faire ?**

Les enfants prononcent généralement leurs premiers mots aux environs de dix-huit mois, mais la fourchette normale de développement est très large et il est possible qu'il ne soit pas encore prêt. Cependant, votre petit garçon ayant connu des infections auriculaires récurrentes, il est essentiel de lui faire faire un test auditif. Les jeunes enfants sujets à ce type d'infection risquent de développer une otite muqueuse (voir page 267) qui affecte l'audition. C'est pourquoi il est important de l'emmener consulter votre médecin. Si son audition est normale, votre médecin de famille ou votre pédiatre peut évaluer son développement avec vous et lui faire subir des tests complémentaires si nécessaire.

Amusement et jeux

Vous pouvez probablement obtenir de votre enfant qu'il se concentre brièvement sur une activité, même si ses capacités de concentration ne sont pas encore très élevées à cet âge. Encouragez-le à jouer seul de temps en temps. De cette façon, il apprendra à apprécier sa propre compagnie et améliorera son autonomie.

VOTRE ENFANT ACTIF *Les piscines à balles offrent un environnement sûr pour les jeux de votre tout-petit. Les activités physiques lui donnent la possibilité de se défouler.*

Votre tout-petit devient de plus en plus habile pour manipuler les crayons, la peinture, le sable et l'eau. Il commence à faire délibérément des taches de peinture sur le papier, à gribouiller avec les crayons et la craie et à remplir un seau avec du sable mouillé, même si vous devez encore l'aider pour le retourner, taper sur le fond et le soulever pour faire un château de sable.

Si votre enfant aime peindre, essayez de faire des papillons avec lui. Ils sont très simples et l'effet produit enthousiasme les jeunes enfants. Pliez une feuille de papier épais en deux et découpez-la en forme de papillon. Ouvrez-la et invitez votre enfant à créer des taches épaisses de peinture de différentes couleurs sur la moitié de la forme. Puis pliez de nouveau le papier, appuyez fermement et ouvrez la feuille. Vous verrez apparaître un magnifique papillon.

Votre enfant aimera probablement jouer avec de la pâte à modeler. Dans un premier temps, il se contentera de la prendre en main, de la pétrir et de tester sa malléabilité. Il est également possible qu'il essaie de la goûter. Veillez donc à ce qu'elle ne soit pas toxique ou fabriquez-en vous-même (voir encadré ci-contre). Une fois accoutumé à la texture de la pâte, il la fera rouler pour produire une boule, appuiera dessus pour l'aplatir, y laissera ses empreintes, découpera des formes ou l'introduira dans des moules. Dans un premier temps, il ne cherchera pas à produire des formes représentatives, mais il appréciera votre créativité.

« Je trouve les jeux créatifs avec mon enfant passionnants et l'émerveillement qui illumine parfois son visage m'est inestimable. »

Recette de pâte à modeler

½ g de farine blanche

¼ g de sel

1 cuillerée à soupe d'huile

2 cuillerées à café de crème de tartre

1 tasse d'eau

Colorant alimentaire ou peinture non toxique

Faites chauffer doucement tous les ingrédients dans une casserole, en remuant constamment jusqu'à ce que la pâte s'épaississe. Si elle est trop dure, ajoutez de l'eau ; si elle est trop collante, de la farine. Laissez-la refroidir et pétrissez-la pour la rendre lisse et vous assurer qu'il n'existe plus de points chauds. La pâte se conserve plusieurs semaines dans un récipient hermétique.

Jeux d'imitation

Les jeux d'imitation sont l'occasion pour l'enfant de donner un sens à ce qui l'entoure. Avec l'évolution de son sens du moi, votre tout-petit joue à imiter d'autres personnes et recherche de nouvelles sensations en s'imaginant quelqu'un de différent. Utiliser son imagination de cette façon lui permet également de développer ses facultés de langage, car ces jeux lui offrent de nombreux sujets de discussion avec les adultes. À cet âge, il a probablement encore besoin d'être initié à de nombreux jeux. Dans un premier temps, il vous copiera ou apportera sa contribution, mais, progressivement, il développera ses facultés.

Pour commencer, il aimera reprendre dans ses jeux des situations quotidiennes, telles que manger, boire et dormir. Lire des livres, avoir des animaux de compagnie, visiter une ferme et faire un trajet en train enflammeront son imagination. Il aimera se transformer en un chat, une vache, un train ou un avion et appréciera vivement que vous vous joigniez à ses jeux en imitant les bruits et les gestes. De nombreux enfants jouent simplement au papa et à la maman.

Une fois qu'il sera totalement stable sur ses pieds, un jouet imitant un chariot d'épicerie ou une poussette (avec une poupée ou un ours à l'intérieur) l'aideront à recréer des

REGARDEZ-MOI
L'habillement offre à votre tout-petit l'occasion de se montrer à la fois créatif et autonome.

situations quotidiennes. Un vieux foulard, un chapeau ou une paire de chaussures l'occupera pendant des heures. L'habillement est une activité très prisée des jeunes enfants, filles ou garçons. Vous dénicherez dans votre foyer de nombreux accessoires pour ce type d'activité – par exemple, un drap disposé sur un porte-vêtements se transformera en une tente, une maison, un magasin, une cave ou un tunnel. Un tunnel à ramper qui se replie pour faciliter le rangement est un jouet polyvalent qui durera des années à votre enfant. Il lui servira de tunnel à ramper, puis de support pour toutes sortes de jeux complexes et fantaisistes lors des premières années d'école. Conservez quelques vieilles boîtes et vieux colis qui peuvent devenir des « cadeaux » à emballer et à offrir, ou l'étalage d'un « magasin ». Avec votre aide, ils lui serviront de matière première pour approcher l'univers du recyclage artistique.

Même le jeu le plus divertissant peut lasser très vite un enfant – si vous êtes un gros chien pourchassant votre bambin dans la pièce ou que vous vous amusiez à le chatouiller, il est possible qu'il juge soudainement cette occupation ennuyeuse. Tenez-en compte et arrêtez-vous dès les premiers signes de lassitude. Votre enfant apprendra ainsi qu'il peut dire « non » et s'attendre à être écouté, ce qui est une leçon précieuse pour l'avenir.

Les jouets représentent des personnages, des animaux, des maisons, des voitures ainsi que des dînettes sont parfaits pour les jeux imaginatifs. Dans les prochains mois, il commencera à transposer des éléments d'histoires qui lui sont familières et de la vie réelle dans ses jeux.

Les tout-petits ont-ils besoin de cours ?

Dans de nombreux milieux sociaux, la compétition est rude pour se montrer le meilleur parent. Ce phénomène se manifeste de plusieurs façons, mais implique souvent l'inscription des enfants dès leur plus jeune âge à plusieurs activités de groupe afin d'optimiser leur développement. Ces groupes proposent, par exemple, une initiation à la musique, à la chanson, au théâtre ou à la gymnastique. Les parents s'impliquent généralement avec enthousiasme dans ces cours. Au fur et à mesure du développement de l'enfant, ces leçons peuvent évoluer vers des ballets, de la natation ou du violon. Avant même que vous vous en soyez rendu compte, votre enfant aura acquis des notions de musique et de karaté. Ces cours seront bénéfiques à votre enfant, mais ne tombez pas dans le piège de penser qu'il rate quelque chose s'il n'y participe pas. Le plus important est qu'il soit prêt pour ces cours et qu'il les apprécie.

De cette façon, il développera ses facultés intellectuelles, sociales, de communication et de langage. De plus, la petite taille des jouets l'aidera à améliorer son adresse. Avec l'amélioration de ses possibilités de concentration, il se montrera de plus en plus absorbé par ces jeux et, quand il sera prêt (dans un an environ), il y inclura d'autres enfants.

Être son compagnon de jeu

Il peut être difficile de déterminer combien de temps vous devez passer à jouer avec votre enfant. Le jeu symbolique avec un jeune enfant peut être ennuyeux et je vous conseille de l'encourager à jouer seul au moins pendant de brèves périodes. S'il s'agit de votre deuxième enfant, vous constaterez probablement qu'il aime bien observer son aîné et qu'il est beaucoup plus facile à occuper.

Les sorties

Selon la personnalité et les goûts de votre enfant, de nombreux types de sorties sont maintenant susceptibles de l'intéresser. La plupart des jeunes enfants apprécient une visite au zoo ou dans une ferme où ils peuvent voir, toucher et peut-être même nourrir les animaux. Veillez cependant à ce qu'il se lave les mains après ces visites pour éviter les désordres digestifs et les infections plus sérieuses.

Basez-vous sur les types de sorties que vous avez déjà testées. Votre enfant étant maintenant un peu plus vieux, elles pourront être plus variées et lui offrir l'occasion de s'impliquer. Paradoxalement, cependant, attendez-vous à ce que votre progression soit plus lente, car il insistera pour marcher seul et réaliser de nombreuses expériences par lui-même. Faire les choses à sa façon, prendre le temps d'explorer différents environnements et absorber totalement différentes expériences est vital pour son développement. Vous devez donc vous montrer compréhensive. Par exemple, s'il trouve les lapins de la ferme intéressants, ne vous précipitez pas pour voir le cochon en train de manger. Quelle que soit votre impatience, accordez-lui le temps qui lui est nécessaire et expliquez-lui les choses.

JEU IMAGINATIF *Une dînette complète avec les aliments en plastique est un bon jouet pour un tout-petit. Ainsi, il peut imiter maman et préparer « un repas » pour ceux qu'il aime.*

Soins quotidiens

Adopter un rythme de vie régulier incitera votre enfant à se sentir en sécurité, mais il est possible qu'il tente de résister pour tester les limites de ce qui lui est autorisé. Un refus de sortir du bain ou de rester dans son lit sont deux problèmes auxquels vous aurez peut-être à faire face, mais plusieurs moyens sont à votre disposition pour y remédier.

Sens du sommeil

Une fois votre enfant mobile, il est probable qu'il use de quelques astuces pour conserver votre attention au moment du coucher. Il essaiera peut-être de prolonger le rituel, mais ne vous écartez pas de ce que vous avez initialement fixé et ne cédez pas à sa demande de lire une histoire de plus, de faire un câlin supplémentaire, de lui apporter un verre d'eau, etc. S'il se lève pendant la soirée ou continue à vous appeler, recouchez-le fermement et évitez de vous engager dans des jeux ou des discussions.

Si votre enfant est couché dans un lit classique et non plus dans une bassinette, il est possible qu'il se lève au cours de la nuit et vienne dans votre lit. Si vous êtes trop endormie pour le ramener dans sa chambre, il prendra vite l'habitude de se blottir

« Notre jeune enfant a toujours été calme la nuit jusqu'à ce qu'il réalise qu'il pouvait sortir de son lit. Nous avons rapidement dû mettre fin à un comportement. »

contre vous et votre partenaire devra décamper vers le lit vide ou le sofa. Lorsque vous aurez plusieurs enfants, les possibilités seront sans fin et épuisantes.

Ces promenades nocturnes ne posent pas de problème si elles conviennent à votre famille. De nombreux parents sont rassurés de savoir que leurs enfants viendront les rejoindre dans la nuit. Un de mes amis, qui est psychologue, déconseillait toujours aux parents de partager leur lit avec leurs enfants, mais quand il a eu le sien, il l'aimait tellement qu'il a décidé d'acheter un lit plus grand. Si, cependant, l'un de vous accepte cette situation mais que l'autre ne voie pas d'un très bon œil votre enfant arriver dans votre lit au milieu de la nuit, des conflits risquent de surgir. Dans ce cas, il est important de dialoguer. Vous pouvez peut-être parvenir à un compromis en restant ferme sur le fait que votre bambin reste dans son lit la nuit, mais en l'autorisant à vous rejoindre chaque matin pour commencer la journée par un câlin.

Les repas

Vers de dix-huit mois, de nombreux enfants sont capables de manger avec une fourchette et une cuiller adaptées, même s'ils préfèrent les doigts qui sont plus tactiles, amusants et efficaces. Si vous lui offrez l'équipement adéquat, l'enfant peut au moins se lancer. Ne vous montrez pas trop pointilleuse au sujet de la propreté. Il tentera de vous copier aussi bien qu'il le pourra à cet âge. S'il est particulièrement adroit, vous aurez assez de chance pour constater une diminution du désordre au moment des repas mais, pour nombre d'entre eux, les choses empirent avant de s'améliorer. L'essentiel est de vous détendre et de ne pas en faire toute une histoire.

Veillez toujours à ce qu'il se joigne aux repas familiaux et proposez-lui autant que possible la même nourriture que vous. La préparation de repas séparés pour les jeunes enfants est fastidieuse et il est préférable de les encourager à tester différents goûts et textures. Ne forcez jamais votre enfant et autorisez-le à ne pas aimer certains aliments. Attention cependant à ce qu'il n'omette pas un groupe entier, tel que les légumes, ce qui serait inacceptable et insurmontable (voir page 246). Lorsque vous l'emmenez au restaurant, choisissez des endroits équipés de chaises hautes et tranquillisez-vous. Si vous êtes inquiète du désordre ou de la casse potentielle, emportez une assiette en plastique et une bavette avec un rebord destiné à recevoir la nourriture qui lui échappe et laissez-le manger avec les doigts.

UTILISATION D'UNE TASSE *À vingt mois, votre enfant est capable de boire dans une tasse sans couvercle en ne renversant que très peu de liquide. Dans un premier temps, donnez-lui-en seulement une petite quantité et laissez-le s'entraîner avec de l'eau plutôt que du lait ou des jus de fruits.*

Propreté

Un enfant qui passe sa journée à courir dans tous les sens et à explorer son environnement a généralement besoin d'un bain tous les soirs. Il s'agit habituellement d'un événement vivant, prolongeant les jeux de la journée. Dans ce cas, vous risquez de rencontrer quelques difficultés pour l'en sortir. Une fois encore, considérez les

NOUVELLES FACULTÉS

Avec l'amélioration de son adresse, votre tout-petit est en mesure de se brosser les dents et de mettre ses chaussures seul. Mais il a encore souvent besoin de votre aide.

choses de son point de vue. Il passe un moment agréable à jouer dans les bulles et il a toute votre attention (il est encore beaucoup trop jeune pour que vous le laissiez seul dans le bain). Il est donc normal qu'il se montre réticent pour en sortir. Si vous le soulevez sans le prévenir, il est probable qu'il proteste, mais si vous prenez soin de lui rappeler que le bain sera suivi d'un câlin dans une serviette chaude et d'une histoire avant d'aller se coucher, il acceptera plus volontiers.

Le brossage des dents peut devenir un sujet de tension. Si votre enfant refuse vraiment de coopérer, procédez comme avec un bébé plus jeune. Asseyez-le sur vos genoux, le visage dirigé vers l'avant. Tenez-le fermement d'une main et brossez-lui les dents avec l'autre main. Si vous lui donnez une brosse avec un doigt de dentifrice, il est probable que vous n'en arriviez pas à cette extrémité, car il appréciera imiter les grands et se brosser les dents tout seul. Bien qu'il soit préférable de l'encourager à utiliser la brosse, il n'est pas encore suffisamment adroit pour se brosser les dents correctement. C'est pourquoi il est important que vous preniez le relais pour parfaire le travail.

Présentation du pot

Si votre enfant s'intéresse aux toilettes, en vous y suivant par exemple, il est temps de lui présenter le pot. Commencez simplement par le placer dans la salle de bain à proximité des toilettes ou dans sa chambre. Il pourra alors y asseoir son ours ou sa poupée. Dans ce cas, dites-lui combien l'ours devient grand et laissez-le sur cette réflexion.

Votre tout-petit commencera à utiliser les toilettes ou le pot quand il se sentira prêt, physiquement et psychologiquement. Évitez par conséquent de dramatiser les choses en lui disant qu'il sera « un bon garçon » quand il y parviendra. Il risquerait alors de penser qu'il fait quelque chose de mal en ne l'utilisant pas et de résister le temps venu (voir page 250). Néanmoins, s'il souhaite l'utiliser à cet âge (et c'est encore le cas de peu d'enfants), tirez parti au mieux de son intérêt et de son enthousiasme.

Habillement

Dès que les capacités motrices de votre enfant le permettent, laissez-le faire certaines choses par lui-même. Le simple fait d'enfiler des chaussures peut lui prendre une éternité, et votre aide sera nécessaire pour les lacer ; pour autant, voir votre tout-petit avec ses bottes de caoutchouc au mauvais pied et son manteau à l'envers est incroyablement touchant. Il est également important pour son autonomie et sa confiance de lui offrir de nombreuses possibilités de mettre en pratique ses nouvelles facultés.

Votre enfant sera capable de retirer ses vêtements avant de pouvoir les enfiler, et il peut être immensément frustrant de constater qu'il se retrouve déjà sans vêtements alors même que vous venez de l'habiller. Montrez-vous patiente et si ce phénomène devient un problème, utilisez des fermetures qu'il ne peut pas encore défaire, telles que des boutons. Bien sûr, cette suggestion est valable jusqu'à ce qu'il commence l'apprentissage du pot qui nécessitera des systèmes de fermeture rapides.

Problèmes courants

▷ **Mon tout-petit se salit terriblement. Dois-je utiliser des produits antibactériens ?**

Il est important pour le développement de votre enfant de lui offrir la possibilité d'explorer son environnement en toute sécurité sans se préoccuper des salissures sur les vêtements. Pour autant, il convient d'éviter une certaine saleté, telle que la terre ou le sable souillé par les animaux familiers et les aliments moisis tombés au sol. Mis à part ces exceptions, il n'est pas nocif pour votre enfant d'être en contact avec des germes. Ils contribuent, au contraire, à renforcer son système immunitaire qui le protège des bactéries dangereuses. Bien qu'il soit acceptable d'utiliser un nettoyant antibactérien sur la tablette de sa chaise haute, où les microbes se multiplient rapidement à température ambiante, il convient d'éviter le savon antibactérien pour le lavage des mains, car vous éliminez ainsi les bactéries qui sont utiles pour le corps. Si vous utilisez des produits d'entretien antibactériens dans votre logement, vous créez un environnement stérile qui empêche votre enfant de développer son immunité. Vous ne devez donc pas vous montrer trop maniaque. Personnellement, je n'ai jamais utilisé de produit antibactérien autre que de l'eau de Javel dans les toilettes.

▷ **Les molaires de ma fille apparaissent et elle est vraiment d'humeur maussade. Comment puis-je l'aider ?**

La pousse des molaires peut être source d'inconfort. Montrez-vous donc compréhensive et faites-lui de nombreux câlins. L'acétaminophène pour enfants ou les gels dentaires aideront votre fille à passer la période la plus difficile. Si elle refuse temporairement sa nourriture, ne vous inquiétez pas, la douleur étant de courte durée.

▷ **Mon petit garçon a vingt mois et j'ai remarqué que sa peau présente une nuance orangée. À quoi est-ce dû ?**

Au cours de ma carrière, j'ai vu de nombreux enfants orange qui m'étaient amenés parce que les parents craignaient une jaunisse. Mais dans la plupart des cas, ce n'est rien de plus que les effets du régime alimentaire. Si votre petit garçon mange beaucoup d'aliments orange, tels que des carottes, des patates douces et des mandarines, ils sont probablement responsables de cette coloration orangée. Si vous avez d'autres inquiétudes concernant sa santé, consultez votre médecin généraliste, mais si c'est le seul symptôme qui vous préoccupe, introduisez des aliments de couleurs différentes dans son régime et voyez si sa peau reprend une couleur normale.

Attendre un nouveau bébé

Même si vous avez une idée de ce à quoi vous pouvez vous attendre, vous devez aborder cette grossesse avec tact vis-à-vis de votre premier enfant. Les choses se passeront peut-être bien, mais ne sous-estimez pas les difficultés potentielles et acceptez toutes les offres d'aide.

Dans un premier temps, il est possible que votre enfant se désintéresse totalement de l'idée d'avoir un nouveau frère ou une nouvelle sœur. Il est cependant possible qu'il commence à faire preuve de curiosité quand il sentira le bébé bouger dans votre ventre. Aucun enfant de cet âge ne comprendra pourquoi il est nécessaire de patienter plusieurs mois avant que le bébé arrive. Il convient donc d'attendre que votre grossesse soit assez avancée pour lui en parler.

Pour aborder le sujet avec votre tout-petit, vous pouvez vous appuyer sur les livres d'histoires. Si vous le pouvez, laissez-le passer du temps dans des familles avec un jeune enfant et un bébé. Ainsi, il s'habituera à l'idée d'avoir un frère ou une sœur et acquerra une certaine expérience d'un nouveau-né.

La fatigue et les nausées du début de grossesse peuvent rapidement faire place à un véritable épuisement ainsi qu'à des vomissements difficiles à gérer. Les jeunes enfants sont incroyablement réceptifs aux humeurs de leurs parents. Les signes indiquant que leur mère ne parvient pas à faire face peuvent le mettre mal à l'aise et le rendre anxieux. Il est alors possible qu'il vous teste en adoptant un comportement plus difficile, et c'est la dernière chose dont vous avez besoin quand vous avez vomi toute la matinée. Prenez donc soin de vous et évitez d'en faire trop. Pensez à adapter le rythme de vie de votre enfant bien avant

l'arrivée du nouveau bébé et prenez vos dispositions à l'avance pour le moment où vous serez à la maternité. À moins que votre partenaire ne souhaite pas se trouver à vos côtés pour le travail, n'hésitez pas à solliciter quelqu'un avec qui votre enfant est familier, tel qu'un grand-parent, pour le garder. Faites en sorte que la personne qui en aura la charge passe du temps avec lui avant la naissance, afin qu'ils puissent faire connaissance.

APRÈS LA NAISSANCE

Lorsque vous voyez votre enfant pour la première fois après la naissance, accueillez-le les bras ouverts et faites-lui un gros câlin pendant que quelqu'un d'autre s'occupe du bébé.

COMMENT LE PÈRE PEUT SE RENDRE UTILE

Le père joue un rôle clé pour permettre à l'enfant d'aborder la nouvelle naissance dans le meilleur état d'esprit possible. Veillez à vous impliquer dans des tâches telles que le rituel du coucher bien avant l'arrivée du bébé. Après la naissance, vous pourrez ainsi endosser un rôle plus important dans les soins de votre enfant sans que celui-ci associe l'arrivée du bébé à un quelconque changement. En soutenant votre partenaire dès les premiers jours, vous aurez souvent l'occasion d'inviter votre enfant à vous aider – en vous passant les lingettes pour le changement des couches, par exemple. Ce faisant, vous facilitez l'acceptation du bébé par votre tout-petit et vous créez une identité familiale. C'est une période

de défi, car vous vous efforcez de vous rendre utile sur tous les fronts : en travaillant, en soutenant votre partenaire et en arrondissant les angles dans les relations entre votre enfant et sa mère. Tâchez de comprendre combien il peut être difficile pour votre enfant d'accepter son nouveau frère ou sa nouvelle sœur. En tant que parents, vous représentez tout son univers d'amour et de sécurité et toute intrusion est difficile à gérer pour lui. Préparez-vous également à des méandres inattendus. À l'arrivée de notre nouveau bébé, je suis devenu le « préféré » de notre fille. Cependant, quand l'allaitement a été terminé, notre fille a reporté son affection sur sa mère et je me suis retrouvé avec le bébé !

« Quand je suis tombée enceinte, mon enfant était très en colère et j'ai dû lutter pour tenir. Au lieu d'essayer d'être une supermaman, j'ai demandé de l'aide. C'était la meilleur solution. »

JUSTE VOUS DEUX *Lorsque l'arrivée de votre deuxième bébé approche, profitez au mieux des périodes passées en tête à tête avec votre enfant.*

Montrez-lui combien vous êtes ravie de le voir. Certains parents offrent à l'enfant un cadeau de la part de son nouveau frère.

Malgré tous vos efforts, il est possible que votre enfant réagisse négativement, mais en passant du temps en tête à tête avec lui pendant que le bébé dort, vous apaiserez les tensions. Vous serez peut-être surprise de constater avec quelle rapidité votre bambin tisse des liens avec le nouveau-né. Vous pourrez accélérer encore les choses en lui faisant remarquer combien le bébé aime l'observer et en lui faisant mettre son doigt dans la paume du bébé pour qu'il le saisisse. Il ne connaît pas les réflexes des nouveau-nés et se montrera simplement ravi du fait que son frère souhaite lui tenir la main.

VOS SENTIMENTS

Vous vous demandez peut-être si vous serez en mesure d'aimer votre deuxième enfant autant que le premier, mais vous découvrirez rapidement que vous avez en vous suffisamment d'amour pour vos deux enfants, et même plus. Votre nouveau-né sera un petit individu à part entière et vous vous montrerez peut-être sous un jour totalement différent avec lui. De cette façon, vous aimerez vos deux enfants à égalité tout en entretenant une relation différente avec chacun.

Vous vous habituerez rapidement à gérer deux enfants à la fois et constaterez que la plupart des activités de votre aîné peuvent se poursuivre normalement, pendant que le bébé mange, est assis dans son siège ou dort dans sa bassinette. Après la naissance, prenez des dispositions pour que votre tout-petit passe un après-midi chez ses grands-parents ou une journée à l'extérieur avec votre partenaire afin que vous puissiez souffler.

VERS L'AUTONOMIE

FINI LES COUCHES VOUS INTRO-DUIREZ LE POT DANS LES MOIS À VENIR

JEUX ET AMUSEMENTS VOTRE JEUNE ENFANT COMMENCERA À S'INI-TIER À DE NOMBREUX JEUX

CAMARADE DE JEU VOTRE ENFANT COMMENCERA À COMMUNIQUER AVEC LES AUTRES À LA FIN DE LA DEUXIÈME ANNÉE

« Du bébé au petit garçon, il améliore son habileté et son efficacité de jour en jour. »

Grandir

Votre enfant et vous avez beaucoup appris ensemble et, parallèlement au travail et au stress, vous avez connu de nombreuses satisfactions durant ces deux premières années. À partir de maintenant, il deviendra un véritable compagnon qui utilisera des phrases pour communiquer, vous aidera dans vos tâches quotidiennes et prendra sa place à table aux heures des repas.

Facultés physiques

À vingt et un mois, votre tout-petit est capable de monter des escaliers avec confiance et, si sa marche s'est affirmée, il est possible qu'il teste son équilibre – marcher sur un trottoir en vous tenant par la main deviendra probablement son jeu favori. À vingt-deux ou vingt-trois mois, il est capable de descendre les marches, même s'il pose les deux pieds sur chaque marche et a toujours besoin de votre surveillance. D'ici son deuxième anniversaire, il est possible que votre enfant devienne adepte de la course et soit capable de lancer une balle avec la main.

Sociabilité

À ce stade, votre tout-petit joue toujours à côté des autres enfants (jeu parallèle) plutôt qu'avec eux, mais il commence progressivement à communiquer. Un adulte devra soutenir et faciliter le jeu social pendant quelque temps encore. En veillant à ce que votre enfant passe du temps avec d'autres, vous posez les fondations qui lui permettront de partager ses jouets, ses jeux et son imagination avec ses propres amis dans l'avenir. Votre enfant possède des idées personnelles et, bien qu'il soit toujours centré sur lui, il apprend également à s'identifier aux autres et à attendre son tour. Quand ils atteignent leur deuxième anniversaire, de nombreux enfants s'intéressent aux autres, à leur comportement, à leurs jeux et même à ce qu'ils ressentent. Si votre bambin voit un autre enfant pleurer, il est possible qu'il montre de la curiosité ou même de la compassion envers celui-ci, mais il lui faudra encore du temps pour comprendre comment se faire des amis. Vous pouvez cependant lui enseigner le partage en organisant des activités où chacun intervient à tour de rôle et en le félicitant quand il parvient à attendre son tour. Vous êtes son modèle et s'il vous voit partager, féliciter et dire « s'il te plaît » et « merci », il lui sera plus facile d'acquérir les facultés sociales nécessaires pour communiquer avec les autres en grandissant.

L'AVENTURIER *Votre tout-petit aimera grimper, sauter et courir. Votre instinct sera de le protéger de tout danger, mais veillez à lui offrir de l'espace pour apprendre.*

Son répertoire de termes s'étoffe presque trop vite pour que vous puissiez suivre sa progression. À vingt-trois mois, certains enfants sont capables de prononcer des phrases de trois mots ou plus incluant un verbe occasionnel – par exemple, « pas coucher », « plus de jus » ou « toutou mangé toute la pomme ». Quel que soit son niveau dans le domaine du langage, il continue à comprendre beaucoup plus de choses qu'il ne peut en dire. En plus de parler, il est même possible qu'il commence

Réflexions du père sur les deux dernières années

C'est un excellent moment pour reprendre votre souffle et revenir sur le chemin parcouru jusqu'à présent. Vous avez démarré avec un petit paquet dans un pyjama et une couverture (dont vous aviez du mal à croire qu'il était de vous deux) et vous avez maintenant une petite personne autonome qui est capable d'exprimer ses opinions et de communiquer avec vous, de marcher et de courir, de se nourrir seul et même de vous donner des ordres. Si vous êtes un père pour lequel l'intérêt d'un petit bébé était un peu mystérieux, c'est le début d'une merveilleuse aventure dans un univers de communication, de curiosité et de jeux.

À ce stade, je me souviens de sentiments mêlés, car je me sentais triste de la perte de mes bébés innocents et sans défense, mais je me réjouissais et je m'émerveillais de toutes les nouvelles choses qui attendaient mes enfants ainsi que de l'excitation de leurs nouvelles découvertes.

C'est également une bonne période pour réfléchir à votre propre cheminement en tant que père. Alors que votre bébé est passé du réflexe de préhension primitif à la saisie précise d'objets, vous êtes passé du tâtonnement des premiers changements de couches au stade d'expert en petits boutons et pressions. Et pendant que son langage s'est développé avec des mots ou des expressions simples, le vôtre a également évolué avec des perles du style : « Il

dort toute la nuit maintenant – nous ne sommes pas réveillés avant six heures » et « Chérie, Johnny a-t-il déjà fait caca ? » Vous avez également progressé techniquement parlant. Alors que votre enfant maîtrise des tâches complexes telles que marcher et créer une tour en briques, vous ouvrez une poussette d'une seule main ou maîtrisez l'art difficile d'attacher la ceinture du siège d'auto à cinq points sans l'aide de votre partenaire. Vous êtes maintenant une unité de valeur pour votre famille – bien joué !

POINT DE VUE DU PÈRE

à chanter et s'amuse à reprendre les rythmes et les chansons que vous lui fredonnez.

Bien qu'un enfant de vingt et un mois ait toujours besoin de votre présence (ou de celle d'un autre adulte familier) à ses côtés, il est maintenant capable d'attendre pour obtenir votre attention. Mais à vingt-deux ou vingt-trois mois, il devient assez directif, en donnant des ordres tels que « histoire maintenant », « pas parler, papa » ou « arrête ». Il atteint un stade où il utilise le langage d'une façon plus abstraite – en vous demandant de *ne pas* faire quelque chose, par exemple – mais ses facultés verbales sont toujours assez limitées. Il souhaite également tester son pouvoir et son contrôle sur vous. Il vous faut alors parvenir à un juste équilibre entre répondre à toutes ses demandes alors que vous êtes occupée et l'ignorer complètement. Expliquez-lui qu'il doit jouer seul quelques minutes et que vous le rejoindrez plus tard. N'oubliez pas de lui dire combien vous êtes heureuse de vous trouver en sa compagnie s'il vous laisse quelques moments de paix, mais n'espérez pas des miracles.

Moi, moi, moi

Avec le développement du sens du moi de votre enfant, le langage de son corps et son discours évoluent. Observez sa fierté dans toutes ses réalisations

ou sa contrariété quand un autre enfant empiète sur son territoire. Des expressions telles que « les chaussures de Jules » ou « la tasse de Jules » deviennent courantes quand il apprend à identifier ses affaires. À ce stade, quelques enfants commencent à utiliser les pronoms personnels. Il est donc possible que vous entendiez « mon toutou » ou « laisse-moi ». Il commence à différencier les différents styles de phrase, et il n'y a aucune erreur possible entre « la chaise de Jules » quand il converse avec vous à la maison, « la chaise de Jules ! » quand il réprimande un visiteur qui s'apprête à s'y asseoir et « la chaise de Jules ? » quand vous le soulevez pour l'asseoir dans une chaise haute inconnue au restaurant.

LE JEU *Son jeu de cache-cache progresse, mais comme il souhaite que vous le retrouviez, il est probable qu'il ne soit pas très bien caché.*

CRÉATIVITÉ *Stimulez sa confiance en lui, en lui montrant comment créer quelque chose à l'aide d'autocollants, de peintures et de crayons.*

Les jeux du jeune enfant

À mesure qu'il grandit, la dextérité et l'adresse de votre enfant s'améliorent. Il devient alors capable de construire une tour de briques ou de trouver le bon trou pour ses formes. Ces petits triomphes sont sources d'émerveillement pour votre tout-petit et lui permettent de développer sa confiance en lui et son autonomie.

Jeux de mouvement

Avec l'amélioration des facultés physiques et de l'agilité de votre enfant, l'éventail de jeux susceptibles de l'intéresser s'élargit. De petits tricycles sans pédales qu'il pousse avec les pieds sont idéaux pour un tout-petit qui ne sait pas encore pédaler. Si votre enfant est déjà capable de pédaler, il appréciera un tricycle traditionnel. Certains enfants se montrent aptes à utiliser un vélo adapté à leur taille et muni de stabilisateurs dès leur deuxième anniversaire.

Les voiture dotées d'une porte et d'un toit sont également très populaires à cet âge. Dans un groupe d'enfants, vous constaterez que ce sont les jouets qui provoquent le plus de disputes. Ils peuvent être utilisés à l'intérieur ou à l'extérieur et sont parfaits pour les jeux d'imitation, en particulier s'ils possèdent une place pour y asseoir une poupée ou un toutou en peluche. Rendez-vous dans un centre de jeux et de loisirs assez vaste pour que votre enfant ait l'occasion de tester ces jouets de grande taille.

Jeux créatifs

À la fin de la première année, certains enfants apprécient de nouveaux types de jeux créatifs, tels que le collage. Aidez-le à encoller une feuille de papier, puis fournissez-lui une sélection d'images, des morceaux de tissu et quelques paillettes à coller dessus et voyez ce qu'il en fait. S'il aime jouer avec des autocollants, vous pouvez essayer de les utiliser pour encourager un comportement désirable. Par exemple, si vous êtes en train de le persuader de se brosser les dents, placez une feuille cartonnée à un emplacement judicieux et autorisez-le à choisir un autocollant à chaque brossage. Comme il est encore très jeune, donnez-lui l'autocollant qu'il proteste ou non – l'essentiel est que vous ayez réussi à lui brosser les dents. Cette vieille méthode de récompense fonctionne très bien, même avec un enfant très jeune.

Activités calmes

Tant qu'il regarde les émissions avec vous (et que vous éteignez la télé quand elles sont finis), la télévision peut constituer une bonne expérience d'apprentissage. Les programmes conçus pour ce groupe d'âge représentent une bonne base de réflexion. Si votre tout-petit apprécie les livres, il est maintenant capable de suivre une histoire simple et il est même probable que vous le surpreniez en train de vous imiter en faisant semblant de lire une histoire à ses jouets. La durée maximale de ce type d'activités diffère considérablement d'un enfant à l'autre. Il est possible que des activités telles que des casse-tête, des livres et des jeux de construction absorbent votre enfant pendant de longs moments, notamment s'il a toute votre attention.

Partage

De nombreux enfants ne saisissent pas totalement le concept de partage avant l'âge de deux ans, mais vous pouvez toujours le lui enseigner. Encouragez votre tout-petit en jouant avec lui à différents jeux où il doit attendre son tour. Vous pouvez, par exemple, vous renvoyer alternativement une balle. En développant ces facultés sociales maintenant, vous faciliterez son intégration à un groupe d'enfants au moment où il commencera à jouer avec d'autres.

LAISSEZ-LES APPRENDRE

ÇA SEMBLE INTÉRESSANT... *Il est probable que votre tout-petit veuille un jouet qu'il voit dans les mains d'un autre.*

TU NE L'AURAS PAS, C'EST LE MIEN... *Se montrer possessif envers ses jouets est normal à cet âge.*

VEUX-TU CELUI-CI À LA PLACE ? *La plupart des enfants apprennent à partager avec le temps et des encouragements.*

Amélioration des facultés de votre enfant

Votre tout-petit grandit, mais à de nombreux égards, il reste toujours un bébé et se considère encore comme le centre du monde. Ainsi, lorsqu'il devient autonome, il est impossible d'attendre de lui qu'il fasse preuve d'altruisme, ce que reflète souvent son comportement.

LAISSEZ-LES APPRENDRE

Bien que cela puisse être irritant, tâchez de vous montrer patiente. Les jeunes enfants ont besoin de temps pour apprendre de nouvelles choses.

Si votre tout-petit vous écarte, ce n'est pas prémédité – il n'a simplement aucune idée de ce que vous pouvez ressentir. À leur naissance, les bébés sont centrés sur leur personne, ce qui est essentiel à leur survie. Mais rassurez-vous. Si vous faites preuve de bonté, d'attention et de gentillesse, votre enfant apprendra en grandissant à prendre les autres en considération. Tout ce que votre enfant vous voit faire est normal à ses yeux, car il n'a pas d'autre repère. Ainsi, si vous lui criez dessus ou le giflez régulièrement, c'est l'univers que vous développerez dans son esprit. Souvenez-vous que les enfants développent leurs facultés sociales et leur comportement en fonction du modèle familial. S'ils grandissent dans une atmosphère d'agression, de cris et de vulgarité, ils penseront que c'est le mode de communication normal entre les êtres humains. Les enfants apprennent naturellement les bonnes manières si les adultes qui les entourent donnent l'exemple.

Capacité de s'occuper de soi

Votre tout-petit souhaite réaliser de nombreuses tâches par lui-même, ce qui est très positif mais pas toujours pratique lorsque vous avez peu de temps. Pensez à vous préparer plus longtemps à l'avance afin de laisser votre enfant se laver, se brosser les dents et s'habiller seul. Pour faciliter les choses, placez la brosse à dents et la débarbouillette à sa portée, posez ses vêtements sur une étagère basse et veillez à installer un tabouret solide devant le lavabo. Si rester debout à ses côtés pendant qu'il se débat pour mettre une jambe dans son pantalon vous insupporte, efforcez-vous de considérer cette étape comme un nouveau jeu. De même qu'il est préférable de ne pas intervenir lorsqu'il essaie de faire passer un élément dans un trou de sa boîte à formes, donnez-lui du temps pour apprendre à s'habiller et à se laver le visage. Si vous êtes pressée, tâchez de trouver un compromis. Par exemple : « Je vais vite t'habiller afin que tu aies le temps de mettre tes céréales dans ton bol. » Pour des raisons d'hygiène, il est préférable de surveiller attentivement le lavage des mains, en particulier avant les repas et après le pot.

Petit assistant

Les jeunes enfants adorent réaliser des tâches qu'ils maîtrisent bien et le vôtre se sentira valorisé s'il peut vous aider dans la maison. Donnez-lui, par exemple, un petit pot de jardinage pour arroser les plantes. Laissez-le vous aider à placer les vêtements propres dans des tiroirs et les vêtements à laver dans le panier de linge sale. Encouragez-le à ranger ses jouets, ce qui est particulièrement facile si vous avez des récipients où il est possible de tout verser. Il coopérera plus volontiers s'il ne se sent pas exclu et si tous les membres de la famille participent également aux tâches domestiques.

Un peu plus loin

À l'extérieur, votre enfant souhaitera se montrer autonome, même si ceci est impossible dans certaines circonstances. Il convient d'anticiper les problèmes potentiels de façon à pouvoir les contourner. S'il passe un temps infini à essayer de gravir les marches du bus sans aide pendant qu'une file de passagers soupire bruyamment derrière vous, vous finirez pas le porter pendant qu'il protestera probablement énergiquement. Si, cependant, vous le soulevez en lui demandant où il souhaite s'asseoir, il sera occupé à décider pendant que vous payez le chauffeur. Quelles que soient ses capacités dans le domaine de la marche, votre tout-petit n'a encore aucun sens des dangers de la route. Montrez-vous donc très vigilante à proximité des axes de circulation. Tenez-lui la main ou mettez-le dans sa poussette si nécessaire.

TRAVAUX DES JEUNES ENFANTS *Vous aider est essentiel pour l'estime personnelle de votre enfant. Il est fasciné par ce que vous faites et, en y participant, il se sent important.*

Gérer les colères

Certains enfants traversent leurs premières années sans grosses crises et leurs parents ne comprennent pas pourquoi d'autres personnes rencontrent tant de problèmes avec leurs jeunes enfants. Si c'est votre cas, méfiez-vous. Il est possible que le deuxième enfant soit plus difficile que le premier, et vous risquez alors de regretter vos paroles !

Pourquoi les jeunes enfants font des colères

AVANT... *Lorsque votre enfant fait une colère, il réagit comme si son univers s'écroulait.*

Votre enfant est totalement dépendant de vous pour son soutien et sa sécurité. En explorant sa différence par rapport à vous, il est essentiel qu'il teste vos limites et qu'il s'assure que, même quand il vous pousse à bout, vous l'aimez encore. La puissance et la confusion de ses émotions – la tension entre le fait d'avoir besoin de vous et la découverte du charme trompeur de l'indépendance – peuvent dépasser les limites du supportable pour votre enfant. C'est à ce moment que se produit une colère.

Les jeunes enfants rencontrent également très fréquemment des frustrations. Il est possible qu'ils souhaitent faire quelque chose qui ne leur est pas autorisé, ou qui leur est impossible en raison de leur manque de dextérité. Ils peuvent aussi être fatigués, avoir faim ou se sentir bouleversés sans être en mesure de l'expliquer parce qu'ils n'en ont pas conscience ou ne possèdent pas encore les termes adéquats. Autant de raisons de susciter des colères

Étouffer les colères

Nous devenons tous irritables lorsque nous sommes fatigués, anxieux, ennuyés ou affamés. Il en est de même pour les jeunes enfants. Vous pouvez quelquefois étouffer une colère en agissant sur les déclencheurs potentiels avant que les choses ne dérapent. Proposer une collation et une boisson offre une bonne diversion en donnant quelque chose à faire à l'enfant.

À cet âge, ne vous attendez pas à ce qu'il puisse marcher loin, surtout si la sortie coïncide avec l'heure habituelle de la sieste – à moins d'être disposée à le porter en plus de votre épicerie, pensez toujours à prendre une poussette ou un porte-bébé. Un enfant qui s'apprête à faire une grosse colère s'oppose généralement soudainement à vous – en refusant de prendre votre main ou de s'asseoir dans la poussette, par exemple. Vous apprendrez probablement à reconnaître un changement dans le ton de sa voix ou dans sa posture. À ce stade, la distraction est votre meilleure arme – et voyons les choses en face, chanter une chanson ou faire des grimaces est moins embarrassant (et plus amusant) que de gérer une colère en public.

Ce que vous pouvez faire

Gérer une colère implique de résister à la tentation de se mettre soi-même en colère. De nombreux parents quittent le supermarché, l'aire de jeux ou un mariage avec un jeune enfant hurlant et maintenu fermement sous le bras. D'autres tentent de remettre dans la poussette un petit diable battant l'air des pieds et des mains. Bien que cette situation soit terriblement gênante pour vous, souvenez-vous qu'elle est encore pire pour votre enfant, qui est totalement hors de contrôle et très perturbé. Rassurez-vous. La plupart des parents ayant des enfants plus vieux ont dû faire face à ce problème à un moment ou à un autre et se sentent probablement soulagés d'en être sortis.

APRÈS... *Bien qu'il vous ait poussé à bout, laissez à votre enfant le temps de se calmer, puis prenez-le dans vos bras et rassurez-le en lui faisant comprendre que vous êtes toujours là pour lui.*

En faisant récemment mes courses au supermarché, j'ai croisé un jeune enfant qui faisait une colère dans un chariot. Son père, qui poursuivait calmement ses courses, restait (ou semblait rester) imperturbable. L'enfant a finalement arrêté de pleurer et lui a souri. J'ai immédiatement pensé « Voici un père qui contrôle la situation, ce doit être un deuxième enfant. » Il est rare que les colères d'un premier enfant soient gérées aussi efficacement. Le fait de rester calme et de ne pas faire d'histoires fonctionne très bien. Si possible, évitez d'intervenir (ce n'est pas toujours facile dans un lieu public). Assurez-vous que votre enfant ne puisse se blesser en gesticulant, puis détournez votre attention jusqu'à ce que la colère passe.

« Mon enfant se calme si je reste à proximité en détournant mon attention de lui. Je fais semblant de lire le journal, par exemple. De cette façon, il ne peut pas voir que je suis fâchée. »

Vous ne pouvez pas raisonner un enfant pendant une colère. Vous n'obtiendrez aucun résultat et, pire encore, vous risquez d'accroître le phénomène.

Bien que ces colères risquent de vous irriter, à plus forte raison si elles sont irrationnelles, souvenez-vous que son comportement n'est pas calculé ou méchant. Cependant, si vous lui accordez trop d'attention pendant une colère, ou si vous cédez à ce qui a provoqué la colère, vous l'encouragez à recommencer à la prochaine contrariété. Dans ce cas, votre enfant apprendra à vous manipuler par des cris et des hurlements délibérés, ce qui doit être évité à tout prix. Voici quelques conseils qui pourront vous y aider :

■ **Soyez cohérent dans vos limites :** ne tentez pas d'arrêter la colère de votre enfant en cédant à ses demandes, même si vous êtes dans un lieu public tel qu'un supermarché.

■ **Résistez à l'envie de discuter :** au plus fort de sa colère, il est hors de contrôle, incapable d'écouter et lui accorder votre attention ne fera qu'attiser les flammes.

■ **Soyez patient :** aucun enfant ne crie longtemps si personne ne l'écoute. Il apprend vite qu'il n'obtient l'attention de l'adulte que lorsqu'il se calme.

■ **Tâchez de détourner son attention :** un nouveau jeu peut quelquefois désamorcer une colère.

■ **Réagissez bien après :** dès que ses cris commencent à se calmer, prenez-le dans vos bras et faites-lui un gros câlin pour renforcer le comportement acceptable.

DISCIPLINE *Pour gérer les problèmes de comportement, placez-vous toujours au même niveau que votre enfant.*

Spasme du sanglot

Votre enfant peut se mettre dans un tel état de colère qu'il arrête de respirer. Cette situation est souvent terrifiante pour les parents, car l'enfant devient bleu. Il recommence généralement à respirer aux alentours de quinze secondes.

Ce comportement n'est pas préjudiciable à votre enfant. En effet, il perd conscience bien avant que la privation d'oxygène ne représente un danger pour sa santé – et, à ce moment, il recommence à respirer. Si votre enfant est sujet à des épisodes de spasme du sanglot (cyanotiques), le meilleur conseil que je puisse donner est de vous assurer qu'il se trouve dans un endroit sûr – et non au sommet d'un escalier non protégé ou à un endroit où il peut se blesser la tête en tombant – puis de faire de votre mieux pour l'ignorer (ou faire semblant). Fort heureusement, ce phénomène disparaît la plupart du temps avant l'âge scolaire.

Quelques enfants peuvent présenter une forme plus rare de spasme du sanglot nommée ischémique. Toujours provoquée par une frustration, cette forme se caractérise par l'absence de cri. Sous l'émotion, l'enfant devient pâle et perd connaissance. Il s'agit là d'une syncope par arrêt cardiaque. Dans ce cas, n'hésitez pas à prendre un avis médical.

Problèmes de comportement

▷ À chaque fois que nous sortons avec notre enfant, il semble avoir une crise. Il devient alors embarrassant de l'emmener à l'épicerie. Comment puis-je gérer ce comportement ?

Le problème avec les colères est que plus elles vous embarrassent, plus votre enfant est susceptible d'en faire au mauvais moment parce qu'il ressent votre tension et votre anxiété. Dans l'immédiat, voyez si quelqu'un peut s'occuper de votre enfant pendant que vous faites l'épicerie, ou achetez-la en ligne et profitez du temps économisé pour rechercher un moyen de gérer ses colères dans l'intimité de votre foyer.

La technique consistant à récompenser le comportement positif et à ignorer celui qui est négatif fonctionne dans la plupart des cas. Ainsi, s'il se comporte bien, félicitez-le et accordez-lui votre attention. Dans le cas contraire, ignorez-le en poursuivant vos activités comme si de rien n'était. Il est possible d'agir ainsi à l'épicerie si vous avez le courage de vos opinions, mais il est préférable de tester d'abord cette solution à la maison. Lorsque vous le ramènerez au supermarché, félicitez-le pour tout bon comportement.

▷ Mon enfant de vingt-trois mois ne veut pas s'asseoir dans sa poussette sans faire d'histoires. Mais il ne marche pas très loin non plus. Il veut juste la pousser comme un chariot de marche. Comment puis-je le persuader ?

Ce cas de figure peut être très irritant lorsque vous tâchez d'être à l'heure à un rendez-vous ou que vous souhaitez simplement marcher normalement dans une direction donnée. Il y a des chances pour que le fait d'ordonner à votre enfant de s'asseoir dans sa poussette aboutisse à des larmes, à des colères et peut-être à cette situation pénible où vous êtes obligée de l'attacher de force. L'objectif est de l'amener à s'asseoir volontairement dans sa poussette. Il peut être utile de mettre en place un rituel qui consiste à manger sa collation favorite assis dans sa poussette. Mais veillez à ne pas recourir à cette solution en dernier recours après l'avoir supplié. Il apprendrait alors qu'en protestant il peut obtenir une collation. Vous l'inciterez également à s'asseoir dans sa poussette en y plaçant quelque chose d'intéressant. S'il doit passer un long moment dans sa poussette pendant votre sortie, laissez-lui le temps de se dégourdir les jambes en rentrant à la maison.

Je dois confesser que j'ai quelquefois utilisé la fermeté pour asseoir mes enfants dans la poussette, car il y a des moments où il est impossible de les convaincre et où vous devez les sangler malgré leurs protestations. Il est souvent surprenant de constater combien un enfant se calme vite quand il s'aperçoit que vous n'êtes pas disposée à céder.

▷ Ma petite fille est très effrontée et je sais que mon attitude n'arrange rien, car je trouve ses bouffonneries très mignonnes et amusantes. Ma mère me dit que je suis la cause de son insolence. A-t-elle raison ?

En un mot : oui. Les jeunes enfants ont des personnalités fortes et l'effronterie de votre petite fille fait partie de son caractère. Elle souhaite vous faire plaisir et, comme vous trouvez ses bouffonneries amusantes, elle continue à se comporter de cette façon pour attirer votre attention. Vous l'encouragez ainsi à se montrer effrontée. Si ce comportement finit par vous lasser, il serait injuste de la gronder pour quelque chose qui vous a fait rire une heure auparavant. Il est important que votre enfant comprenne vos limites et que vous vous montriez cohérente au sujet du comportement désiré.

Soins quotidiens

Votre enfant qui avait l'habitude de manger de tout devient de plus en plus difficile, à plus forte raison s'il teste vos limites. Souvenez-vous qu'il ne se laissera pas mourir de faim et tâchez de rester calme s'il refuse de manger. En outre, comme il a besoin de moins de sommeil durant la journée, il est possible que le rituel de coucher et que ses rythmes de sommeil évoluent.

Alimentation

EXEMPLE *En prenant le temps de vous asseoir et de manger avec votre enfant, vous l'incitez à adopter une alimentation saine et vous lui enseignez les bonnes manières.*

Si votre enfant est difficile, le message reste le même : ne vous inquiétez pas et, par-dessus tout, ne laissez pas la table de la cuisine se transformer en champ de bataille. Rien de terrible ne lui arrivera s'il saute deux repas. Si vous lui offrez de la nourriture saine incluant au moins quelques fruits et légumes, c'est parfait. Les fèves à la tomate et le maïs sont acceptables pour de nombreux enfants. Et si vous ajoutez un verre de jus de fruits et quelques raisins secs, il bénéficiera des cinq parts de fruits et légumes conseillées par jour. Si vous êtes en manque d'inspiration, testez ces plats qui restent les favoris des enfants :

■ **Patates :** pluchez les patates, coupez-les en rondelles et faites-les rôtir. Elles auront du goût et seront meilleures pour sa santé que les chips.

■ **Pizzas maison :** préparez vos propres pizzas. Après avoir fait la pâte, nappez-la de sauce tomate et de fromage, puis disposez des légumes de façon à composer des visages amusants.

■ **Sandwichs maison :** préparez vos propres sandwichs en plaçant une fine couche de bœuf haché dans des petits pains.

■ **Poulet grillé :** Proposez-lui du blanc de poulet grillé coupé en morceaux..

Si vous n'avez pas de mauvais aliments à la maison, il sera plus facile de résister à la tentation de céder à votre enfant s'il refuse un repas ou une collation nutritifs. Je suis toujours étonnée par les parents qui me

Visite chez le dentiste

Il est important que votre enfant consulte régulièrement le dentiste afin que les problèmes puissent être identifiés précocement. Les soins préventifs constituent le meilleur moyen d'éviter les amalgames et votre dentiste peut vous fournir des conseils en matière d'alimentation et d'hygiène.

L'Ordre des dentistes du Québec conseille d'emmener un enfant rapidement chez le dentiste, afin de le familiariser avec l'environnement, le fauteuil ainsi que les sons et les odeurs de la chirurgie. J'ai examiné dans ma clinique un enfant présentant de grosses caries dentaires. Sa mère ne l'avait jamais emmené chez le dentiste, car elle attendait de recevoir une convocation.

De nombreux adultes sont effrayés par les soins dentaires, mais les choses ont considérablement évolué et les contrôles dentaires sont totalement indolores pour votre enfant. Veillez donc à ne pas lui communiquer vos peurs. Vous pouvez lire avec lui des livres traitant des visites chez le dentiste, lui parler de la chaise « magique » qui monte et descend et des miroirs spéciaux destinés à examiner sa bouche. De cette façon, il considérera la visite comme une nouvelle aventure.

disent que leur enfant ne mange que des chips et des biscuits. Si vous êtes dans cette situation, demandez-vous qui est le responsable dans votre famille et qui fait l'épicerie. Pour les enfants particulièrement têtus qui semblent ne rien manger, un carnet où vous notez ses repas peut vous rassurer. Faites aussi attention à la quantité de lait ingérée par votre enfant – s'il dépasse un demi-litre par jour, son appétit risque de diminuer considérablement.

N'oubliez pas que votre enfant n'est pas encore capable de supporter les longs repas de famille. Dès qu'il a fini de manger, autorisez-le à sortir de table pour jouer ou donnez-lui de petits jouets pour l'occuper à table pendant que vous terminez votre repas.

Problèmes de sommeil

Certains enfants refusent obstinément d'aller se coucher. Si le vôtre fait partie de cette catégorie, il est important de chercher à en comprendre la cause. Les troubles du sommeil ont plusieurs raisons, dont les suivantes :

■ **Il n'est pas habitué à s'endormir seul :** dans ce cas, les conseils de la page suivante devraient l'aider à s'endormir sans vous. Ne vous découragez pas si vous devez répéter des méthodes que vous avez déjà appliquées – ceci est tout à fait normal et soyez assurée que, cette fois, elles fonctionneront.

■ **Son rythme de sommeil a été perturbé :** s'il a été malade ou que vous reveniez de vacances, aidez-le à reprendre son rythme de sommeil classique.

■ **Il a besoin d'un coucher plus tardif :** à la fin de sa deuxième année, douze à treize heures de sommeil par jour lui seront probablement nécessaires. S'il dort beaucoup durant la journée, il lui sera plus difficile de s'endormir la nuit.

■ **Il se sent exclu :** si votre tout-petit se sent exclu lorsque vous le couchez, faites preuve de patience. Veillez à lui accorder suffisamment d'attention avant l'heure du coucher, afin qu'il n'ait pas l'impression de manquer de temps avec vous.

■ **Il a soif :** laissez un gobelet d'eau à sa portée, mais ne tombez pas dans le piège de devoir le remplir plusieurs fois chaque soir.

Si toutes ces astuces échouent, il peut être utile de noter les périodes de sommeil de votre enfant sur deux semaines (jour et nuit). Vous pouvez également consulter le collectif *Fais-dodo ! Résoudre les troubles du sommeil de la naissance à six ans* (2006).

Apaiser votre enfant

Une fois la dernière histoire racontée et le dernier baiser donné, faites-lui savoir qu'il est temps de dormir, mais que vous êtes à proximité s'il a besoin de vous. Même s'il n'a pas de doudou, un jouet mou tel qu'un ours lui tiendra compagnie et l'aidera à s'apaiser. Bordez-le et promettez-lui de revenir dans quelques minutes si nécessaire. Ce faisant, restez brève. S'il pleure, revenez et réconfortez-le avec le minimum de contact. Il est possible que vous ayez à recommencer plusieurs fois cette opération avant qu'il ne s'apaise, mais si vous vous montrez cohérente, votre enfant apprendra finalement à s'endormir par lui-même parce qu'il sait que vous viendrez si nécessaire, mais que, sauf en cas de maladie, vous ne lui permettrez pas de se relever. Si vous tenez le coup, vous pourrez alors vous détendre sachant que tout va bien et vous aurez du temps pour vous dans la soirée.

Peurs nocturnes

Les cauchemars et les terreurs nocturnes sont très fréquents chez les jeunes enfants. À cet âge, il est possible que votre bambin ne dispose pas d'un vocabulaire suffisant pour expliquer ce qu'il ressent. Dans ce cas, il ne pourra pas se rendormir avant que son anxiété ait disparu. Il est essentiel que vous le calmiez et que vous le rassuriez. Si nécessaire, laissez une veilleuse allumée de sorte qu'il puisse voir ses objets familiers en se réveillant. Tâchez de le laisser sur quelque chose de joyeux et de rassurant quand il s'assoupit de nouveau – parlez-lui, par exemple, de sa promenade au parc du lendemain ou de son histoire favorite.

Il est possible que votre enfant ait peur d'aller se coucher s'il est sujet aux cauchemars. Rassurez-le en lui disant que vous serez toujours là s'il a besoin de vous et rejoignez-le aussi rapidement que possible s'il fait un mauvais rêve. Évitez les histoires ou les vidéos effrayantes le soir et adoptez un rituel de coucher aussi apaisant que possible.

Les terreurs nocturnes sont différentes des cauchemars en ce sens que votre enfant semble éveillé mais ne sait pas où il se trouve ni qui vous êtes. Il crie, hurle et se comporte étrangement. Ce phénomène peut être troublant pour vous, mais l'enfant n'est pas réellement éveillé et ne se souvient plus de rien le lendemain matin. Ces épisodes durent rarement plus d'une demi-heure et tout ce que vous pouvez faire est de rester à ses côtés jusqu'à ce qu'il se rendorme totalement. Nous ne savons pas exactement à quoi sont dues les terreurs nocturnes, mais elles disparaissent toujours à un moment ou à un autre. Si vous sécurisez son environnement afin qu'il ne se blesse pas en agitant les bras et les jambes ou en courant dans la pièce, elles ne sont pas néfastes pour votre enfant. Mais si elles se produisent trop souvent ou si votre enfant semble stressé, consultez votre médecin. Si elles surviennent régulièrement à une certaine heure de la nuit, vous pouvez désamorcer le processus en réveillant votre enfant avant ce moment.

PEURS NOCTURNES *Votre enfant peut se montrer anxieux la nuit s'il a fait un mauvais rêve. Son jouet favori l'aidera à s'apaiser.*

« Mon tout-petit a développé une peur des «monstres» et a commencé à faire des cauchemars. Je l'ai toujours rassuré le plus vite possible et ses réveils nocturnes se sont espacés. Nous avons également mis en place un jeu consistant à effectuer une vérification sous son lit. »

Abandonner les couches

Les filles passent généralement au pot plus tôt que les garçons, et la plupart des enfants (mais pas tous) sont propres avant trois ans. Ne vous inquiétez pas si le vôtre prend un peu de retard. Il convient de ne pas forcer un enfant à abandonner les couches avant qu'il ne soit prêt.

QUAND PASSER AU POT

La plupart des parents se montrent impatients de commencer l'apprentissage du pot, mais si vous réussissez à gérer les choses correctement, cela ne doit présenter aucune difficulté.

Les jeunes enfants varient considérablement dans ce secteur de leur développement. Il n'existe pas de « bon » âge, mais la période entre dix-huit et trente mois est généralement celle à laquelle les enfants commencent à adopter le pot. Il apparaît d'énormes différences culturelles dans l'apprentissage du pot : dans les pays où les couches lavables sont largement utilisées, les bébés sont incités à s'asseoir sur le pot dès un an. Il est ainsi possible de gagner beaucoup de temps, et je me demande parfois si nous ne serions pas tentés d'apprendre le pot plus tôt à nos enfants si nous n'avions pas de couches jetables.

EST-IL PRÊT ?

Même si les couches semblent vous faciliter la vie, ne retardez pas l'apprentissage du pot si votre enfant semble prêt. Voici les signes indicateurs :

▷ Votre enfant vous indique qu'il est mouillé ou sale.

▷ Il montre de l'intérêt lorsque vous allez aux toilettes et essaie même de vous imiter.

▷ Il est conscient du fait qu'il s'apprête à faire un pipi ou un caca. Il a besoin d'un peu d'anticipation dans cette prise de conscience pour pouvoir utiliser efficacement le pot

COMMENT COMMENCER

Il est plus facile d'apprendre le pot à un enfant pendant les mois d'été, car il est dehors et porte un habillement minimum – et un patio se nettoie plus facilement qu'un tapis. Cela étant, si votre enfant est prêt pendant l'hiver, lancez-vous. Si vous n'avez pas encore de pot, emmenez-le avec vous pour l'acheter, car il sera beaucoup plus enclin à s'asseoir sur un pot qu'il aura lui-même choisi.

Présentez le pot à votre enfant, expliquez-lui son utilité et demandez-lui s'il souhaite l'essayer. Si l'idée lui déplaît, ne le forcez pas. Votre rôle est de l'encourager dès qu'il commence à contrôler ses sphincters tout en évitant de le culpabiliser pour les accidents. La pression a généralement un effet inverse de celui souhaité et risque de ralentir considérablement le processus.

S'il est heureux d'utiliser le pot, retirez sa couche et laissez-le s'asseoir dessus pour voir comment il se comporte. Certains enfants ont tendance à uriner dès que leur couche est retirée. Dans ce cas, félicitez-le pour le résultat obtenu, qu'il soit intentionnel ou non. Il se montrera ainsi plus enthousiaste pour renouveler l'expérience. S'il n'urine pas, essayez un peu plus tard. En laissant les couches à votre enfant ou en utilisant des couches d'apprentissage (ou pull-ups), vous protégerez votre sol et votre mobilier, mais vous ne l'aiderez pas à prendre conscience de son besoin d'aller aux toilettes. Si vous lui mettez des pantalons normaux, ou lui laissez le bas du corps nu, il en résultera inévitablement une flaque. Vous pourrez alors lui suggérer d'utiliser le pot la prochaine fois. Vous pouvez également l'asseoir régulièrement dessus. S'il essaie de produire un pipi, félicitez-le. En cas d'accident (et il y en aura quelques-uns), évitez de le culpabiliser.

Certains enfants se montrent réticents pour faire un caca dans le pot ou dans les toilettes. Ils préfèrent garder une couche, même s'ils sont capables d'uriner dans le pot. Si c'est le cas du vôtre, mettez-lui une couche afin qu'il ne se retienne pas et devienne constipé. Avec des encouragements, vous devriez parvenir à lui faire utiliser le pot. Laissez-lui du temps et ne vous inquiétez pas – il finira par y arriver.

COMMENT L'AIDER *L'apprentissage du pot doit être une expérience positive. Familiarisez-le progressivement avec cette idée et, quand il se montre disposé à s'asseoir dessus, félicitez-le, qu'il y fasse ses besoins ou non.*

« J'ai soudainement réalisé que mon petit garçon n'utiliserait pas le pot naturellement et que je devrais prendre le temps de le lui apprendre. »

L'APPRENTISSAGE DU POT À FAIRE

▷ Passer du temps avec d'autres enfants utilisant un pot – la pression des pairs peut faire des merveilles.

▷ Avoir un pot en réserve pour asseoir nounours dessus.

▷ Laisser votre enfant utiliser les toilettes s'il le préfère – vous pouvez acheter des sièges qui s'adaptent à la cuvette (réducteurs de toilettes) et de petites marches pour y accéder.

▷ Au début, rappelez-lui régulièrement l'existence du pot, car il aura tendance à l'oublier.

▷ Utiliser des couches d'apprentissage lorsque vous sortez de chez vous jusqu'à ce que votre enfant soit réellement propre.

À NE PAS FAIRE :

▷ Le gronder pour s'être oublié.

▷ Laisser cette apprentissage dégénérer en conflit qui perturbe votre enfant. Revenez simplement aux couches pendant un moment.

▷ Acheter des canapés neufs avant l'apprentissage du pot.

▷ Ne pas lui mettre de couche la nuit, quel que soit son niveau de propreté dans la journée. De nombreux enfants ne sont pas prêts à se passer totalement de couches avant l'âge de trois ans.

PETITS SOUCIS DE SANTÉ

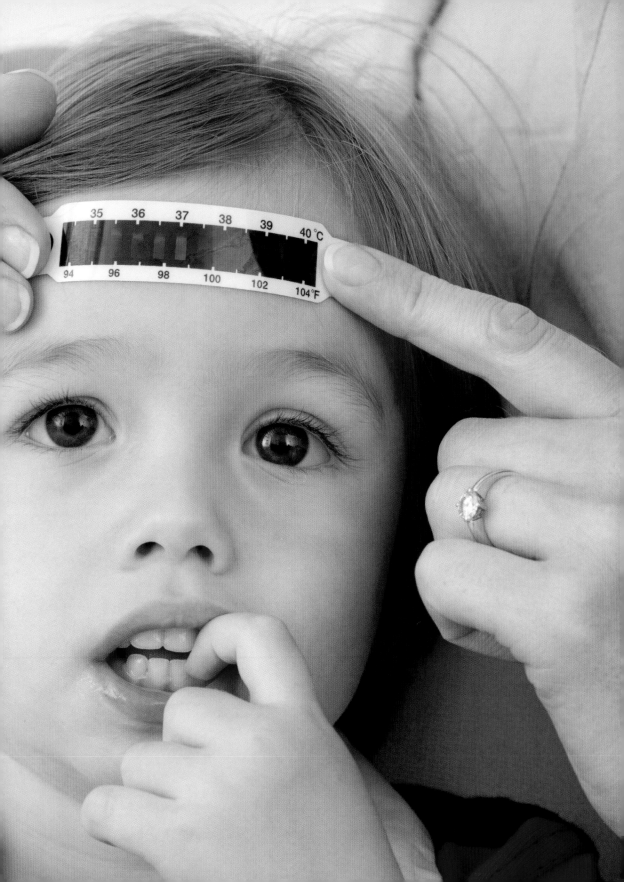

Table des matières

Dans cette section consacrée à la santé, vous trouverez des informations précieuses concernant une grande partie des maladies de l'enfant. Vous y découvrirez ce que vous pouvez faire et quand appeler le médecin.

Quand votre enfant est malade

Vous vous inquiéterez inévitablement lorsque votre enfant sera malade, mais essayez de ne pas trop le laisser paraître, car les enfants sont très réceptifs aux angoisses des parents. Une dose de tendresse et des soins aimants représentent la meilleure des médecines.

Le rhume est le problème de santé le plus courant chez les enfants, mais les bébés et les tout-petits sont également sujets à d'autres maladies respiratoires entraînant un écoulement nasal, de la toux et une respiration sifflante ; à des éruptions cutanées, qui peuvent être causées par des infections ; à des allergies, telles que l'asthme et l'eczéma ; à des diarrhées et des vomissements ; et enfin à des infections auriculaires. En tant que parent, il peut être difficile de savoir quand s'inquiéter. Toute maladie provoque chez l'enfant une perte d'appétit, mais il est nécessaire de veiller à ce qu'il boive beaucoup (voir l'encadré ci-après). En règle générale, si votre enfant se sent mal, présente des signes de déshydratation ou rencontre des difficultés pour respirer, contactez votre CLSC. Un bébé en dessous de trois mois avec de la fièvre doit toujours être examiné. Si sa respiration est sifflante, signalez-le à votre médecin. L'interaction entre l'esprit et le corps est particulièrement importante quand un enfant est malade. Si vous vous montrez confiante et rassurante, vous l'aiderez à traverser sa maladie et accélérerez sa guérison.

Quand votre enfant est déshydraté

Les enfants malades se déshydratent rapidement, ce qui risque d'entraîner des problèmes supplémentaires. Voici les signes de déshydratation :

▷ Lèvres et langue sèches.

▷ Urine de couleur foncée.

▷ Fontanelles creusées (voir page 42).

▷ Léthargie et modification du comportement.

▷ Couches moins mouillées.

À FAIRE :

▷ Demandez un avis médical aussi rapidement que possible.

▷ Continuez à lui offrir du liquide, dont le sein ou le biberon. Si votre enfant ne veut pas boire il pourra accepter de sucer un bâton de glace.

▷ Proposez-lui des boissons réhydratantes, disponibles chez votre pharmacien. Elles l'aideront à absorber le liquide plus efficacement. Faites-le boire par petites gorgées à quelques minutes d'intervalle. Évitez que votre enfant ne boive tout d'un coup, car il risquerait alors de vomir.

Symptômes courants chez les bébés

C'est vous qui connaissez le mieux votre enfant et c'est vous qui serez la première à déceler un problème de santé. Le tableau ci-après expose les symptômes courants chez les bébés et les jeunes enfants, ainsi que leurs causes possibles. N'hésitez pas à prendre un avis médical si votre bébé est malade ou si vous avez une quelconque inquiétude au sujet de sa santé.

SYMPTÔME	CAUSES POSSIBLES
Toux	La cause la plus probable est un rhume, mais elle peut aussi être causée par du mucus s'écoulant dans l'arrière-gorge, de l'asthme (voir page 279), une bronchiolite (voir page 266), le croup (voir page 265), par la coqueluche (voir page 274) ou une pneumonie (voir page 266).
Diarrhée	Des selles molles, liquides et quelquefois explosives sont fréquentes chez l'enfant. Elles peuvent être causées par une gastro-entérite (voir page 274), une allergie ou une intolérance alimentaire (voir page 278) ou encore à l'immaturité de son système digestif (voir page 278).
Difficultés respiratoires	Elles sont courantes chez les bébés, car leurs voies respiratoires sont étroites. Elles peuvent également être dues à de l'asthme (voir page 279), à une bronchiolite (voir page 266), au croup (voir page 265) ou à une pneumonie (voir page 266).
Douleurs auriculaires	Elles sont principalement causées par une infection de l'oreille moyenne ou externe (voir page 267). Les bébés ou les jeunes enfants souffrant de douleurs auriculaires se tirent souvent les oreilles.
Pleurs excessifs	Ces pleurs ont parfois une cause médicale : une douleur d'estomac et, plus rarement, une douleur des os dont une fracture (voir page 292) ou une infection osseuse.
Fièvre	Elle est généralement causée par une bactérie ou un virus. Faites réduire la fièvre, car une augmentation excessive de la température corporelle risque de mener à des convulsions fébriles (voir ci-contre).
Convulsions	Les convulsions sont très effrayantes pour les parents, mais si elles sont provoquées par une fièvre élevée, elles sont rarement graves. Les autres causes sont l'épilepsie et les « convulsions du cinquième jour », où des crises se produisent sans aucune raison particulière chez un nourrisson en parfaite santé.
Éruptions cutanées	Les éruptions cutanées peuvent avoir diverses causes, dont les maladies infectieuses (voir pages 269-274), les allergies (voir page 279), l'eczéma (voir page 280) et les infections de peau (voir page 282).
Douleurs d'estomac	La constipation (voir page 276) est une cause courante des douleurs d'estomac chez les bébés et les jeunes enfants. Prenez un avis médical aussi rapidement que possible si la douleur est importante. Elles peuvent également être causées par une invagination intestinale (voir page 278) et une gastro-entérite (voir page 274). Les douleurs d'estomac provoquées par l'anxiété peuvent toucher le jeune enfant.
Vomissements	Ils peuvent être causés par une infection, dont une gastro-entérite (voir page 274), une infection urinaire (voir page 268), une intoxication alimentaire ou un problème structurel tel que le reflux ou la sténose du pylore (voir page 275).

Prenez un avis médical si votre enfant présente une somnolence ou une irritabilité inhabituelles, une raideur du cou, fait une crise, refuse le liquide ou le vomit, souffre d'une fièvre élevée persistante (voir ci-contre) malgré les traitements ou d'une éruption cutanée qui ne disparaît pas (voir page 270).

Fièvre

La température normale est de 36,5 à 37 °C, mais celle d'un enfant est sujette aux fluctuations et une température atteignant 38,5 °C n'est pas nécessairement synonyme de maladie. La fièvre est la réponse normale du corps à une infection, mais la température de votre enfant est moins importante que son état général. Il n'y a aucune raison de s'inquiéter si la cause est évidente, telle qu'un rhume, et que l'état de votre enfant semble s'améliorer parallèlement à la baisse de sa température. Nous voyons souvent des enfants dont la fièvre diminue simplement lorsqu'ils prennent un bol d'air frais.

Il convient cependant de réagir si votre enfant est irritable ou léthargique, ou si sa température s'élève plusieurs heures au-dessus de 38,5 °C, et ce malgré toutes vos tentatives pour la faire baisser. Une fièvre doit être rapidement maîtrisée si elle dépasse 39 °C. Un enfant avec de la fièvre devient rouge, a chaud (même si ses mains et ses pieds sont froids) et peut refuser sa nourriture. Le meilleur moyen de diagnostiquer une fièvre consiste à utiliser un thermomètre (voir page 260).

Ce que vous pouvez faire

Le but consiste à faire descendre la température de votre enfant. C'est une période où vous devez ignorer la grand-mère bien-pensante qui vous conseille d'envelopper votre enfant dans une couverture bien chaude alors qu'il est déjà bouillant.

■ Donnez-lui de l'acétaminophène ou de l'ibuprofène en respectant la posologie conseillée. Il est préférable de lui en faire prendre régulièrement plutôt que d'attendre que la fièvre remonte.

■ Retirez ses vêtements afin qu'il ne lui reste plus que son body ou son pyjama et sa couche.

■ Si la fièvre est très élevée et que vous n'ayez ni acétaminophène ni d'ibuprofène, épongez-le avec de l'eau tiède. Ne le laissez pas frissonner, ce qui augmenterait encore sa température.

Appeler un médecin si...

■ Vous ne parvenez pas à faire baisser la température de votre enfant plus de quatre heures.

■ La fièvre fluctue durant cinq jours ou plus.

■ Votre bébé a moins de trois mois.

Convulsions fébriles

Chez de nombreux enfants (environ 5 %) entre six mois et cinq ans, une température élevée risque de produire une convulsion fébrile. Vous pouvez alors observer un raidissement des membres, des mouvements saccadés et incontrôlés ainsi qu'une perte de conscience. Sachez que les convulsions surviennent souvent au début d'une maladie lorsque la température s'élève rapidement. Dans l'ensemble, les convulsions sont sans danger. Elles ne sont pas liées à une

épilepsie et n'entraînent pas de problèmes à long terme pour l'enfant. Elles sont cependant extrêmement angoissantes pour les parents, qui risquent alors de penser que leur enfant est en train de mourir.

Ce que vous pouvez faire

Placez votre enfant sur le côté en position latérale de sécurité (voir page 287) afin qu'il ne s'étouffe pas. N'introduisez jamais votre doigt ou quoi que ce soit d'autre dans sa bouche. Appelez les secours et, si possible, chronométrez la durée de la crise. La plupart sont de courte durée, mais le temps passe très lentement quand votre enfant est en détresse. La convulsion aura probablement disparu avant que les secours n'arrivent, mais dans le cas contraire, il lui sera administré un traitement par voie rectale ou intraveineuse. Si la crise se prolonge malgré tout, il aura peut-être besoin d'un anesthésique et de soins intensifs pendant une brève période.

Si la crise passe avant que vous n'ayez le temps d'appeler les secours, emmenez votre enfant chez votre médecin afin qu'il l'examine. La plupart des enfants s'endorment après une convulsion et ne se souviennent de rien.

Ceci se reproduira t-il?

Environ un tiers des enfants connaissent de nouvelles convulsions fébriles avant l'âge de cinq ans. Veillez donc à faire baisser sa température en cas de fièvre (voir page 259). Si les convulsions fébriles se reproduisent, sachez qu'il n'est pas nécessaire d'appeler des secours avant cinq minutes. Consultez néanmoins rapidement votre médecin, car il est essentiel de diagnostiquer la cause de la fièvre. Si les convulsions de votre enfant se prolongent plus de cinq minutes, vous pouvez lui administrer du diazépam sous forme de suppositoires (voir ci-contre) – ce produit est généralement prescrit pour des convulsions de plus de trois minutes.

Fort heureusement, les convulsions fébriles sont rarement graves. Quand il était âgé de deux ans, notre jeune fils a eu une convulsion qui était entièrement de notre faute. Sa fièvre était élevée et il se sentait mal. Nous l'avons donc amené dans notre lit chaud et nous nous sommes rendormis. Nous avons été réveillés par des mouvements saccadés qui ont duré environ une minute. Par la suite, nous avons veillé à ce que cela ne se reproduise pas.

Prendre sa température

La plupart des parents jugent la fièvre en fonction de la chaleur de la peau. Il est cependant préférable de faire preuve d'un esprit un peu plus scientifique. La façon la plus efficace de prendre la température d'un bébé ou d'un jeune enfant consiste à utiliser un thermomètre auriculaire. Cette opération ne prend que quelques secondes. L'extrémité du thermomètre est placée dans l'oreille de l'enfant, puis la température s'affiche sur l'écran. Les thermomètres digitaux sont placés sous l'aisselle ou dans la bouche. Ils sont efficaces, mais il peut être difficile d'immobiliser un bébé ou un jeune enfant suffisamment longtemps pour obtenir une température précise. Il existe également des bandes à poser sur le front. Elles changent de couleur en fonction de la température mais elles sont moins précises. L'utilisation d'un thermomètre à mercure est aujourd'hui déconseillée.

THERMOMÈTRE AURICULAIRE *La méthode la plus rapide et la plus efficace de prendre la température d'un bébé ou d'un jeune enfant consiste à utiliser un thermomètre auriculaire.*

Traitements pour enfants

De nombreux parents hésitent à donner un traitement à leur enfant, mais si celui-ci présente des douleurs ou de la fièvre, il est préférable d'agir. Ayez toujours à votre disposition de l'acétaminophène ou de l'ibuprofène sans sucre pour enfants. Si votre bébé a plus de trois mois et souffre d'un rhume ou de fièvre (voir page 259), donnez-lui l'un de ces médicaments, puis attendez une demi-heure avant de reprendre sa température. Vous pouvez lui donner de l'acétaminophène toutes les quatre heures et de l'ibuprofène toutes les six heures (tant que vous n'excédez pas la dose maximale par jour). Votre enfant peut prendre les deux en alternance. N'hésitez pas à administrer ces médicaments à votre enfant en cas de fièvre. De la même façon, si votre bébé a des douleurs, donnez-lui régulièrement des antalgiques afin de ne pas laisser réapparaître la douleur entre les prises.

Il existe également des remèdes en vente libre qui ne sont pas réellement efficaces, mais auxquels de nombreux parents ont recours afin de se donner l'impression de faire quelque chose pour soulager leur enfant. Il est possible que l'enfant se sente mieux, mais cette amélioration est souvent due à l'effet placebo. Ce principe repose cependant sur le fait que l'enfant ait un certain niveau de compréhension du langage.

Types de traitements

■ **Liquides :** la plupart des médicaments pour bébés sont fournis sous une forme liquide. Ils sont administrés facilement à l'aide d'une seringue médicale. Faites monter le liquide dans la seringue jusqu'à atteindre le nombre de millilitres prescrit et encouragez votre bébé à en sucer l'extrémité pendant que vous faites doucement jaillir le liquide. Veillez à ne pas enfoncer la seringue dans sa bouche en expulsant brutalement le liquide, car vous risqueriez alors de l'étouffer.

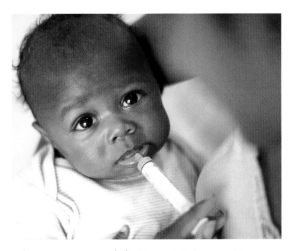

MÉDICAMENT POUR BÉBÉS *Pour administrer rapidement et efficacement un médicament liquide à votre bébé, utilisez une seringue médicale.*

Si vous vous montrez confiante, votre bébé avalera probablement le médicament sans problème. S'il est malgré tout réticent, essayez de placer la tétine d'un biberon dans sa bouche et de faire passer le liquide à travers celle-ci. Vous pouvez également utiliser une cuiller, mais il y a de fortes chances pour que le médicament se renverse.

Si vous rencontrez des difficultés pour faire avaler un médicament à votre enfant, parlez-en à votre médecin qui pourra peut-être en proposer un dont le goût est meilleur ou nécessitant moins de prises.

■ **Suppositoires :** allongez votre bébé sur le dos ou sur le côté et retirez sa couche. Faites glisser le suppositoire, qui a la forme d'un obus, dans l'anus par sa partie arrondie. Serrez-lui ensuite les fesses pendant un bref moment afin de vous assurer qu'il ne ressorte pas immédiatement.

■ **Gouttes :** il est plus facile de mettre des gouttes dans les yeux ou le nez d'un bébé ou d'un jeune enfant si vous avez quelqu'un pour vous aider. Pour lui instiller des gouttes dans les yeux, enveloppez-le dans une serviette afin de l'empêcher de gesticuler ou allongez-le sur vos genoux. Maintenez fermement sa tête et tirez légèrement sa paupière inférieure vers le bas. Placez une goutte dans chaque œil, sous la paupière inférieure. Répétez l'opération s'il a cligné des yeux et si la goutte n'a pas pénétré. En ce qui concerne les gouttes dans le nez, basculez la tête de votre enfant vers l'arrière et placez une goutte dans chaque narine. S'il est assez vieux pour comprendre, demandez-lui de renifler. Un spray est généralement plus facile à utiliser – vous introduisez simplement l'embout dans chaque narine et vous appuyez sur le flacon. Votre enfant peut rester debout.

Médicaments en vente libre

Voici un tableau des médicaments que vous pouvez acheter sans ordonnance. N'hésitez pas à demander l'avis d'un pharmacien ou de votre médecin généraliste si vous avez des doutes au sujet d'un médicament et vérifiez s'il est adapté à un enfant de moins de deux ans. Tenez les médicaments hors de portée des enfants.

MÉDICAMENT	INDICATION	MODE D'ADMINISTRATION
Acétaminophène	Fièvre et douleur	Oral ou rectal (sous forme de suppositoire)
Ibuprofène	Fièvre, douleur et inflammation	Oral
Contre la toux	Différents types de toux (sèche, grasse...)	Oral
Antihistaminiques	Réactions allergiques aiguës, rhume des foins	Oral
Solution de réhydratation orale	Gastro-entérite aiguë et toute autre maladie avec un risque de déshydratation	Comme boisson, mélangée à de l'eau
Gouttes nasales salines	Pour décongestionner les nez bouchés	Nasal
Gaviscon pour enfants	Traitement du reflux gastro-œsophagien	Mélangé à du lait
Lactulose	Constipation légère	Oral
Séné	Constipation modérée	Oral
Crèmes stéroïdes	Eczéma enflammé	En application sur la peau
Émollients	Peau sèche et eczéma	En application sur la peau
Gel dentaire	Gencives douloureuses	En application sur les gencives
Lotion antipoux	Poux	En application sur le cuir chevelu
Vermifuge	Vers	Comprimés ou sirop

ATTENTION Sauf si elle est prescrite par un pédiatre, ne donnez jamais d'aspirine à un enfant en dessous de seize mois. L'aspirine est associée à une maladie rare et potentiellement mortelle nommée syndrome de Reye.

Infections

Il est facile pour votre enfant de contracter une infection, notamment s'il fréquente la garderie. Un lavage des mains scrupuleux devrait éviter les désordres intestinaux, mais un rhume est toujours possible.

Les groupes d'activité, les CPE et les garderies demandent aux parents de garder leurs enfants à la maison quand ils sont contagieux. Cette mesure est extrêmement importante en cas d'impétigo, de diarrhées et de vomissements ou de conjonctivite, car ce sont des maladies qui se propagent très facilement.

■ **Les virus :** ce sont ces minuscules organismes qui sont responsables de la plupart des maladies infectieuses chez les enfants, dont les rhumes, la varicelle, la rougeole et la coqueluche. Les maladies virales passent d'elles-mêmes, sans traitement spécifique. Les virus ne répondent pas aux antibiotiques, c'est pourquoi votre médecin n'en prescrira pas pour le rhume de votre enfant.

■ **Les bactéries :** ces organismes de plus grande taille provoquent des maladies telles que la pneumonie, les infections urinaires ainsi que certains types d'angines et de méningites. Les infections bactériennes peuvent être trai-tées par des antibiotiques, mais il est essentiel de prendre le bon (voir encadré ci-après). Votre médecin fera peut-être un prélèvement sur votre enfant ou une analyse d'urine avant de commencer un traitement, et ce, afin de prescrire l'antibiotique le plus efficace. De nouvelles mesures seront prises en cas de résistance à l'antibiotique.

Arthrite réactionnelle

Les jeunes enfants se plaignent quelquefois d'une hanche ou d'un genou douloureux à la suite d'une infection virale. Ce phénomène survient lorsque les anticorps produits pour combattre le virus provoquent une réaction dans une articulation. Ce problème disparaît de lui-même, mais il est possible que votre généraliste conseille certains tests supplémentaires pour écarter une infection rare, mais plus grave, nommée arthrite septique.

À propos des antibiotiques

Il est essentiel de respecter les doses et la durée prescrites. Il existe des effets secondaires incluant des douleurs d'estomac, des nausées, des diarrhées et des rougeurs. Si votre enfant est allergique aux antibiotiques, vous pourrez observer une éruption cutanée avec des démangeaisons sur tout son corps. Les antibiotiques seront inopérants si la bactérie est devenue résistante. Cette résistance est en partie due à leur utilisation excessive dans des situations où l'infection pourrait disparaître d'elle-même. Les infections auriculaires en sont un bon exemple. En effet, il a été montré que, même si l'infection était due à une bactérie, un enfant se rétablissait aussi rapidement sans antibiotiques. Les antibiotiques sont également inefficaces si la maladie est causée par un virus ou par une bactérie autre que celle visée par le médicament.

Les rhumes

Au cours des premières années de sa vie, la plupart des maladies de votre enfant seront des infections respiratoires, et la plus courante d'entre elles est le rhume. C'est une infection virale qui affecte les voies respiratoires supérieures. Ses symptômes sont très familiers : nez qui coule ou congestionné, éternuements, gorge irritée et enrouement, toux, fièvre et yeux larmoyants ou collants. Il faut des années pour apprendre à un enfant à se moucher et vous vous résignerez probablement rapidement à laisser son nez couler.

Il est normal d'avoir six à huit rhumes par an dans l'enfance, et ceux-ci sont plus fréquents pendant les mois d'hiver. Une longue période est nécessaire au corps humain pour s'immuniser contre les rhumes, car ils sont provoqués par des centaines de virus. Vous devez donc vous attendre à un rhume toutes les trois ou quatre semaines d'octobre à mars. Il est cependant erroné de croire qu'un rhume s'attrape en ayant froid : le virus est dispersé dans l'air par la toux et les éternuements ou transmis par les mains d'autres personnes. Veillez donc à ce que tous les membres de votre famille se lavent les mains après être allés aux toilettes et avant de manger. Cette précaution réduira la propagation des germes.

Ce que vous pouvez faire

■ Faites beaucoup boire votre enfant et câlinez-le. Attendez-vous à ce qu'il soit plus collant et à ce qu'il boude sa nourriture.

■ Traitez les symptômes – tels que la fièvre (voir page 259) et le nez bouché (mettez-lui des gouttes nasales salines). L'état de votre enfant doit s'améliorer au bout d'une semaine environ.

■ Traitez (ou mieux, prévenez) les lèvres gercées en utilisant un baume au moins deux fois par jour.

■ Appliquez un décongestionnant sur sa poitrine ou faites-lui respirer de l'huile essentielle en humectant un mouchoir et en le nouant à son lit.

■ Une atmosphère sèche rend la respiration plus difficile. Pour y remédier, placez une serviette mouillée derrière un radiateur.

Consulter un médecin si...

■ La fièvre de votre bébé ne baisse pas et s'il est irritable.

■ La respiration est sifflante, s'il présente des difficultés respiratoires ou des douleurs auriculaires (les bébés ayant mal aux oreilles se les frottent ou se les tirent et peuvent se montrer très maussades).

■ Il refuse tous les liquides.

ÊTRE MALADE *Un rhume peut rendre votre enfant maussade et un peu léthargique, mais de nombreux câlins devraient l'aider.*

Le croup

C'est une infection virale qui affecte le larynx, la trachée et les bronches (les voies respiratoires principales en dessous de la trachée). Elle provoque une inflammation et un rétrécissement des voies respiratoires, ce qui donne à l'enfant une toux rauque, une voix éteinte et une respiration sifflante avec des difficultés pour inspirer.

Ce que vous pouvez faire

Dans la majeure partie des cas, l'état de l'enfant s'améliore sans traitement spécifique. Voici cependant quelques conseils pour le soulager :

■ Essayez d'apaiser autant que possible votre enfant, ce qui l'aidera à stabiliser sa respiration.

■ La vapeur d'eau peut l'aider, car l'air humide est plus facile à inhaler que l'air sec. Pour ce faire, asseyez-vous avec votre enfant dans une salle de bain embuée.

■ Pensez aussi à placer une serviette humide derrière un radiateur ou à utiliser un humidificateur. Pour des raisons de sécurité, évitez d'installer votre bébé à proximité d'une bouilloire brûlante.

AIR HUMIDE *Vous asseoir avec votre bébé dans une salle de bain embuée peut l'aider à respirer plus librement et à améliorer son état.*

Consulter un médecin si...

■ Votre enfant fait de gros efforts pour respirer. Les enfants répondent souvent rapidement à une seule dose de stéroïdes, mais dans les cas les plus graves, une hospitalisation sera nécessaire. Dans de rares cas, le croup peut être confondu avec une maladie nommée épiglottite – une infection grave de l'épiglotte à l'avant de la gorge.

Les angines

Les amygdales sont deux pièces de tissu rond à l'arrière de la gorge qui protègent les voies respiratoires supérieures des infections, mais qui s'infectent quelquefois elles-mêmes dans ce processus. Les symptômes incluent des douleurs dans la gorge, des difficultés pour avaler, de la fièvre, une haleine fétide et quelquefois des douleurs d'estomac. Les ganglions peuvent être gonflés. L'angine est d'origine soit bactérienne, soit virale et peut résulter d'un refroidissement. L'état de l'enfant s'améliore généralement de lui-même, mais si ses amygdales sont couvertes de pus ou s'il se sent très mal, de la pénicilline sera prescrite

Ce que vous pouvez faire

■ Donner de l'acétaminophène et/ou de l'ibuprofène pour soulager la douleur et faire baisser la fièvre (voir page 259).

■ L'encourager à boire beaucoup de liquide.

Consulter un médecin si...

■ Votre enfant a des difficultés pour avaler.

■ Du pus blanc apparaît sur ses amygdales.

■ Vous ne pouvez pas contrôler sa fièvre.

■ Il a des douleurs d'estomac importantes.

■ Il a une langue rouge et douloureuse ainsi que des éruptions cutanées rouge vif, suggérant la scarlatine.

Bronchiolite

Tous les ans au Québec, à l'automne et en hiver, nous sommes nombreux à être infectés par le virus respiratoire syncytial (VRS). Dans la plupart des cas, il provoque simplement un rhume, mais chez les bébés âgés de moins d'un an, il peut être la cause d'une bronchiolite, une inflammation des bronchioles. Les symptômes sont une mauvaise toux, une respiration sifflante, des difficultés pour respirer et quelquefois pour s'alimenter.

Il n'existe pas de traitement spécifique pour la bronchiolite et pratiquement tous les bébés récupèrent parfaitement. Dans les formes graves, l'hospitalisation est de mise avec oxygénothérapie, alimentation entérale ou parentérale, voire ventilation assistée. Il est possible que la durée d'hospitalisation atteigne cinq à dix jours et que la toux continue pendant plusieurs semaines. Les enfants les plus vulnérables à cette affection sont les très jeunes bébés, les prématurés et ceux connaissant d'autres problèmes médicaux tels qu'une maladie cardiaque.

Consulter un médecin si...

■ Votre bébé a des difficultés pour respirer.

■ Il a des problèmes pour s'alimenter.

■ Il semble léthargique.

■ Il bleuit.

Ce que vous pouvez faire

■ Chez un bébé plus âgé, ne vous souciez pas de l'alimentation solide, mais faites-lui boire beaucoup de liquide.

■ Observez son rythme respiratoire afin de déterminer rapidement si son état empire.

Pneumonie

Le terme pneumonie génère souvent des images d'héroïnes du XIXe siècle, mourant de « double pneumonie ». Cette infection des tissus pulmonaires peut être fatale chez les personnes âgées, mais elle se soigne facilement chez les enfants. Les symptômes sont une toux, une fièvre élevée, une respiration rapide et, quelquefois, des douleurs dans la poitrine et des maux de ventre.

Le diagnostic est généralement posé par un médecin après qu'il a écouté la poitrine de l'enfant, et souvent confirmé par une radiographie. Si votre enfant n'est pas admis à l'hôpital, veillez attentivement à ce que ses symptômes ne s'aggravent pas. Le traitement consiste généralement en des antibiotiques, qui peuvent être administrés par voie intraveineuse. Les enfants ont tendance à récupérer rapidement d'une pneumonie, sans aucune séquelle à long terme.

Consulter un médecin si...

■ Vous vous inquiétez parce que la température de votre enfant ne s'est pas stabilisée depuis quarante-huit heures.

■ Il présente des difficultés respiratoires, ou une respiration rapide et superficielle.

■ Il devient bleu.

■ Il devient léthargique.

Ce que vous pouvez faire

■ Donner à votre enfant beaucoup de liquide et tenter de faire baisser sa température (voir page 259).

Infection auriculaire

Cette infection affecte la partie de l'oreille juste derrière le tympan et se produit souvent à la suite d'un rhume. Elle peut être d'origine bactérienne ou virale.

Les symptômes sont une fièvre élevée (voir page 259) et une douleur due à la variation de pression et à une accumulation de liquide à l'intérieur de l'oreille moyenne. Un écoulement peut se produire par l'oreille, ce qui est le signe d'une perforation du tympan. Le soulagement est alors immédiat ; le tympan se referme naturellement et l'état de l'enfant s'améliore rapidement. La plupart des infections auriculaires ne nécessitent pas de traitement antibiotique.

Ce que vous pouvez faire

■ Donner des antalgiques régulièrement.
■ Appliquer une compresse chaude ou froide sur l'oreille de votre enfant.
■ L'encourager à boire beaucoup de liquide.

Consulter un médecin si...

■ Votre enfant semble très mal.
■ Vous souhaitez une confirmation de l'infection.

Infection de l'oreille externe

Cette infection, nommée otite externe, se développe dans le conduit auditif externe. Elle est rare chez les bébés, mais courante chez l'enfant souffrant d'eczéma ou pratiquant assidûment la natation. Les symptômes sont une douleur et un écoulement de l'oreille.

Otite moyenne séreuse

Les infections de l'oreille moyenne aboutissent quelquefois à l'apparition d'une substance collante ressemblant à de la glue susceptible de provoquer une surdité et de mener à un retard de langage. Les gouttes peuvent aider à drainer l'oreille moyenne, mais une surdité persistante peut nécessiter une opération. Cette intervention consistant à insérer un tube de drainage dans le tympan est pratiquée habituellement sous anesthésie générale. Le tube permet d'équilibrer la pression entre l'oreille moyenne et externe en offrant une voie de sortie au liquide d'inflammation. Il tombe après six à douze mois et le tympan se referme naturellement.

Conjonctivite

La conjonctive est une membrane muqueuse transparente qui tapisse l'intérieur des paupières et les unit au globe oculaire sur lequel elle se poursuit jusqu'à la cornée. Cette membrane produit le mucus qui tapisse et lubrifie la surface de l'œil. La conjonctivite est l'inflammation de la conjonctive, qui peut être soit d'origine bactérienne, soit d'origine virale. Cette dernière devient alors rouge, douloureuse et produit du pus. La conjonctivite légère s'améliore généralement d'elle-même, mais si elle persiste, il est possible que votre médecin prescrive des pommades ou des gouttes.

Ce que vous pouvez faire

■ Essuyer les yeux à l'aide de coton trempé dans de l'eau bouillie, en partant du nez vers l'extérieur.
■ Toujours se laver les mains soigneusement et éviter de partager les serviettes et accessoires de toilette.

Consulter un médecin si...

■ Les paupières de votre bébé sont rouges ou gonflées.
■ Les yeux ont besoin d'être nettoyés plus de deux fois par jour.

Infections urinaires

Ce sont généralement des infections bactériennes de l'urine dans la vessie et quelquefois dans les reins. Les symptômes incluent une douleur au passage de l'urine, une augmentation de la fréquence des mictions, des douleurs d'estomac, une urine qui dégage une odeur désagréable et de la fièvre. Un bébé n'a souvent aucun symptôme spécifique, mais peut se montrer irritable avec une fièvre élevée. Un diagnostic précis et un traitement adapté sont essentiels. À cet effet, il vous faudra recueillir un échantillon d'urine dans un pot stérile. Le reflux, où l'urine remonte depuis la vessie vers les reins, est une complication de l'infection urinaire. Le reflux se résout généralement de lui-même, mais dans l'intervalle, des antibiotiques peuvent être nécessaires.

Consulter un médecin si...

- Vous suspectez une infection urinaire.
- Votre enfant ne se sent pas bien.
- Il a de la fièvre sans cause évidente.

Balanite

Cette infection du prépuce est généralement causée par des bactéries ou une candidose. Elle provoque des rougeurs et des douleurs pour uriner. Elle se guérit généralement totalement, mais des crises récurrentes chez un bébé risquent de rétrécir l'ouverture du prépuce (phimosis). La balanite est traitée au moyen de médicaments, de crèmes antibiotiques ou antifongiques. Une circoncision est quelquefois nécessaire à la suite d'infections répétées, mais la plupart des chirurgiens conseillent de détendre progressivement le prépuce dans le bain.

Consulter un médecin si...

- Vous suspectez une balanite ou un phimosis.
- Votre bébé est incapable d'uriner correctement.

Ce que vous pouvez faire

- Baigner doucement l'enfant et lui donner des antalgiques.
- Ne pas ramener le prépuce de l'enfant sur le gland pendant qu'il est encore infecté.

Circoncision

Il n'existe pas de raison médicale à cette intervention après la naissance. Elle est exigée par de nombreux parents pour de simples convenances religieuses. À la naissance de mon premier fils, l'infirmière m'a demandé si je souhaitais signer le formulaire de consentement pour la circoncision. J'ai expliqué que je ne souhaitais pas imposer à mon fils une opération inutile.

Si votre bébé doit être circoncis pour des raisons religieuses, adressez-vous à un médecin ou un rabbin de grande renommée qui en pratique plusieurs par mois. Câlinez beaucoup votre enfant et donnez-lui de l'acétaminophène avant l'intervention et quatre heures après celle-ci. En tant que médecin, je vois de nombreuses complications, telles que des infections et des hémorragies importantes. N'oubliez donc pas que, même si la plupart des bébés s'en sortent bien, toute intervention chirurgicale présente des risques.

Maladies infectieuses

Si vous avez été immunisée contre les maladies infectieuses courantes, vous avez probablement transmis vos anticorps à votre enfant. Ceux-ci sont actifs pendant six mois environ. C'est pourquoi les maladies suivantes sont beaucoup plus fréquentes après cet âge.

Varicelles

C'est une infection virale très courante qui provoque une éruption de boutons sur la peau associée à des démangeaisons, principalement sur la poitrine et le dos, mais également sur les membres et quelquefois dans la bouche et la région génitale. Ces boutons se transforment en cloques qui ressemblent à des gouttelettes d'eau avant qu'une croûte ne se forme. Votre enfant éprouve généralement un mal-être avant que la varicelle n'apparaisse. La gravité de la maladie est variable. Tous les enfants ressentent des démangeaisons ; mais alors que certains n'ont qu'un ou deux boutons et ne se sentent pas trop mal, d'autres en sont couverts et ne sont pas bien du tout.

La période d'incubation est de deux à trois semaines et la maladie est hautement contagieuse. Quand la varicelle se déclare dans une région, les parents décident quelquefois d'en finir avec celle-ci en faisant des réceptions où les enfants infectés et non infectés se côtoient. Au Québec, on suggère fortement aujourd'hui la vaccination de tous les bébés pour prévenir la varicelle.

Il existe quelques complications possibles à la varicelle : infection des boutons, qui nécessite des antibiotiques ; pneumopathie varicelleuse (bien qu'elle soit rare) ; encéphalite, ou inflammation du cerveau (très rare) ; et zona (plusieurs mois ou années après la maladie). La varicelle peut affecter un bébé dans l'utérus si elle est contractée pendant la grossesse. C'est pourquoi les enfants atteints de varicelle ne doivent pas fréquenter les salles d'attentes des CLSC ou des hôpitaux où ils sont susceptibles de se trouver en contact avec une femme enceinte ou une personne avec un système immunitaire déficient. Si vous n'avez pas eu la varicelle et que vous prévoyiez une grossesse, pensez à vous faire immuniser.

Consulter un médecin si...

- Votre enfant semble particulièrement mal.
- Il refuse de boire.
- Il a des cloques près des yeux.
- Les boutons semblent infectés (une zone rouge apparaît autour).
- Vous ne parvenez pas à contenir la fièvre.

Ce que vous pouvez faire

- Rafraîchissez votre enfant – une expérience menée par deux médecins sur leur propre fils a montré que le côté du corps recouvert d'un short et d'un T-shirt présentait moins de boutons que le côté recouvert d'un pantalon et d'un chandail.
- Coupez les ongles de votre enfant à ras afin d'éviter qu'il ne se gratte et ne provoque des lésions définitives.
- Appliquez une lotion à base de calamine pour soulager les démangeaisons.
- Donnez un antalgique approprié et tentez de faire baisser la fièvre.

Méningite

Cette infection des membranes couvrant le cerveau (les méninges) peut être soit d'origine virale, soit d'origine bactérienne. La méningite virale est généralement bénigne et ne nécessite aucun traitement spécifique. La méningite bactérienne est plus fréquente chez les bébés et peut provoquer des problèmes à long terme, tels qu'une surdité ou une paralysie cérébrale si elle n'est pas traitée rapidement. Dans certains cas, elle risque même d'entraîner la mort, mais fort heureusement, la grande majorité des enfants récupèrent totalement. Elle est diagnostiquée au moyen d'une ponction lombaire.

■ **Méningocoques :** c'est la forme la plus courante au Québec. Si elle est traitée rapidement, elle a généralement un bon pronostic. Cependant, la même bactérie peut déclencher une septicémie (empoisonnement du sang). Cette infection provoque de petites taches violacées qui ne blanchissent pas (voir le test du verre ci-après) et qui signalent des hémorragies au niveau des vaisseaux capillaires. Il en existe trois types : A, B et C. Au Québec, les bébés sont immunisés contre le méningocoque de type C.

■ **Hæmophilus influenzæ de type B (Hib) :** on a observé une diminution considérable de ces infections depuis la mise en circulation du vaccin (voir page 93).

■ **Pneumocoques :** ces infections sont heureusement rares et devraient bientôt disparaître avec l'administration du vaccin à tous les bébés.

Ce que vous pouvez faire

■ Si vous suspectez une méningite, n'attendez pas l'apparition d'une éruption cutanée avant d'intervenir. Emmenez immédiatement votre enfant chez votre médecin ou dans un service d'urgences. Faites confiance à votre instinct – c'est vous qui connaissez le mieux votre enfant.

■ Si votre enfant présente une éruption cutanée, placez un verre contre sa peau (voir encadré ci-après). Dans le cas où les taches violacées ne disparaîtraient pas, appelez immédiatement le 911. Sachez néanmoins que les éruptions cutanées ne sont pas systématiques lors d'une méningite ou qu'elles peuvent être légères et disparaître lors du test du verre.

Déceler les signes de méningite

Symptômes chez un bébé

▷ Pleurs aigus ou faibles.

▷ Fontanelles gonflées (voir page 42).

▷ Vomissements.

▷ Irritabilité, somnolence et ramollissement général.

▷ Peau moite, parsemée de taches. Les taches violacées caractéristiques apparaissent tard dans l'évolution de la maladie ou pas du tout.

Chez un enfant ou un adulte

▷ Céphalées importantes.

▷ Raideur au niveau du cou.

▷ Vomissements.

▷ Éruption cutanée.

▷ Fièvre.

▷ Somnolence.

▷ Irritabilité.

▷ Photophobie (sensation pénible produite par la lumière).

TEST DU VERRE *Appuyez un verre contre la zone affectée. Si les taches ne se décolorent pas, elles peuvent être associées à une méningite.*

Symdrome de Kawasaki

Cette maladie infectieuse, dont la cause n'a pas encore été identifiée, affecte généralement les enfants de moins de deux ans. Les symptômes sont spectaculaires et évoluent durant plusieurs jours. Ils sont souvent confondus avec ceux d'autres maladies telles que la rougeole.

Il n'existe pas de test de diagnostic, mais les symptômes sont une fièvre (voir page 259) persistant au moins cinq jours, une éruption cutanée de type rougeole sur le tronc et les membres, des ganglions cervicaux, une bouche très douloureuse présentant des fissures, une conjonctivite, un gonflement de la plante des pieds et de la paume des mains évoluant vers la desquamation. Théoriquement, un enfant doit présenter au moins cinq de ces symptômes pour que le diagnostic soit avéré, mais un traitement en milieu hospitalier peut être commencé si le syndrome de Kawasaki est suspecté afin d'empêcher les problèmes à long terme. Le traitement inclut l'utilisation des immuno-globulines (anticorps) par voie intraveineuse associées à de l'aspirine afin d'empêcher les dommages sur le cœur.

Consulter un médecin si...

■ Votre enfant présente les symptômes du syndrome de Kawasaki, car un traitement en milieu hospitalier est essentiel.

Ce que vous pouvez faire

■ Offrir beaucoup de liquide.
■ Faire baisser la fièvre de votre enfant.

Rougeole

La rougeole est hautement contagieuse et provoquée par un virus qui se transmet le plus souvent de façon directe, principalement par la projection de petites gouttelettes à partir des sécrétions du nez, de la gorge, des yeux (conjonctives) et de la bouche. Au Québec, le Service de santé publique suggère très fortement la vaccination pour protéger tous les bébés contre la maladie.

La période d'incubation de la rougeole se situe entre dix et quatorze jours. La maladie débute avec une forte fièvre et des symptômes analogues à ceux d'un rhume. Après quatre jours, une éruption cutanée rouge apparaît d'abord sur le visage avant de s'étendre au tronc. À leur disparition, les taches rouges laissent derrière elles une coloration brune. Votre enfant se sentira très certainement mal, avec une inflammation des conjonctives et une toux. Il est possible qu'il ait également mal aux oreilles.

Il existe de nombreuses complications possibles, dont une infection auriculaire, des convulsions fébriles, un strabisme et une pneumonie. Elle peut également provoquer une panencéphalite sclérosante subaiguë, qui est une maladie du cerveau très rare se développant dans les années ultérieures.

Consulter un médecin si...

■ Vous suspectez une rougeole – c'est une maladie soumise à obligation de signalement, ce qui signifie que des informations sont recueillies au sujet de tous les nouveaux cas pour des raisons de santé publique.
■ L'état de votre enfant se détériore, il semble léthargique, présente des difficultés respiratoires ou refuse de boire.
■ Vous êtes inquiète – faites confiance à votre jugement.

Ce que vous pouvez faire

■ Encourager votre enfant à boire beaucoup.
■ Essayer de faire baisser la fièvre (voir page 259).
■ Lui faire beaucoup de câlins.
■ L'écarter de tout autre enfant ou adulte non immunisé.

Symdrome pieds-mains-bouche

Cette infection virale n'est pas spécialement contagieuse et dure environ une semaine et provoque des vésicules et pustules sur les mains et les pieds ainsi que dans la bouche. Il est possible qu'elle n'affecte pas toutes ces zones à la fois. Les éruptions ne provoquent pas de démangeaisons, mais elles peuvent être accompagnées de fièvre.

Consulter un médecin si...

■ Vous n'êtes pas sûre du diagnostic.

■ Votre enfant ne boit rien.

Ce que vous pouvez faire

■ Si la bouche est douloureuse, proposez une alimentation hachée sans épices et faites-le boire avec une paille.

Oreillons

Cette infection virale se propage par des gouttes de salive projetées dans l'atmosphère ou par contact direct. Il s'agit d'une maladie relativement bénigne qui provoque de la fièvre, des céphalées et une perte d'appétit. Elle entraîne également un gonflement douloureux des glandes salivaires, en particulier des parotides qui se trouvent en avant des oreilles. Au Québec, un enfant qui a reçu le vaccin ROR est protégé contre les oreillons.

Les complications possibles sont la méningite virale qui, bien que généralement bénigne, peut provoquer une surdité ainsi qu'une inflammation des testicules, responsable de stérilité.

Consulter un médecin si...

■ Vous suspectez les oreillons.

■ Vous ne parvenez pas à faire baisser la fièvre.

■ Il devient somnolent.

■ Il refuse les liquides.

Ce que vous pouvez faire

■ Faire boire fréquemment de petites gorgées de liquide au moyen d'une paille. Éviter les boissons citronnées, car l'acide stimule la production de salive.

■ Donner à votre enfant une nourriture hachée.

L'ÉRUPTION CUTANÉE

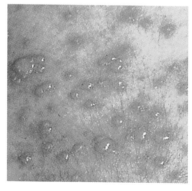

VARICELLE *Boutons rouges associés à des démangeaisons qui se transforment en cloques, puis en croûtes.*

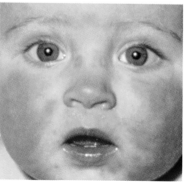

MÉGALÉRYTHÈME ÉPIDÉMIQUE *Des rougeurs apparaissent sur le visage, puis s'étendent au corps entier.*

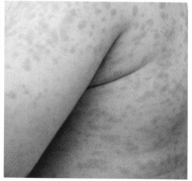

ROUGEOLE *Petits boutons rouges qui débutent sur le visage et s'étendent au tronc.*

Roséole

Fréquent chez les bébés entre six mois et deux ans, ce virus génère une forte fièvre pendant trois à cinq jours avec les symptômes d'un rhume et une irritabilité. Lorsque l'état de l'enfant s'améliore, des taches rosées apparaissent et rendent le diagnostic évident. Les bébés atteints de roséole sont quelquefois si mal qu'une hospitalisation est nécessaire pour écarter une méningite.

Consulter un médecin si...

- Votre enfant est irritable ou somnolent.
- Il souffre de convulsions fébriles (voir page 259).
- Son état ne s'améliore pas.

Ce que vous pouvez faire

- Faire baisser sa température et le faire boire.

Rubéole

Cette maladie bénigne provoque une éruption du type rougeole dès le premier jour. Les ganglions lymphatiques à l'arrière du cou sont souvent gonflés. Elle est maintenant plus rare, la plupart des enfants étant immunisés par le biais du vaccin ROR.

La rubéole se propage par les gouttes de salive projetées dans l'atmosphère et sa période d'incubation est de quatorze à vingt et un jours. Bien qu'elle nécessite rarement de traitement chez les enfants, elle est plus préoccupante chez les femmes enceintes en raison d'un risque élevé de malformations fœtales, et tout particulièrement si elle est contractée durant les premiers mois de grossesse.

Consulter un médecin si...

- Vous suspectez une rubéole (c'est une maladie soumise à obligation de signalement).
- Vous êtes enceinte et non immunisée contre la rubéole.
- L'état de votre enfant ne s'améliore pas au bout de quatre jours.

Ce que vous pouvez faire

- Prodiguer beaucoup de soins affectueux.
- Éviter d'emmener votre enfant où il pourrait se trouver en contact avec des femmes enceintes.
- Lui donner de l'ibuprofène en cas de douleurs.

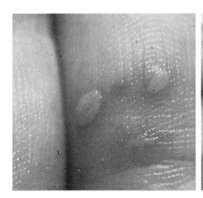 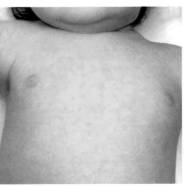 

SYNDROME PIEDS-MAINS-BOUCHE *Des cloques peuvent apparaître sur les doigts.*

ROSÉOLE *Ces taches rosées apparaissent lorsque l'état de l'enfant s'améliore.*

RUBÉOLE *Une éruption cutanée de type rougeole s'étend sur tout le corps.*

Mégalérythème épidémique

Cette affection causée par un parvovirus est bénigne. Elle se manifeste par une éruption cutanée rouge vif qui apparaît dans un premier temps sur le visage. Une fois les rougeurs présentes, l'enfant n'est plus contagieux.

Les rougeurs peuvent se manifester uniquement sur le visage ou sur le corps entier. Habituellement, elles disparaissent en une semaine environ, mais elles peuvent présenter des récurrences. Occasionnellement, l'enfant souffre également de douleurs articulaires.

Le mégalérythème épidémique peut entraîner une anémie chez les enfants atteints de drépanocytose, qui est un désordre sanguin génétique. Chez les femmes enceintes, il existe un petit risque de fausse couche, car la maladie peut entraîner une anémie chez le fœtus.

Gastro-entérite

C'est un virus du système digestif hautement contagieux. Il entraîne une association de vomissements et de diarrhées qui sont généralement de couleur verte, liquides et dégageant une forte odeur. Il peut mener à une intolérance temporaire au lait (voir page 278).

Ce que vous pouvez faire

■ Poursuivre l'allaitement au sein et donner une solution de réhydratation orale, disponible chez votre pharmacien. Ne pas donner de lait à un bébé nourri au biberon – offrir fréquemment de petites gorgées de solution de réhydratation pendant vingt-quatre heures. Faire boire de petites gorgées toutes les deux ou trois minutes afin d'empêcher les vomissements.

■ Donner à votre jeune enfant une solution de réhydratation orale à boire et des solides sans irritant gastrique.

■ Être rigoureux au sujet du lavage des mains.

Consulter un médecin si...

■ Il y a signes de déshydratation (voir page 257).

Coqueluche

Cette maladie est provoquée par une bactérie qui enflamme les voies respiratoires. Elle débute par les symptômes d'un rhume, suivis par la période des quintes qui est très caractéristique par la forme de la toux. Ces quintes peuvent provoquer cyanose, crises de suffocation et vomissements. Un vaccin (voir page 93) protège votre enfant de cette maladie.

Consulter un médecin si...

■ Vous suspectez une coqueluche (c'est une maladie soumise à obligation de signalement).

■ Votre enfant ne garde pas les liquides.

■ Votre enfant change de couleur (devient bleu), arrête de respirer ou présente une convulsion fébrile (voir page 259) : appelez les secours.

Ce que vous pouvez faire

■ Donner fréquemment des liquides en petite quantité.

■ L'éloigner des bébés, en tout premier lieu de ceux non encore immunisés.

■ Donner de l'acétaminophène ou de l'ibuprofène pour réduire la fièvre.

Désordres gastro-intestinaux

En tant que parent, vous aurez probablement à faire face à des vomissements et à des diarrhées dans les deux premières années de la vie de votre enfant, car les désordres digestifs sont fréquents. Les bébés nourris au sein sont protégés par les anticorps présents dans le lait maternel.

Reflux gastro-œsophagien

Chez les jeunes bébés, c'est une maladie courante dans laquelle la valve située au sommet de l'estomac est défaillante, ce qui permet au lait de remonter. Un reflux léger représente simplement un désagrément, car personne n'aime changer les vêtements du bébé, et souvent les siens, toutes les deux heures. Ce problème ne nécessite aucun traitement spécifique, mais il peut être gênant pour votre enfant, car les acides régurgités provoquent une sensation de brûlure. Le reflux évolue pratiquement toujours favorablement avec le temps – l'introduction d'une alimentation solide représente souvent un tournant qui peut se produire à six mois, et l'état de la plupart des bébés s'améliore considérablement à un an.

Si les méthodes préventives (voir à droite) sont inopérantes, votre pédiatre ou votre médecin généraliste peut prescrire un traitement pour bloquer la production d'acide ou pour aider le lait à traverser l'estomac plus rapidement. Certains bébés présentent un reflux provoqué par une allergie au lait de vache. Dans ce cas, une formule hypoallergénique leur sera bénéfique.

Ce que vous pouvez faire

▪ Consulter votre médecin généraliste.
▪ Soutenir votre bébé et le maintenir droit après les repas. Le laisser de longues périodes allongé sur le ventre.
▪ Le fait d'épaissir le lait peut apaiser un reflux modéré. Il est également possible d'ajouter du Gaviscon pour enfants aux biberons. Il peut être donné séparément aux bébés nourris au sein. Alternativement, vous pouvez acheter du lait préépaissi chez votre pharmacien.

Sténose du pylore

Cette maladie est causée par un rétrécissement de la sortie du bas de l'estomac en raison d'un épaississement du muscle de cette zone. Ce phénomène entraîne chez l'enfant des vomissements d'une telle puissance qu'ils peuvent traverser la pièce (vomissements en jets). Une prédisposition familiale est certaine, et, étrangement, cette maladie est plus fréquente chez les garçons. Les vomissements empirent progressivement. La sténose du pylore est généralement confirmée par des tests sanguins et par une échographie.

Le traitement est toujours chirurgical. Une petite incision est pratiquée dans le muscle épaissi aux alentours de la sortie de l'estomac, ce qui facilite le passage du lait. La récupération de l'enfant est généralement rapide.

Constipation

Un des problèmes les plus courants chez les jeunes enfants est la constipation. Elle peut provoquer des douleurs, de la détresse et de l'embarras pour l'enfant, ainsi que devenir une cause d'anxiété pour la famille.

« Durant plusieurs mois, notre vie a été dominée par la constipation de notre fils. Avec du recul, je regrette vraiment de ne pas avoir recherché une assistance médicale plus tôt. »

MANGER DES FRUITS *Des collations à base de fruits préviendront la constipation.*

QU'EST-CE QUE LA CONSTIPATION ?

La constipation est la difficulté à évacuer les matières fécales. Alors qu'il est normal pour certains enfants d'avoir des selles trois fois par jour, d'autres n'en auront que tous les trois jours. Le fait que les selles de votre bébé ou de votre jeune enfant ne soient pas fréquentes ne signifie pas qu'il est constipé. Ceci ne devient un problème qu'en cas de douleur et de mal-être.

La constipation démarre souvent après que l'enfant a eu une selle très dure ayant provoqué une lésion au niveau de l'anus. La douleur incite alors l'enfant à retenir ses selles. Les matières fécales s'accumulent et deviennent encore plus difficiles à expulser. Finalement, des selles liquides provenant de la partie supérieure des intestins sont émises avec les selles dures et provoquent une salissure qui est particulièrement pénible pour un enfant en cours d'apprentissage du pot. Lorsque les matières fécales s'accumulent, l'enfant devient déprimé, pâle, renfermé et boude sa nourriture. La vie de famille est dominée par ce phénomène et les parents recherchent des solutions pour encourager leur enfant à déféquer. L'enfant a souvent des douleurs de ventre sévères et peut être amené aux urgences. Il finit par faire une selle, au

grand soulagement de son entourage, et tout va bien jusqu'à la prochaine accumulation de matières fécales.

Les bébés peuvent devenir constipés en passant du sein au lait de croissance ou lors de l'introduction d'une alimentation solide. Ce problème est plus rare chez les bébés totalement nourris au sein.

RÉGIME

Il est possible que la constipation persiste malgré un bon régime, mais ces cas sont rares. La constipation peut être prévenue en grande partie par un régime riche en fibres, en liquides ainsi qu'en fruits et légumes. Proposez à votre enfant cinq parts de fruits et légumes par jour. Cela peut vous sembler difficile, mais il existe de nombreux moyens d'accroître la consommation de fruits et légumes de votre enfant (voir encadré ci-contre).

LIQUIDES

Un bébé de moins de trois ou quatre mois répond généralement bien à un supplément d'eau bouillie dans son régime. S'il est nourri au biberon, veillez à ne pas dépasser la dose de lait en poudre conseillée, ce qui pourrait constituer une cause de constipation. Une fois votre bébé sevré, offrez-lui beaucoup de fruits, de légumes et d'eau.

TRAITEMENT

Il est essentiel de commencer le traitement le plus tôt possible, car plus le problème perdure, plus il est difficile à traiter. Si votre bébé n'a été constipé que quelques jours, des laxatifs simples, tels que le lactulose, seront prescrits parallèlement à une augmentation des liquides et des fibres dans son alimentation. Cependant, si le problème devient chronique, une association plus puissante de laxatifs est souvent nécessaire. À ce stade, vous devez emmener votre enfant consulter un médecin généraliste. Prenez systématiquement l'avis d'un pharmacien avant d'acheter des laxatifs pour un bébé ou un jeune enfant.

Les suppositoires sont rarement utiles et déconseillés pour les enfants ayant déjà des problèmes de lésion au niveau de l'anus. De nombreux parents redoutent que leur enfant devienne dépendant des laxatifs. Il est vrai que les enfants souffrant d'une constipation sévère ont généralement besoin d'un traitement régulier durant deux ans ou plus. Mais pendant ce traitement, les symptômes disparaissent. C'est un énorme soulagement pour les parents ayant vécu les pleurs et la détresse de leur enfant ainsi que pour les familles dont la vie tournait autour du fait que l'enfant ait réussi ou non à faire des selles.

Progressivement, vous pourrez réduire les médicaments sous la surveillance d'un médecin et vous parviendrez finalement à arrêter les laxatifs. Ignorez tous les conseils « utiles » de membres de la famille ou d'amis vous incitant à arrêter les laxatifs, car c'est le meilleur moyen de renvoyer votre enfant au point de départ. Si le traitement que vous donnez à votre enfant ne vous semble pas fonctionner, parlez-en à votre médecin généraliste ou à votre pédiatre.

IMPORTANCE DE SE FAIRE AIDER

Une fois la constipation bien installée, elle est difficile à traiter. Même dans les meilleurs services, seulement 60 % des enfants sont guéris après un traitement de deux ans.

J'ai dirigé un service spécialisé dans les problèmes de constipation et j'ai entendu les souffrances des enfants et de leurs parents durant de nombreuses années. Mon premier fils a toujours eu un régime très sain et j'ai été véritablement confrontée à ce problème avec ma deuxième fille, dont le régime en fruits et en légumes était très limité et extrêmement pauvre. Quand elle est devenue constipée, notre vie a été bouleversée. Sa douleur et ses pleurs étaient si alarmants qu'il était difficile de croire qu'elle n'avait pas un problème plus sérieux. Il nous a fallu deux semaines stressantes de laxatifs à haute dose pour améliorer les choses. Je n'ose pas imaginer ce que les parents peuvent traverser si le problème n'est que partiellement traité et traîne pendant des années. N'interrompez donc pas le traitement.

MANGER DES FRUITS ET DES LÉGUMES

Il n'est pas toujours facile de faire manger aux bébés et aux jeunes enfants la quantité de fruits et légumes conseillée. Voici quelques moyens d'augmenter leur apport :

▷ N'oubliez pas qu'un verre de jus de fruits équivaut à une part de fruits.

▷ Des haricots en grains sans sel équivalent à une part de légumes.

▷ De nombreux enfants qui refusent de manger des fruits et des légumes frais apprécient les fruits secs. Soyez donc attentive à leur proposer des raisins secs. Veillez cependant à bien leur brosser les dents après, car leur teneur en sucre est élevée.

▷ Les grains de raisin (coupés en deux pour éviter le risque d'étouffement) constituent une bonne collation.

▷ Ajoutez à une sauce tomate des légumes tels que des poireaux, des carottes, des courgettes et des poivrons et mixez le tout. La plupart des enfants ne font pas la différence, en particulier si vous ajoutez les légumes progressivement, de sorte que le goût ne diffère pas soudainement.

▷ Un lait frappé composé avec des fruits ou une mousse de fruits glacée est généralement apprécié des jeunes enfants.

Invagination intestinale

Dans cette maladie, une partie de l'intestin glisse dans une autre, entraînant un blocage. Elle est plus fréquente chez les bébés, provoque des crises de pleurs dues à des douleurs abdominales intenses et ne doit pas être confondue avec une colique. Le bébé se tient immobile, car le mouvement est douloureux. Il est pâle, vomit et émet des selles rouge vif. Cette maladie est diagnostiquée par échographie abdominale ou par un lavement baryté et est traitée en insufflant de l'air dans l'intestin, ce qui l'oblige à revenir en position. La plupart des bébés n'ont pas besoin de chirurgie et il n'y a généralement aucune complication. Consultez votre médecin si vous suspectez une invagination.

Diarrhée chronique

Une fois l'étape du méconium passée (voir page 34), l'aspect des selles varie considérablement d'un enfant à l'autre. La couleur peut aller du jaune à l'orange en passant par le vert et le brun et la consistance varie entre le liquide et le ferme. Des selles blanches ou couleur mastic peuvent être un signe de malabsorption. Le changement d'odeur, de couleur et de consistance des selles lors du sevrage d'un bébé provoque souvent l'inquiétude des parents.

Certains enfants développent des diarrhées qui ne semblent pas dues à l'infection et qui durent plusieurs semaines. Si votre bébé ne prend pas de poids comme vous l'espérez, ou semble souffrir de douleurs abdominales, une certaine forme de malabsorption ou d'intolérance alimentaire peut être en cause (voir encadré ci-après). Il est utile de conserver une trace écrite de ses repas avant de consulter votre médecin. Il lui sera ainsi plus facile d'identifier l'aliment en cause.

Si votre jeune enfant a des selles molles et fréquentes, mais qu'il se porte bien par ailleurs et qu'il prend un poids normal, il est possible qu'il ait une diarrhée de l'enfant. Dans ce cas, il est souvent possible d'observer des restes visibles d'alimentation, tels que des pois et des carottes, dans les selles. Il est dû à un transit rapide de l'alimentation dans les intestins et ne nécessite pas de traitement. Les choses s'amélioreront d'elles-mêmes avec le temps.

Intolérance alimentaire

La forme la plus courante d'intolérance alimentaire est une allergie aux protéines du lait de vache. Elle peut entraîner de l'eczéma et la présence de sang dans les selles. Ce problème se résout en supprimant le lait de l'alimentation et s'améliore aux alentours de deux ans.

Les bébés sont parfois incapables d'absorber le lactose, qui est le sucre du lait. Ce problème apparaît le plus souvent à la suite d'une gastro-entérite. Le traitement inclut la suppression du lactose de l'alimentation de l'enfant pendant quelques jours ou quelques semaines, jusqu'à ce que la situation s'améliore. Pour ce faire, il convient de remplacer son lait habituel par du lait sans lactose. La maladie cœliaque est une impossibilité d'absorber le gluten présent dans les aliments tels que le pain et les céréales. Comme toute autre intolérance, celle-ci est traitée en supprimant ces aliments du régime, mais toujours sous contrôle médical.

Allergies

Une allergie se produit lorsque le système immunitaire réagit de façon inappropriée à une substance qui est avalée, inhalée ou en contact avec la peau. Les symptômes incluent une respiration sifflante, des éruptions cutanées, une diarrhée et un nez bouché. Certaines allergies sévères entraînent une anaphylaxie (voir page 280).

Asthme

Cette maladie fréquente se caractérise par les voies respiratoires qui se rétrécissent, entraînant une respiration sifflante, de la toux et des difficultés respiratoires. L'asthme fait partie d'un groupe de maladies atopiques (allergiques) qui se transmettent de génération en génération dans certaines familles. Ce groupe inclut également l'eczéma et le rhume des foins. Les crises peuvent être déclenchées par un certain nombre de facteurs, mais le plus courant chez les jeunes enfants est le rhume. Les autres déclencheurs sont les acariens, l'exercice, la fumée de cigarette, l'air très froid et, chez certains enfants, le pollen et les poils d'animaux. Il est impossible d'éradiquer tous les déclencheurs, mais les enfants doivent être tenus à l'écart des atmosphères enfumées. Lorsqu'ils grandissent, l'asthme devient généralement plus facile à contrôler.

Traitement

L'asthme léger est traité avec un médicament nommé bronchodilatateur, qui procure un apaisement immédiat en dilatant les voies respiratoires. Il est administré par le biais d'un inhalateur ou d'un nébuliseur. Les cas d'asthme modéré, où l'enfant utilise un inhalateur quotidiennement, nécessitent un traitement préventif, qui est habituellement un stéroïde administré par inhalation. Un enfant souffrant d'asthme sévère sera suivi par un pédiatre et pourra être hospitalisé.

Ce que vous pouvez faire

■ Suivre scrupuleusement le traitement prescrit.
■ Éviter autant que possible la poussière et utiliser des oreillers lavables.

Consulter un médecin si...

■ Votre enfant ne répond pas à ses inhalations.
■ Il est fatigué et si vous êtes inquiète.

TRAITER UN JEUNE ENFANT *Un tube d'espacement est un long tube qui se fixe à l'inhalateur. Pour les bébés et les très jeunes enfants, un masque facial peut être utile.*

Eczéma

Cette maladie de peau atopique apparaît au bout de quelques semaines de vie sous la forme de zones rouges et sèches qui provoquent d'intenses démangeaisons. Il existe de nombreuses façons de réduire sa sévérité et d'apaiser les symptômes. Une allergie alimentaire est quelquefois en cause, mais les tests d'allergie sont rarement utiles.

Ce que vous pouvez faire

Pour prévenir une crise :

■ Habiller votre enfant avec des vêtements en coton, et non avec de la laine ou des tissus synthétiques.

■ Éviter de le couvrir trop chaudement la nuit.

■ Utiliser des lessives biologiques et prendre les substituts de savon conseillés.

Pour traiter une crise quand elle est apparue :

■ Appliquer des émollients sur la peau sèche au moins deux fois par jour pour empêcher les démangeaisons.

■ Utilisez des crèmes à base de corticostéroïdes uniquement sur les zones rouges. L'utilisation de stéroïdes légers peut éviter de recourir à des produits plus puissants dans l'avenir.

■ Baigner votre enfant dans des produits adaptés à l'eczéma et l'éponger sans frotter.

Consulter un médecin si...

■ La peau de votre enfant est très rouge, présente des croûtes (qui peuvent être jaunes) et des écoulements, car il est alors possible qu'elle soit infectée.

Anaphylaxie

Les arachides, les algues, les piqûres de guêpes et d'abeilles peuvent entraîner une réaction allergique sévère, appelée anaphylaxie. Les symptômes sont un gonflement facial soudain, avec des difficultés respiratoires pouvant engager le pronostic vital de l'enfant. Ce problème est traité au moyen de corticostéroïdes, d'antihistaminiques et d'épinéphrine (adrénaline). Si votre enfant présente une allergie grave, on vous fournira un Épilen® (épinéphrine) préchargé d'adrénaline à utiliser au premier signe d'une crise.

Ce que vous pouvez faire

■ Administrer de l'épinéphrine à votre enfant et appeler une ambulance si vous suspectez une attaque.

■ Informer toute personne en charge de l'enfant concernant ce qui doit être évité et la conduite à tenir en cas d'urgence.

Urticaire

À 5 ans, je me suis réveillée couverte de papules rouges légèrement surélevées qui me démangeaient et ma mère (qui était médecin) me l'a immédiatement diagnostiqué. Cette éruption ressemble aux lésions provoquées par les piqûres d'orties et peut être causée par une réaction allergique à un aliment, à un médicament ou à un virus.

Ce que vous pouvez faire

■ Donner à votre enfant un sirop antihistaminique.

■ Le recouvrir d'une lotion à la calamine.

Consulter un médecin si...

■ Vous pensez qu'il s'agit d'une réaction à un médicament.

■ Ses crises d'urticaire sont fréquentes.

Tracas quotidiens

Lorsque votre enfant aura commencé à se mélanger à d'autres, il est peu probable que vous échappiez aux plaisirs des poux, des vers, de l'impétigo et de la conjonctivite. Si vous avez un deuxième bébé, ces maladies courantes surviendront encore plus tôt.

Poux

Ce cauchemar de tout parent affecte rarement les bébés, mais est souvent contracté par les jeunes enfants. Les poux sont de minuscules insectes qui vivent sur le cuir chevelu. Ils ne volent pas et ne peuvent donc se propager que par contact direct, d'une tête à l'autre. Ils pondent de minuscules œufs, ou lentes, dans les cheveux, à proximité du cuir chevelu. Ils sont très difficiles à éliminer et peuvent survivre plusieurs semaines.

Les poux entraînent des démangeaisons ; il est donc possible que votre enfant se gratte la tête. Il y a cependant des chances pour que vous les découvriez avant la manifestation d'un quelconque symptôme, car vous recevrez alors probablement un mot de l'école.

Ce que vous pouvez faire

■ Contrôler systématiquement les cheveux de votre enfant en les divisant méthodiquement et en recherchant la présence de poux vivants (difficiles à apercevoir car ils se déplacent vite) ou de lentes « accumulées » sur des cheveux particuliers.

■ Traiter la tête de votre enfant en appliquant une lotion conseillée par votre médecin ou votre pharmacien. Sachez que les lotions varient en efficacité, car les poux peuvent devenir résistants.

■ Alternativement, laver les cheveux de votre enfant et appliquer beaucoup d'après-shampooing de sorte qu'ils deviennent glissants. Puis peigner les cheveux soigneusement avec un peigne à poux (à dents rapprochées). L'essuyer sur un essuie-tout ou le plonger dans l'eau entre chaque coup de peigne.

■ Répéter tous les trois ou quatre jours pendant deux semaines, puis au moins une fois par semaine pour prévenir toute réinfestation.

■ Rechercher une éventuelle infestation chez les autres membres de la famille et informer toute personne ayant été récemment en contact avec votre enfant.

ÉLIMINER LES POUX *Contrôlez soigneusement le cuir chevelu de votre enfant à l'aide d'un peigne à poux spécial. Après chaque coup de peigne, essuyez celui-ci sur un essuie-tout ou plongez-le dans l'eau.*

Impétigo

Cette infection de peau courante affecte principalement les enfants. Les croûtes de couleur rouge et miel s'étendent rapidement et sont contagieuses. Elles peuvent apparaître partout mais sont habituellement localisées sur le visage. Ce problème est généralement provoqué par une bactérie nommée staphylocoque, qui est souvent transportée de façon inoffensive par le nez, mais qui peut également ment pénétrer dans la peau par une zone sèche et craquelée. C'est pourquoi l'impétigo est plus fréquent chez les enfants souffrant d'eczéma. S'il est léger, il est traité à l'aide d'une crème ou d'une pommade antibiotique. S'il est plus sévère, il est soigné au moyen d'antibiotiques oraux. Dans de rares cas, des antibiotiques sont administrés par voie intraveineuse en milieu hospitalier.

Consulter un médecin si...

■ Vous suspectez un impétigo.

■ Le problème s'étend malgré le traitement.
■ Votre enfant ne semble pas en forme.

Ce que vous pouvez faire

■ L'impétigo se propageant par contact direct, votre enfant ne doit pas partager ses débarbouillettes et doit éviter autant que possible un contact peau contre peau avec les autres membres de la famille.
■ Essayer d'empêcher votre enfant de gratter ses croûtes (pas facile) et d'appliquer les crèmes tel qu'indiqué.

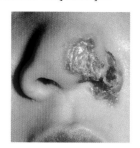

CROÛTES *Ne couvrez pas les croûtes, car l'air libre les aide à sécher. Coupez les ongles de votre enfant à ras pour lui éviter de se gratter. Une fois les croûtes tombées, votre enfant n'est plus contagieux.*

Boutons de fièvre

Cette infection de peau virale, transmise par contact avec une autre personne, est provoquée par le virus *Herpes simplex* de type 1 (HSV1). Elle entraîne un picotement, puis l'apparition d'un ensemble de cloques inesthétiques et douloureuses généralement sur les lèvres. Cette infection peut être difficile à vivre, car il est possible qu'elle s'étende tout autour et à l'intérieur de la bouche. Les boutons de fièvre rendront votre enfant maussade et il est possible qu'il refuse toute alimentation et boisson, auquel cas il devra être hospitalisé pour être réhydraté et recevoir un médicament antiviral nommé aciclovir (Zoviraz®). Une fois l'enfant infecté, le virus reste endormi dans son organisme et réapparaît de temps à autre sous la forme d'un bouton de fièvre à la suite d'un stress, d'un refroidissement climatique ou d'un affaiblissement général.

Ce que vous pouvez faire

■ Quand votre enfant est plus âgé, apprenez-lui à reconnaître les signes avant-coureurs. Ainsi, il pourra vous avertir lorsque sa lèvre commencera à le picoter. Il vous sera alors possible d'appliquer de la crème aciclovir, car elle devient inefficace après l'apparition des cloques.
■ Écarter votre enfant des autres enfants jusqu'à ce que le bouton de fièvre ait totalement disparu.
■ L'encourager à manger et à boire.

Consulter un médecin si...

■ C'est sa première crise.
■ Le problème se situe à proximité de l'œil.
■ Il refuse de manger ou de boire.
■ Il ne guérit pas comme il le devrait.

Vers

L'oxyure, le type de vers le plus commun affectant les enfants, représente un désagrément mineur et n'est pas dangereux. Ces vers se répandent lorsqu'un enfant ingère des œufs qui sont transmis par contact direct des mains. Les oxyures provoquent des démangeaisons autour de l'anus, souvent durant la nuit lorsque les vers émergent pour pondre des œufs. Ils se déposent alors sous les ongles lorsque l'enfant se gratte, et le cycle continue.

S'ils ne sont pas véritablement visibles dans les selles ou autour de l'anus de votre enfant, les vers peuvent être difficiles à diagnostiquer. En principe, il est possible de les piéger sur une bande collante pour confirmer le diagnostic, mais je n'ai encore jamais rencontré de parent qui y soit parvenu.

Ce que vous pouvez faire

■ Si vous pensez que votre enfant a des oxyures, vous pouvez acheter un médicament à la pharmacie ou demander à votre médecin de vous le prescrire. Les enfants de moins de deux ans n'en prendront qu'une seule dose, qui devra être répétée deux semaines plus tard.

■ Tous les membres de la famille de plus de deux ans doivent prendre une dose d'un médicament différent destiné à les empêcher d'attraper des vers.

■ Lavez soigneusement tous les vêtements, draps et couvertures, coupez les ongles à ras et veillez à ce que tous les membres de la famille se lavent parfaitement les mains.

■ Passez une brosse sous les ongles de votre enfant, tout spécialement après qu'il est allé aux toilettes.

Muguet

C'est une infection fongique fréquente qui est provoquée par la prolifération de *Candida albicans*, un champignon qui est naturellement présent dans le corps. Il est souvent transmis au bébé à la naissance. Il est plus fréquent chez les enfants de moins de deux mois, mais il peut également apparaître chez les bébés plus âgés.

Si vous remarquez des taches blanches ressemblant à du lait caillé mais difficiles à éliminer dans la bouche de votre bébé, il est possible qu'il souffre de muguet. En principe, ce problème ne doit pas altérer l'état général de l'enfant, mais il est possible qu'il rende sa bouche douloureuse et affecte sa capacité de se nourrir. C'est également une cause courante d'érythème fessier sévère, qui peut être traité avec des crèmes antifongiques.

Consulter un médecin si...

■ Vous pensez que votre bébé souffre de muguet.

■ Son état ne s'améliore pas, malgré le traitement.

Ce que vous pouvez faire

■ Utiliser du gel ou des gouttes antifongiques prescrits par votre médecin.

■ Si vous allaitez au sein et que votre bébé souffre de muguet, votre médecin vous prescrira une crème antifongique à appliquer sur vos mamelons. Elle est destinée à empêcher la propagation de l'infection. Si, malgré tout, le problème s'étend à vos seins, vous ressentirez des démangeaisons.

■ Traiter l'érythème fessier de votre bébé (voir page 94).

RECONNAÎTRE LE MUGUET
Recherchez les zones blanches dans la bouche de votre enfant. Elles peuvent apparaître en légère surélévation. Bien que ce problème soit inesthétique, aucune douleur ne lui est normalement associée.

Votre bébé à l'hôpital

Les bébés et les jeunes enfants ne sont généralement hospitalisés qu'une nuit s'ils nécessitent une mise en observation ou un traitement devant être administré par des médecins et des infirmières.

L'ENVIRONNEMENT HOSPITALIER

La qualité d'accueil des bébés et des familles s'est nettement améliorée au cours de ces dernières années. Les services de pédiatrie sont clairs et envahis de jouets. Les parents sont encouragés à rester avec leur bébé et peuvent lui rendre visite à tout moment du jour et de la nuit. Les bébés et les jeunes enfants ont encore plus besoin de leurs parents quand ils sont malades, et les hôpitaux fournissent généralement des lits de camp pour que les parents puissent dormir à leurs côtés.

Des bénévoles sont présents pour distraire les enfants, et l'éventail d'équipement électronique et informatique disponible est tellement large qu'ils me disent souvent ne plus vouloir rentrer à la maison une fois rétablis. La durée d'hospitalisation moyenne pour un enfant est d'un à deux jours, mais en cas de maladie chronique ou engageant le pronostic vital de l'enfant, cette durée peut augmenter sensiblement. Il est facile pour les parents de développer un syndrome de réclusion et il est important, si possible, de partager les gardes de nuit, car il est essentiel pour les deux

S'INFORMER N'hésitez pas à poser des questions. Comprendre le traitement administré à votre bébé vous évitera des angoisses inutiles.

parents de passer un peu de temps à l'extérieur de l'établissement hospitalier. La journée commence généralement par une visite du personnel médical. Les internes, les infirmières et le médecin examinent votre bébé, répondent à vos questions et décident ou non de poursuivre le traitement. Il vous sera utile de noter par écrit les questions que vous souhaitez poser. N'hésitez jamais à poser une question, même si elle semble stupide.

Avant de rentrer à la maison, vous devez savoir où demander de l'aide en cas de nécessité. Si vous attendez le résultat d'examens, faites-vous indiquer comment et quand ils vous seront fournis.

CE QUE VOUS POUVEZ FAIRE

▷ Apporter des jouets auxquels il est attaché, des objets de confort et des couvertures. Ainsi, votre enfant se sentira moins dépaysé.

▷ Rassurez-le autant que vous le pouvez et attendez-vous à ce qu'il se montre collant.

▷ Alors que les frères et sœurs sont toujours les bienvenus durant la journée, faites en sorte que quelqu'un d'autre s'en occupe la nuit, pendant que vous êtes à l'hôpital.

Premiers secours

Cette section présente les gestes de premiers secours et vous fournit quelques astuces pour apporter une aide efficace dans des situations d'urgence impliquant des enfants et des bébés. Tous les parents devraient cependant envisager de suivre une formation aux premiers secours, car rien ne vaut un entraînement pratique dispensé par un expert. Pour trouver un centre de formation dans votre région, reportez-vous à la page 312.

Plan d'action premier secours

En cas d'urgence, suivez quatre étapes logiques :

■ **Évaluer la situation :** demandez ce qui s'est passé ; comment cela s'est produit ; le nombre d'enfants blessés ; si le danger persiste toujours ; si une ambulance est nécessaire.

■ **Protection :** ne prenez pas le risque de vous blesser vous-même en essayant de porter secours ; supprimez immédiatement le danger ; ne déplacez l'enfant qu'en cas de nécessité absolue et avec un maximum de précautions.

■ **Traiter d'abord les blessures graves :** les deux problèmes mettant en jeu le pronostic vital sont l'impossibilité de respirer (voir Inconscience, page 286) et une hémorragie importante (voir page 291).

■ **Alerter :** criez à l'aide et balisez clairement la zone en recourant éventuellement à une aide extérieure ; demandez un avis médical ou appelez les secours ; si nécessaire, demandez une assistance pour les premiers secours et pour déplacer l'enfant vers un lieu sûr.

Quand aller à l'hôpital

Utilisez cette liste comme guide pour savoir si vous devez emmener votre enfant à l'hôpital. En cas d'urgence extrême – si l'enfant ne respire plus, par exemple – appelez une ambulance. Suivez les conseils de cette section en attendant l'arrivée des secours. Dans les cas moins urgents, rendez-vous au service d'urgence de votre hôpital. Vous devez toujours emmener l'enfant à l'hôpital dans les cas suivants :

▷ Perte de conscience.

▷ Arrêt respiratoire ou difficultés respiratoires.

▷ Blessure profonde ou brûlure grave.

▷ Symptômes de méningite (voir page 270).

▷ Blessure importante à la tête, avec des vomissements, une somnolence ou une perte de conscience.

▷ Une fracture possible.

▷ Ingestion d'une substance dangereuse.

▷ Introduction d'un objet dans l'oreille, le nez ou les yeux.

▷ Morsure de serpent, d'animal ou d'insecte en cas d'antécédents allergiques dans la famille (voir anaphylaxie, page 280).

Inconscience

Si votre enfant est inconscient, évaluez son état avant d'appeler de l'aide. Si vous êtes seule et qu'il ne respire pas, suivez les instructions de compressions thoraciques et de respiration artificielle. Il existe des étapes de substitution pour un enfant de plus d'un an.

Vérification des réactions

1 *Appelez votre bébé par son nom pour voir s'il répond à votre voix, ou tapotez-lui doucement le pied. Ne le secouez jamais.*

OU

POUR UN ENFANT DE PLUS D'UN AN
Appelez-le mais ne le secouez jamais.

2 *Si vous n'obtenez aucune réponse, dégagez les voies respiratoires.*

3 *Si vous obtenez une réponse, prenez un avis médical.*

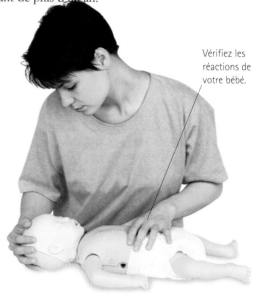

Vérifiez les réactions de votre bébé.

Libération des voies respiratoires

1 *Allongez-le sur une surface plate. Placez une main sur son front et faites doucement basculer sa tête vers l'arrière.*

2 *Placez un doigt de l'autre main sous la pointe du menton de votre bébé et soulevez-la.*

NE PAS *appuyer sur les zones molles du cou, car vous risqueriez ainsi de bloquer les voies respiratoires..*

OU

POUR UN ENFANT DE PLUS D'UN AN
Placez un doigt de votre autre main sous la pointe de son menton et soulevez-la.

NE PAS *appuyer sur les zones molles du cou, car vous risqueriez ainsi de bloquer ses voies respiratoires.*

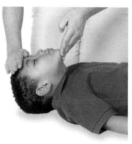

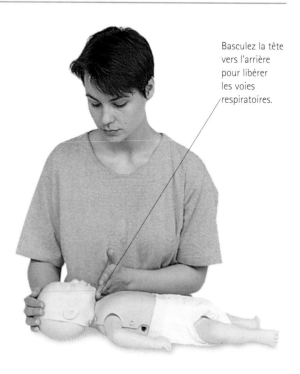

Basculez la tête vers l'arrière pour libérer les voies respiratoires.

Contrôle de la respiration pendant 10 secondes

1 *Observez, écoutez et sentez les mouvements respiratoires. Observez sa poitrine, écoutez les sons d'une respiration normale et sentez les mouvements respiratoires contre votre joue.*

2 *Envoyez une aide extérieure appeler les services de secours.*

3 *S'il respire, basculez sa tête vers l'arrière ou placez-le en position latérale de sécurité (voir ci-après) en attendant les secours.*

4 *S'il ne respire pas, procédez à la ventilation artificielle (voir ci-après).*

Ventilation artificielle

Elle doit être pratiquée sur un bébé inconscient qui ne respire pas. Réalisez toujours cinq insufflations avant de commencer les compressions thoraciques.

Soufflez dans la bouche et le nez jusqu'à ce que sa poitrine se soulève.

1 *Veillez à ce que votre bébé ou votre enfant se trouve sur une surface ferme et libérez ses voies respiratoires (voir ci-contre).*

2 *Retirez tout corps étranger visible de la bouche ou du nez.* **NE PAS** *explorer la bouche au moyen de vos doigts.*

3 *Prenez une inspiration et appliquez de façon hermétique vos lèvres autour de la bouche et du nez du nourrisson. Expirez douce-ment l'air dans ses poumons jusqu'à voir la poitrine se soulever. Retirez votre bouche et observez la poitrine retomber*

OU POUR UN ENFANT DE PLUS D'UN AN

Pincez les narines. Prenez une inspiration et appliquez vos lèvres autour de sa bouche. Soufflez de façon progressive jusqu'à ce que sa poitrine commence à se soulever. Retirez votre bouche et observez sa poitrine retomber.

4 *Réalisez cinq insufflations de suite. Si vous ne parvenez pas à effectuer une ventilation artificielle, vérifiez de nouveau la libération des voies respiratoires et veillez à bien appliquer vos lèvres autour de sa bouche de façon hermétique.*

OU

POUR UN ENFANT DE PLUS D'UN AN

Réalisez cinq insufflations tout en pinçant les narines. Si la poitrine de votre enfant ne se soulève pas, vérifiez de nouveau dans sa bouche et ajustez la position de votre tête.

5 *Après cinq tentatives de ventilation artificielle, passez aux compressions thoraciques (voir page suivante). Si la respira-tion reprend, placez votre bébé ou votre enfant en position latérale de sécurité (voir encadré ci-après).*

Position latérale de sécurité (PLS)

Maintenez le bébé avec la tête plus basse que le corps et tournez-le sur le côté. Les voies respiratoires restent ouvertes et les liquides présents dans la bouche s'écoulent à l'extérieur.

POUR UN BÉBÉ

POUR UN ENFANT

Compressions thoraciques et ventilation artificielle

L'association des compressions thoraciques et des insufflations est essentielle pour la victime. Si vous êtes seule, pratiquez la réanimation cardio-respiratoire pendant une minute avant d'appeler les secours.

1 *Placez votre bébé ou votre enfant sur une surface ferme. Positionnez l'extrémité de deux doigts au centre de sa poitrine.*

OU

POUR UN ENFANT DE PLUS D'UN AN

Placez le talon de votre main au centre de la poitrine de l'enfant. Penchez-vous de sorte que votre épaule se situe au-dessus de votre main.

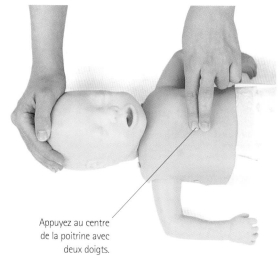

Appuyez au centre de la poitrine avec deux doigts.

2 *Réalisez un appui vertical de trois centimètres environ. Relâchez la pression sans décoller la main ou vos doigts du thorax. Laissez la poitrine remonter totalement. Pratiquez trente compressions thoraciques à une fréquence de cent par minute.*

3 *Réalisez deux insufflations comme indiqué sur la page précédente.*

4 *Poursuivez le cycle de trente compressions thoraciques pour deux insufflations.*

5 *Appelez une ambulance si cela n'a pas déjà été fait. Continuez le cycle tel qu'il a été indiqué précédemment jusqu'à l'arrivée des secours ou jusqu'à ce que votre bébé ou votre enfant recommence à respirer.*

6 *Si la respiration reprend, placez le bébé ou l'enfant en position latérale de sécurité (voir page 287) et appelez une ambulance si cela n'a pas déjà été fait. Surveillez l'enfant jusqu'à l'arrivée des secours.*

Résumé de réanimation cardio-respiratoire

Vous trouverez ci-après le résumé de la séquence de réanimation cardio-respiratoire. Il convient de l'apprendre par cœur de façon à savoir exactement ce que vous devez faire en cas d'urgence.

LIBÉRER LES VOIES RESPIRATOIRES
▼
CONTRÔLER LA RESPIRATION
▼
NO PAS DE RESPIRATION
▼
ENVOYER UNE AIDE APPELER LES SECOURS
▼
PRATIQUER CINQ INSUFFLATIONS INITIALES
▼

COMMENCER LES COMPRESSIONS THORACIQUES
ASSOCIÉES À LA VENTILATION ARTIFICIELLE
▼
RÉPÉTER PENDANT UNE MINUTE
▼
SI CE N'EST DÉJÀ FAIT, APPELER LES SECOURS
▼
POURSUIVRE LA RÉANIMATION CARDIO-RESPIRATOIRE JUSQU'À L'ARRIVÉE DES SECOURS

Étouffement

Les enfants peuvent facilement s'étouffer avec des aliments ou des petits objets qui restent collés à l'arrière de la gorge et bloquent la trachée. Votre priorité est d'éliminer rapidement la cause de l'obstruction et de dégager les voies respiratoires. Les instructions pour un enfant de plus d'un an sont fournies à la page suivante.

Pour un bébé (moins de douze mois)

Si l'étouffement est léger, un bébé peut tousser. Si le blocage est sévère, le bébé est incapable de pleurer, tousser ou respirer.

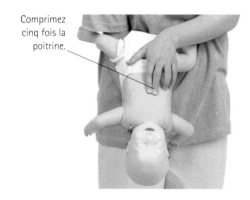

Comprimez cinq fois la poitrine.

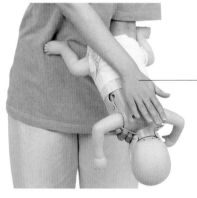

Donnez-lui cinq claques dans le dos avec le plat de la main ouverte.

1 *Si votre bébé est incapable de tousser ou de respirer, allongez-le tête penchée en avant à califourchon sur l'avant-bras. Soutenez sa tête et ses épaules avec une main et donnez cinq claques sèches avec le plat de l'autre main dans la partie supérieure de son dos.*

Regardez dans sa bouche et retirez l'objet visible.

2 *Retournez-le sur le dos. Examinez sa bouche et retirez au moyen de votre index et de votre pouce tout objet susceptible de provoquer une obstruction.*

3 *Si les tapes dans le dos échouent, comprimez sa poitrine. Placez deux doigts sur la moitié inférieure du sternum et effectuez cinq poussées vers le bas, à un rythme d'une toutes les trois secondes. Puis contrôlez la bouche du bébé.*

4 *Si l'obstruction persiste, répétez trois fois les étapes 1 à 3. Appelez les secours.*

5 *Poursuivez jusqu'à l'arrivée des secours, jusqu'à ce que l'obstruction disparaisse ou jusqu'à ce que le bébé perde conscience.*

6 *Si le bébé perd conscience (voir page 286) et si la ventilation artificielle est inefficace, pratiquez trente compressions thoraciques pour essayer de désobstruer les voies respiratoires, puis réalisez de nouveau deux insufflations.*

IMPORTANT

▷ NE PAS secouer le bébé.

▷ NE PAS rechercher à l'aveugle l'objet causant l'obstruction dans la bouche de l'enfant.

▷ Tout bébé ayant subi une compression de la poitrine doit être examiné par un médecin.

Pour un enfant de plus d'un an

Si le blocage est léger, votre enfant est capable de parler, de tousser et de respirer. S'il est sévère, il ne peut plus parler, tousser ou respirer.

1 *Si votre enfant peut tousser, encouragez-le afin qu'il expulse l'objet lui-même.*

2 *Si votre enfant ne peut pas parler, tousser ou respirer, aidez-le à se pencher en avant. Donnez-lui cinq claques vigoureuses dans le dos entre les deux omoplates avec le plat de la main. Contrôlez sa bouche. Retirez tout objet visible.*

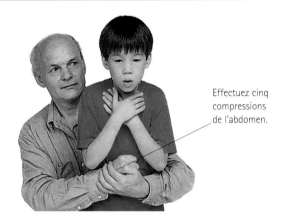

Effectuez cinq compressions de l'abdomen.

3 *Si les claques dans le dos échouent, pratiquez une compression de l'abdomen. Placez un poing au creux de son estomac, juste en dessous de sa cage thoracique. Recouvrez votre poing de votre autre main. Donnez cinq poussées vers l'arrière et vers le haut, sans appuyer sur les côtes de la victime. Contrôlez la bouche de l'enfant.*

4 *Si la compression de l'abdomen est inefficace, répétez trois fois les étapes 2 et 3. En cas de nouvel échec, appelez les secours.*

5 *Poursuivez en attendant lles secours, jusqu'à ce que l'obstruction disparaisse ou que l'enfant perde connaissance. Dans ce dernier cas, reportez-vous à l'étape 6 de la page précédente.*

> ### IMPORTANT
> ▷ NE PAS rechercher à l'aveugle l'objet causant l'obstruction dans la bouche de l'enfant.
> ▷ Tout enfant ayant subi une compression de la poitrine doit être examiné par un médecin.

Brûlures

Vous devez consulter un médecin pour toute brûlure sur un enfant. Un enfant présentant une brûlure étendue doit être emmené à l'hôpital. Il est très important de refroidir la brûlure aussi rapidement que possible pour minimiser les dégâts.

1 *Refroidissez immédiatement avec de l'eau fraîche durant au moins dix minutes. Laissez couler de l'eau sur une brûlure étendue, mais n'immergez pas l'enfant dans l'eau froide, ce qui serait susceptible d'engendrer une hypothermie.*

2 *Une fois la brûlure refroidie, retirez tous les vêtements de la zone affectée, à l'exception de ceux qui adhèrent à la peau. Découpez ces derniers autour de la zone de brûlure. Si la douleur persiste, refroidissez de nouveau.*

Couvrez les brûlures avec une poche en plastique propre.

3 *Couvrez la brûlure avec un pansement stérile ou un tissu propre non duveteux. Utilisez une taie d'oreiller pour les brûlures étendues, ou placez une poche en plastique propre sur une main ou un pied. Garder l'enfant au chaud. Emmenez-le à l'hôpital. Ne mettez jamais de produit gras ou de pommade sur une brûlure. Ne donnez rien à boire ni à manger à votre enfant. Restez attentive à d'éventuels signes de choc (voir sur la droite).*

Hémorragie grave

Les hémorragies importantes sont graves et angoissantes. Elles doivent être traitées comme des urgences. Si une quantité de sang trop importante est perdue, votre enfant risque de se trouver en état de choc avec une perte de conscience.

1 *Comprimez directement la plaie au moyen de vos doigts ou de la paume de votre main. Pour ce faire, placez un tampon de tissu propre sur la blessure et appuyez fermement pour arrêter le saignement.*

2 *Soulevez la zone blessée au-dessus du niveau du cœur. Couvrez-la avec un pansement propre non duveteux et laissez-la en l'air.*

3 *Maintenez le pansement avec un bandage fermement enroulé, mais pas assez serré pour couper la circulation.*

4 *Allongez votre enfant en maintenant toujours la zone blessée en hauteur et emmenez-le à l'hôpital dès que possible, car il a peut-être besoin de points de suture.*

Soulevez la zone blessée.

Choc

La cause de choc la plus probable est une hémorragie ou des brûlures graves. Les signes avant-coureurs sont une pâleur, des frissons, des sueurs, une peau qui se teinte de gris, un pouls rapide qui s'affaiblit, une respiration rapide et superficielle. L'enfant peut s'agiter, commencer à bâiller et à soupirer, ressentir une soif importante, puis perdre conscience.

1 Étendez votre enfant sur une couverture ou un tapis et soulevez ses jambes au-dessus de son cœur en les plaçant sur des coussins par exemple. Appelez les secours.

2 Desserrez tout vêtement au niveau du cou, de la poitrine et de la taille.

3 Couvrez-le avec une couverture, mais NE LUI DONNEZ PAS d'eau chaude et ne l'exposez à aucune source directe de chaleur.

4 Surveillez son pouls, sa respiration. Parlez-lui. S'il perd

conscience, placez-le en position latérale de sécurité (voir page 287) et attendez les secours.

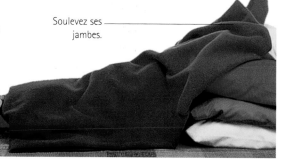

Soulevez ses jambes.

Blessures des jambes, des bras et des mains

Il peut être difficile de distinguer une fracture d'une entorse ou d'une foulure. Traitez toujours une blessure de ce type comme s'il s'agissait d'une fracture nécessitant une prise en charge médicale rapide.

Blessure des jambes

1 *Immobilisez l'enfant autant que possible en attendant les secours. Il aura besoin d'une civière. Ne décidez donc pas de l'emmener à l'hôpital vous-même. Votre enfant risque de se trouver en état de choc (voir page 291), notamment si le fémur est fracturé.*

2 *Asseyez ou étendez l'enfant et encouragez-le à rester immobile. Maintenez les articulations de part et d'autre de la blessure pour empêcher tout mouvement et faites appeler les secours.*

Maintenez les articulations au-dessus et en dessous de la blessure.

Blessure des bras ou des mains

Une chute sur une main tendue risque d'endommager la clavicule et l'épaule, alors qu'un coup direct sur le bras peut entraîner une fracture en bois vert, où l'os est déformé et fracturé sur son bord externe.

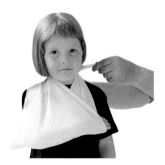

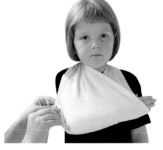

1 Maintenez le bras blessé de votre enfant en travers de sa poitrine. Glissez un bandage triangulaire entre son bras et sa poitrine afin que le côté le plus large du bandage se trouve parallèle à son bras blessé.

2 Ramenez la moitié inférieure du bandage sur le bras blessé et enroulez la pointe autour du cou de l'enfant. Nouez les extrémités ensemble derrière son cou ou au niveau du creux de sa clavicule.

3 Rentrez les deux extrémités sous le nœud, puis repliez le bandage sur le coude et maintenez-le en place au moyen d'une épingle de sûreté. Une fois l'écharpe en place, emmenez votre enfant à l'hôpital.

Gestes de premiers secours de base

Ce tableau vous indique les gestes de base, grâce auxquels vous pourrez réagir efficacement dans un grand nombre de situations d'urgence. Si vous avez des doutes concernant la marche à suivre, demandez un avis médical.

BLESSURE	QUOI FAIRE	AIDE MÉDICALE ?
Objet dans le nez	N'essayez pas de retirer un petit objet, même s'il est visible. Demandez à votre enfant s'il a mis quelque chose dans son nez.	Rassurez-le et emmenez-le à l'hôpital.
Objet dans les yeux	Asseyez votre enfant sur vos genoux, écartez-lui les paupières et demandez-lui de regarder vers la gauche et la droite, puis vers le haut et le bas. Si vous pouvez voir la source de gêne, basculez-lui la tête vers l'arrière et versez de l'eau dans le coin interne de son œil ou retirez-le au moyen du coin d'un mouchoir ou d'un tampon humide. Si l'objet est situé sous la paupière supérieure, soulevez-la afin de recouvrir la paupière inférieure.	Si vous suspectez une atteinte de l'œil, emmenez votre enfant à l'hôpital.
Objet dans une oreille	Rassurez votre enfant. Ne tentez pas de retirer l'objet.	Emmenez l'enfant à l'hôpital.
Objet avalé	Rassurez votre enfant et tâchez d'identifier ce qu'il a avalé. La plupart des objets traversent le système digestif sans dommage. Si l'objet est petit et sans aspérité, tel qu'une pièce de monnaie, il y a peu de risque. Les petites piles sont dangereuses, car elles contiennent des substances chimiques corrosives.	Demandez un avis médical. Si votre enfant a avalé une pile, un objet tranchant ou de grande taille, emmenez-le à l'hôpital.
Piqûre d'insecte	Si le dard est présent, extirpez-le en grattant la peau. N'utilisez pas de pince à épiler, car vous injecteriez ainsi le poison dans la peau. Refroidissez la zone en appliquant une compresse d'eau fraîche pendant dix minutes.	Si vous avez des antécédents familiaux, emmenez votre enfant à l'hôpital.
Empoisonnement	Si votre enfant est conscient, recherchez ce qu'il a bu. Ne le faites pas vomir, car vous provoqueriez alors encore plus de dommages. S'il s'endort, réveillez-le. S'il perd conscience, suivez les instructions de la page 286.	Appelez les secours en indiquant ce que votre enfant a avalé..
Ingestion de substances chimiques	Identifiez ce qu'il a avalé, essuyez les résidus autour de sa bouche. Ne faites pas vomir : vous provoqueriez ainsi encore plus de dommages. S'il s'endort, réveillez-le. S'il perd conscience, suivez les instructions de la page 286.	Appelez les secours en indiquant ce que votre enfant a avalé.
Perte d'une dent	En cas de saignement, rincez la bouche avec de l'eau et placez un tampon de tissu ou de gaze sur la cavité. Demandez à votre enfant de mordre pour arrêter le saignement. N'essayez pas de remettre la dent en place. Elle sera remplacée par une dent définitive.	Voyez un dentiste si votre enfant a perdu plus d'une dent ou si une dent ébréchée présente un bord tranchant.

Problèmes de développement

La plupart des parents s'inquiètent du développement de leur enfant à un certain stade – et surtout dans le cas d'un premier bébé, car ils ne savent pas à quoi s'attendre. Mais sachez que le développement « normal » varie considérablement d'un enfant à l'autre.

Alors que les bébés se développent à un rythme différent, la plupart des étapes se succèdent dans un ordre prévisible, même s'il existe quelques exceptions. Par exemple, les bébés qui se déplacent sur les fesses au lieu de ramper apprennent souvent à marcher tard, ce qui explique qu'ils parlent souvent avant d'avoir acquis la marche. D'autres peuvent marcher à neuf mois, mais ne pas commencer à parler avant l'âge de deux ans. Si votre bébé est impatient de marcher, il est possible qu'il ne passe pas autant de temps à l'acquisition du langage que l'enfant du voisin, car il se concentre uniquement sur le moyen de traverser la pièce. De la même façon, si votre tout-petit est fasciné par les livres et les petits jouets, il est possible qu'il se trouve très bien assis sur le sol à jouer et qu'il remette la marche à plus tard.

Un certain nombre de facteurs affectent la rapidité de développement de l'enfant,

« Nous étions inquiets car notre fille tardait à parler. Puis, à l'âge de deux ans, elle a fini son dîner et dit "tout fini !" Depuis, c'est un vrai moulin à paroles. »

dont son sexe et sa position dans la famille. Il est naturel de comparer votre bébé aux autres, mais il est plus utile de prendre connaissance de la période générale de développement d'une faculté – voir le tableau à la page suivante. N'hésitez pas à demander un avis médical si vous avez des inquiétudes, afin de diagnostiquer une cause spécifique. Parlez-en à votre pédiatre ou à votre médecin généraliste, qui vous rassurera ou effectuera toutes les investigations nécessaires. S'il s'avère que votre enfant a un problème de développement ou un handicap, essayez de rester positive et, par-dessus tout, sachez apprécier l'étape en cours, quelle qu'elle soit.

Étapes de développement

Ces étapes peuvent varier considérablement d'un enfant à l'autre, et ce tableau ne représente qu'un guide approximatif de l'âge auquel la plupart des facultés sont censées se développer. Si votre enfant ne présente pas de gros retard, il n'y a aucune inquiétude à avoir. Demandez toujours l'avis de votre médecin généraliste ou de votre pédiatre si vous avez une inquiétude au sujet d'un aspect du développement de votre bébé.

LÉGENDE
1re année → 1re année
2e année

MOIS   1   2   3   4   5   6   7   8   9   1

MOBILITÉ

COMMENCE À PORTER SON POIDS SUR SES JAMBES

SE DÉPLACE AUTOUR DES MEUBLES

COMMENCE À CONTRÔLER SA TÊTE

S'ASSIED SANS SOUTIEN

COMMENCE À RAMPER

ROULE DU DOS SUR LE CÔTÉ

SE PLACE EN POSITION DEBOUT

ROULE À PLAT VENTRE

DEXTÉRITÉ

LÂCHE DÉLIB
LES OBJETS

DÉCOUVRE SES MAINS

JOUE AVEC SES PIEDS

PINCE LES OBJETS ENTRE
ET L'INDEX POUR LES S

FAIT PASSER DES OBJETS D'UNE MAIN DANS L'AUTRE

COMMENCE À SAISIR DES OBJETS

MONTRE DU D
APPLAUDIT ET
SIGNE DE LA

MANIPULE DES OBJETS

ÉCOUTE/LANGAGE

SE TOURNE VERS UN SON PRÉCIS DANS UNE PIÈCE

SURSAUTE AUX BRUITS FORTS

BABILLE

COMMENCE À ASSOCIER LES SONS

PRODUIT DES SONS DE ROUCOULEMENT

PRODUIT DES SONS LONGS ET BREFS

RECONNA
SON NO

FACULTÉS SOCIALES

COMMENCE À IMITER DES ACTIONS ET DES SONS

APPRÉCIE LES JEUX DE CACHE-CACHE

COMMENCE À SOURIRE

GAZOUILLE ET RIT

GIGOTE D'EXCITATION

QUAND S'INQUIÉTER

▷ Ne vous suit pas des yeux à 6 semaines

▷ N'a pas commencé à sourire à huit semaines

▷ Ne se tourne pas vers des bruits à 7 mois

▷ Ne s'assied pas à l'âge de huit mois

▷ Ne marche pas à l'âge de dix-huit mois.

▷ Ne parle pas à l'âge de deux ans.

| 1 | 12 | 13 | 14 | 15 | 16 | 17 | 18 | 19 | 20 | 21 | 22 | 23 | 24 |

MONTE LES MARCHES

APPREND À DONNER UN COUP DE PIED DANS UN BALLON

MARCHE SEUL

COMMENCE À UTILISER LE POT

PEUT DESCENDRE LES MARCHES

COMMENCE À UTILISER UNE FOURCHETTE

MANGE SEUL AVEC DES ALIMENTS À TENIR AVEC LES DOIGTS

CONSTRUIT UNE TOUR DE BRIQUES

UTILISE UNE CUILLER POUR SE NOURRIR

ESSAIE DE SE DÉSHABILLER PUIS DE SE RHABILLER

PEUT GRIBOUILLER AVEC UN CRAYON

DESSINE UNE LIGNE DROITE

MIERS SONS NT UN SENS

DEMANDE « POURQUOI ? »

PEUT ASSOCIER AU MOINS DEUX MOTS

PRONONCE QUELQUES MOTS

MONTRE DES IMAGES À LA DEMANDE

SE MONTRE POSSESSIF ENVERS SES JOUETS

JOUE À CÔTÉ DES AUTRES ENFANTS

DES INSTRUCTIONS SIMPLES

IMITE L'UNIVERS DES ADULTES DANS SES JEUX

ST TIMIDE AVEC LES ÉTRANGERS

Détection des problèmes

Vous connaissez mieux votre enfant que quiconque et, si vous avez une inquiétude à son sujet, vous devez vous attendre à être prise au sérieux. Si votre tout-petit ne communique pas avec vous, ou s'il ne se comporte pas comme vous vous y attendez, votre premier recours sera certainement votre médecin généraliste.

Il peut être difficile de diagnostiquer formellement certains problèmes chez un bébé ou un jeune enfant, mais un programme destiné à améliorer son développement ne lui fera pas de mal – qu'il ait véritablement un problème ou non.

Vision et audition

Les problèmes de vision sont généralement détectés précocement. Si votre bébé ne fixe pas son regard sur un visage ou un objet et ne le suit pas des yeux, il sera probablement adressé à un ophtalmologiste. Les problèmes d'audition sont beaucoup plus diffi-

ciles à détecter. C'est pourquoi le test d'audition du nouveau-né (voir page 27) est si important. Votre enfant sera adressé à un ORL en cas de problème. Le premier signe de surdité peut être un retard de langage. Si votre enfant ne prononce aucun mot à l'âge de deux ans, il doit passer un test d'audition.

Même si aucun problème n'est détecté lors du test d'audition du nouveau-né, des maladies telles que l'otite moyenne séreuse (voir page 267) peuvent porter atteinte à son audition.

Facultés motrices

Ce domaine de développement se divise en deux : facultés motrices grossières, telles que s'asseoir et marcher, et facultés motrices fines, telles que ramasser de petits objets. Le retard devient plus évident lorsque l'enfant grandit. De nombreux bébés ayant acquis la marche sur le tard parviennent à rattraper le temps perdu. Mais en présence d'un retard impor-

Strabisme

Les yeux des nouveau-nés sont quelquefois mal coordonnés et il est normal qu'un œil ou que les deux yeux « dévient », ce qui le fait loucher. Si vous constatez que les yeux de votre bébé ou de votre jeune enfant s'orientent dans des directions différentes après l'âge de trois mois, parlez-en à votre médecin, car il peut être atteint de strabisme. Il est alors important de faire contrôler sa vue pour éviter la diplopie (le bébé voit

double). Si votre enfant souffre de strabisme, son cerveau apprend à reconnaître l'image provenant de son œil dominant alors qu'il ignore celle provenant de son œil faible. Ce défaut risque de mener à une perte de vision de l'œil faible, ou amblyopie.

Le traitement implique un examen approfondi des yeux de votre enfant, puis le choix de l'une des options suivantes, selon la raison du strabisme :

▷ Couvrir le bon œil un certain temps chaque jour pour encourager l'œil faible à travailler.

▷ Prescrire des lunettes si l'œil qui dévie est plus faible visuellement. Il est possible que les lunettes soient associées à un bandeau.

▷ Dilater la pupille du bon œil avec des gouttes, ce qui produit le même effet que l'utilisation d'un bandeau.

▷ La chirurgie est quelquefois nécessaire.

tant – un enfant qui ne s'assoit pas à neuf mois ou qui ne marche pas à dix-huit mois –, le médecin généraliste adresse généralement l'enfant à un pédiatre qui effectue alors des tests plus poussés.

Facultés sociales et de communication

Dans ce domaine, le retard est généralement plus subtil, mais vous vous inquiéterez peut-être si votre bébé ne semble pas aussi communicatif ou autant à l'aise en société que les autres. Il est possible, par exemple, qu'il ne sourie pas facilement, qu'il ne recherche pas le contact visuel ou qu'il n'apprenne pas à jouer de la même façon que les autres bébés. Ces particularités peuvent être un signe avant-coureur de problèmes de communication et sociaux qui s'amélioreront avec l'âge, ou, au contraire, s'amplifieront. Les difficultés de communication peuvent être dues à un handicap, tel qu'un trouble du spectre autistique (TSA) (voir page 300), à une audition défaillante ou à un déficit de stimulation (voir ci-après).

Causes possibles

Les enfants nés prématurément, ceux ayant souffert de longues maladies ou ayant des besoins particuliers peuvent rencontrer des problèmes de développement. Une cause importante et corrigible de retard de développement est le manque de stimulation. Les enfants issus des orphelinats d'Europe de l'Est en sont un exemple. Leur développement avait

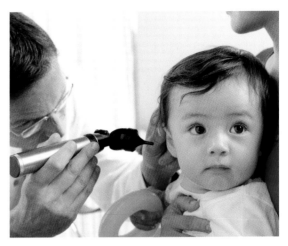

TEST D'AUDITION *Des problèmes d'audition peuvent être détectés dans le cas d'un retard de langage. Votre médecin généraliste vous adressera à un spécialiste qui pratiquera des tests plus approfondis.*

été affecté par le manque de soins et d'attention au cours de leurs premières années. Les enfants sous-stimulés et adoptés après l'âge d'un an risquent de ne jamais atteindre leur plein potentiel. Malheureusement, je vois également des cas de retard de développement à mon hôpital, chez des enfants négligés.

Les bébés dont les mères souffrent de dépression postnatale sévère (voir page 101) peuvent présenter le même retard si aucun autre adulte n'est présent à leurs côtés pour communiquer avec eux. C'est pourquoi il est tellement important d'en parler à votre médecin. La dépression postnatale est une maladie qu'il est possible de soigner et votre médecin vous prescrira un traitement adapté à vos besoins.

« J'utilise les forums de discussion sur Internet lorsque je traverse des périodes difficiles avec mon bébé handicapé. C'est une source de conseils de parents dans la même situation que moi. »

Que se passe-t-il ensuite ?

Si votre bébé a un problème, vous serez dirigée vers un pédiatre spécialisé dans le développement de l'enfant, qui effectuera une évaluation plus approfondie. Il vous faudra peut-être également consulter un spécialiste – tel qu'un ORL, s'il y a une inquiétude au sujet de l'audition de l'enfant.

Dans certains cas, le bébé doit passer des examens, par exemple des radiographies, des tests sanguins et des échographies, pour poser un diagnostic et déterminer la cause du trouble. Cependant, dans des situations telles qu'une paralysie cérébrale, aucune cause ne sera trouvée malgré les nombreux examens. Votre pédiatre s'arrangera pour vous faire rencontrer des professionnels, comme des physiothérapeutes, des orthophonistes et des ergothérapeutes, qui aideront votre enfant et donneront un avis sur le traitement. Votre pédiatre sera également en mesure de vous conseiller au sujet de l'éducation future de l'enfant et parler avec vous des associations et des groupes de discussion, des programmes préscolaires et du soutien spécifique qui l'aideront à atteindre tout son potentiel.

Les familles au sein desquelles un enfant connaît des problèmes de développement représenteront une source d'informations et un soutien précieux. Si vous n'êtes pas en mesure de sortir pour rencontrer d'autres parents, l'Internet et est une ressource merveilleuse.

Troubles du spectre autistique (TSA)

L'autisme est un problème de développement qui englobe un éventail très large de troubles et il existe de grosses variations dans le degré de la maladie – d'où le terme de « spectre » autistique. Un TSA peut être suspecté si l'enfant rencontre une triade de difficultés : interaction sociale, communication et imagination. Les enfants autistes sont très réticents au changement, trouvent les rituels et la routine apaisants et peuvent développer des peurs inexpliquées. Les experts se montrent réticents pour diagnostiquer un enfant âgé de moins de deux ans, car les signes indiqués ci-dessus sont observables chez pratiquement tout bébé « normal ».

Si vous avez néanmoins des inquiétudes au sujet du développement social, émotionnel et comportemental de votre enfant – même s'il ne s'agit que d'un instinct et que vous ne puissiez pas véritablement mettre le doigt sur ce qui ne va pas –, demandez de l'aide. Les garçons souffrent plus de TSA que les filles. Selon les experts, ce phénomène est dû à des facteurs physiques affectant le développement du cerveau, et dont la cause peut être génétique.

L'univers peut être déconcertant et effrayant pour un enfant autiste, car il n'a pas les facultés sociales et le penchant pour la communication d'un autre enfant du même âge. Il peut être hypersensible aux sons, aux odeurs, aux goûts, aux textures et au toucher, ce qui rend la vie d'une famille ordinaire extrêmement difficile. Les colères et le repli sur soi sont courants chez les jeunes enfants autistes, car ils ont tout simplement du mal à gérer la vie.

Si vous suspectez un trouble du spectre autistique, sachez que de nombreux programmes d'aide et d'information sont disponibles, vous prodiguant, par exemple, des conseils en matière d'alimentation et d'éducation.

Bien qu'il n'y ait pas de guérison possible pour l'autisme, certains programmes s'avèrent très efficaces pour de jeunes enfants. Un enseignement dispensé plusieurs heures par jour à la maison par des bénévoles et des parents, et visant à apprendre à un jeune enfant à jouer et à communiquer, fonctionne particulièrement bien. D'autres programmes ont pour but d'aider les parents à comprendre leur enfant autiste d'âge préscolaire et à communiquer avec lui. Ils offrent généralement un suivi et un soutien permanents. Appelez la Fédération québécoise de l'autisme pour plus d'informations (voir page 312).

« Mon bébé n'établissait pas de contact visuel et, en grandissant, il semblait différent, mais je ne comprenais pas pourquoi. Quand le syndrome d'Asperger a été diagnostiqué, nous avons été soulagés car nous pouvions ainsi trouver des moyens de l'aider. »

Troubles de déficit de l'attention (TDA/H)

La plupart des enfants sont impulsifs, ont des possibilités de concentration brèves et une tendance à l'agitation. Si, cependant, ces caractéristiques semblent plus prononcées chez votre tout-petit que chez les autres enfants du même âge, parlez-en à votre médecin ou à votre pédiatre. Bien que ces troubles soient extrêmement difficiles à diagnostiquer à cet âge, il est possible que votre enfant soit adressé à un pédopsychiatre.

Les TDA sont également connus sous le terme d'hyperactivité, bien que ce problème ne soit pas toujours associé à un trouble de déficit de l'attention chez les enfants plus âgés et les adultes. Comme pour les TSA, il existe de grandes variations dans le degré du trouble, et les enfants qui en sont atteints risquent de souffrir d'une mauvaise estime d'eux-mêmes, en raison des réponses négatives qu'ils obtiennent des personnes de leur entourage face à leur comportement. Il existe de nombreuses stratégies pour vous faciliter la vie, et le soutien d'un spécialiste compréhensif à l'école et à la maison peut aider l'enfant atteint de TDA à atteindre tout son potentiel.

Les TDA et l'hyperactivité affectent plus les garçons que les filles, semblent plus présents dans certaines familles et sont provoqués par des facteurs physiques affectant le cerveau. Il est essentiel de garder en mémoire que ni vous, ni votre enfant n'êtes responsables du comportement très difficile qui caractérise souvent ces troubles. Bien que les traitements médicamenteux soient quelquefois utiles pour les enfants atteints de TDA, cette solution n'est généralement pas envisagée pour les tout-petits. Dans ce cas, le traitement vise à apprendre à gérer un comportement difficile, comprendre comment créer un environnement qui aidera votre enfant à rester calme et, dans certains cas, à modifier son régime alimentaire si ce qu'il mange semble avoir un effet défavorable sur son comportement.

Enfants spéciaux

Nous espérons tous avoir un bébé parfait et, durant la grossesse, nous effectuons des tests afin de pouvoir, si nécessaire, nous préparer à d'éventuels problèmes. Le développement d'un fœtus est complexe et je suis toujours surprise du nombre relativement faible de bébés naissant avec un handicap.

La façon dont nous acceptons la naissance d'un bébé handicapé dépend de plusieurs facteurs, tels que la gravité du trouble, le fait que sa vie soit en jeu ou non, la façon dont le handicap nous a été présenté, nos croyances religieuses ainsi que le soutien et les options de traitements possibles.

Certains parents sont accablés de douleur pour un problème relativement mineur, tel qu'un enfant né avec un doigt supplémentaire, alors que d'autres parviennent à accepter des maladies telles que le syndrome de Down (voir page 307), qui a des répercussions à long terme sur la vie de l'enfant. Il est possible que vous ayez été prévenue pendant votre grossesse d'un problème potentiel avec votre bébé, auquel cas votre programme de naissance inclura un accouchement dans un centre spécialisé. Il vous sera alors plus facile de faire face à la situation que si vous n'aviez pas été informée à l'avance et que vous ayez découvert le handicap de votre enfant à la naissance.

Si vous êtes avertie du trouble de votre enfant, recueillez autant d'informations que possible. Veillez à bien poser toutes les questions qui vous viennent à l'esprit (il peut être utile de les inscrire sur une feuille de papier), mais ne soyez pas surprise si vous ne pouvez pas retenir toutes les réponses. Il peut être utile de vous faire accompagner d'un ami qui est moins impliqué émotionnellement que vous et donc plus en mesure d'absorber ce qui est dit. Tentez également d'obtenir des informations écrites. Il existe des associations de soutien (voir page 312) qui vous mettront en contact avec d'autres familles dans la même situation et menant une existence heureuse avec leurs enfants.

SYNDROME DE DOWN *Il est beaucoup trop facile de faire des généralisations au sujet des enfants handicapés. Ceux atteints du syndrome de Down, par exemple, possèdent un QI ainsi que des facultés très variables et doivent être considérés comme des individus à part entière.*

Aimer votre bébé spécial

Si votre nouveau-né n'est pas le bébé parfait que vous espériez, le choc et la douleur peuvent être accablants dans un premier temps. La bonne nouvelle est que vous tisserez avec lui un lien tout aussi puissant qu'avec un autre enfant.

Ne vous inquiétez pas et ne vous sentez pas coupable s'il vous faut du temps pour nouer un lien avec lui. Cela est très courant, même avec un bébé exempt de problème de santé. Il n'existe pas de relation comparable à celle que vous entretiendrez avec votre enfant et vous obtiendrez beaucoup de soutien de la part des spécialistes durant les périodes difficiles.

Environ 10 % des nouveau-nés doivent faire un séjour en unité néonatale, mais les parents disposent malgré tout de moyens pour tisser des liens précoces avec leur bébé (voir pages 36-37).

Qu'est-ce qu'un trouble congénital ?

Environ 1 % des bébés naissent avec un trouble congénital, qui est une anomalie présente à la naissance. Ces troubles peuvent aller d'un problème mineur, tel que des taches sur la peau ou un doigt de pied supplémentaire, à des affections qui menacent le pronostic vital, telles qu'une maladie de cœur. Ils sont classés en plusieurs catégories :

■ **Problèmes structuraux :** anomalies telles que la fente labiopalatine, l'hypospadias et les testicules non descendus (voir pages 304-305).

■ **Problèmes de fonctionnement du corps :** maladies incluant l'hypothyroïdie, où la glande thyroïde ne produit pas assez d'hormones. Cette pathologie affecte le fonctionnement de tous les organes.

■ **Problèmes à la fois fonctionnels et structuraux :** maladies incluant l'atrésie duodénale (dans laquelle l'intestin est obstrué et ne laisse rien passer au travers du système digestif), la cardiopathie congénitale (voir page 306) et le spina-bifida (voir page 309).

■ **Problèmes chromosomiques :** maladies incluant le syndrome de Down (voir page 307) et d'Edwards.

Traitement

De nombreuses anomalies congénitales, telles que la fente labiopalatine et l'hypospadias, sont corrigées par la chirurgie et n'ont aucune incidence à long terme. La nécessité d'une opération, même mineure, peut cependant être une source d'angoisse considérable pour les parents.

Les opérations réalisées sur de jeunes bébés sont toujours effectuées par des anesthésistes et des chirurgiens spécialisés en pédiatrie. La plupart présentent peu de risque. Certains problèmes rares peuvent être traités avant la naissance, dans l'utérus.

« J'étais accablée par le bec-de-lièvre de mon nouveau-né, mais j'ai rapidement appris à l'accepter et j'avais un sentiment étrange après son opération. »

Troubles congénitaux courants

Certains troubles congénitaux sont heureusement de moins en moins fréquents grâce à l'échographie prénatale et à l'utilisation de la supplémentation en acide folique durant les premiers temps de la grossesse, afin de prévenir le spina-bifida ainsi que la fente labiopalatine. Les tests de dépistage ne sont cependant pas infaillibles et peuvent passer à côté de problèmes sérieux ou détecter des anomalies apparentes qui se révèlent insignifiantes.

Fente labiopalatine

Dans cette anomalie, les deux moitiés du visage de l'enfant ne se rejoignent pas correctement, laissant un espace soit au niveau de la lèvre supérieure, soit au niveau du palais, soit les deux. La fente labiopalatine est quelquefois diagnostiquée lors d'une échographie prénatale. Vous rencontrerez un chirurgien spécialisé dans cette malformation peu de temps après la naissance et une série d'interventions sera nécessaire pour la corriger. Ce traitement chirurgical donne des résultats remarquables. Au départ, le principal problème est l'alimentation du bébé, car il lui est impossible de sucer. Des tétines spéciales ont été spécialement conçues à cet effet.

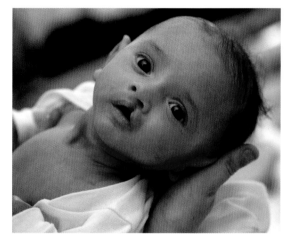

TRAITEMENT *La fente labiopalatine peut être corrigée par la chirurgie. Deux interventions sont généralement nécessaires : la première à l'âge de trois mois et la seconde à l'âge de six mois.*

Luxation congénitale de la hanche

C'est une maladie dans laquelle la hanche du bébé n'est pas correctement formée, de sorte que la tête du fémur sort facilement de la cavité cotyloïdienne. Elle affecte environ un bébé sur mille et est plus fréquente chez la fille que chez le garçon. Cette pathologie est recherchée à la naissance chez tous les bébés (voir page 27). En cas de suspicion, le diagnostic est confirmé par une échographie. Les facteurs prédisposants sont des antécédents familiaux, un accouchement par le siège et des pieds bots (voir page 305). Une attelle est nécessaire pour maintenir la hanche dans la position correcte et encourager la cavité cotyloïdienne à se développer normalement. La luxation congénitale de la hanche ne pose pas de problème à long terme.

Pieds bots

Certains bébés naissent avec des pieds tournés vers l'extérieur ou l'intérieur (voir page 22). Cette anomalie porte le nom de pied bot. Ce problème peut être corrigé en massant le pied de l'enfant et en étirant ses chevilles. Un physiothérapeute vous montrera comment faire. Avec un traitement précoce, votre enfant ne devrait rencontrer aucun problème en grandissant. Il arrive cependant que les pieds bots soient plus sévères et que le pied de l'enfant soit tordu d'une façon qui ne puisse être corrigée manuellement. Dans ce cas, il est nécessaire de recourir à une intervention chirurgicale visant à rallonger ses tendons. Une fois encore, le résultat à long terme est excellent.

Hypospadias

Ce problème, qui affecte les garçons, est une malformation congénitale où l'ouverture de l'urètre (le tube qui traverse le pénis) ne se situe pas à l'extrémité du pénis. Elle peut se trouver à un endroit quelconque en dessous du pénis (il est quelquefois difficile de déterminer son emplacement exact sans voir l'urine en sortir). L'hypospadias est assez fréquent, affectant un garçon sur trois cents. Elle est traitée par la chirurgie, qui vise à amener l'ouverture de l'urètre à l'extrémité du pénis. L'intervention est normalement pratiquée avant l'âge de deux ans. Le prépuce est le tissu parfait pour cette tâche. Il est donc vital que les bébés souffrant d'hypospadias ne soient pas circoncis avant cette opération.

Si l'hypospadias est sévère, plusieurs interventions chirurgicales peuvent être nécessaires, mais le résultat est généralement excellent. Ce problème est quelquefois associé à des anomalies des reins. C'est pourquoi on effectue habituellement une radio de contrôle des reins chez les bébés atteints d'hypospadias.

Testicules non descendus

Les testicules d'un fœtus se forment dans son abdomen et doivent être descendus dans le scrotum à la naissance. Il n'en est cependant pas toujours ainsi. Ce problème est habituellement détecté lors de l'examen du nouveau-né, et contrôlé de nouveau au cours de l'examen des huit semaines (voir page 80).

Les testicules sont une partie très sensible du corps humain et remontent généralement dans le canal inguinal (juste au-dessus du scrotum) lors de l'examen. Ainsi, le fait qu'ils ne puissent être palpés ne signifie pas qu'il y ait problème – ils peuvent simplement être « timides ». S'il est possible de les sentir dans le scrotum, ne serait-ce qu'une seule fois, ils sont descendus.

Des testicules non descendus nécessitent une intervention chirurgicale qui les ramène dans le scrotum et les y fixe. Cette opération doit être pratiquée dès la première année, car des testicules qui restent dans l'abdomen risquent d'entraîner une stérilité et un risque accru de cancer. L'intervention est simple et rapide. Elle ne causera aucune douleur ou inconfort à votre bébé.

Hydrocèle

Il s'agit d'un autre problème très fréquent, qui, une fois encore, n'affecte que les garçons. Une hydrocèle est un sac rempli de liquide présent autour des testicules dans le scrotum. Ce problème est généralement indolore et disparaît avant l'âge d'un an.

Une hydrocèle ne nécessite que rarement le recours à la chirurgie et ne pose aucun problème. Elle est quelquefois confondue avec une hernie, où une partie de l'intestin vient se loger dans le scrotum. Cette pathologie est plus sérieuse, car elle risque de provoquer un manque d'oxygénation de l'intestin et des testicules, avec des conséquences graves. Elle doit donc être corrigée au moyen d'une intervention chirurgicale. C'est pourquoi vous devez consulter un médecin si votre bébé présente un gonflement du scrotum non douloureux. Si le gonflement est douloureux, ou si vous constatez l'apparition d'un nouveau gonflement qui ne disparaît pas lorsque votre enfant se trouve en position allongée, prenez un avis médical en urgence.

Cardiopathies congénitales

Ce sont des anomalies de la construction anatomique du cœur survenues pendant les premières semaines de la vie intra-utérine. Avant la naissance, le fœtus reçoit tout son oxygène *via* le placenta, mais lors de sa première inspiration, son cœur commence à recevoir du sang chargé en oxygène provenant de ses poumons. Pour ce faire, le canal artériel (entre deux vaisseaux sanguins majeurs) et le foramen ovale (ouverture entre deux cavités du cœur) doivent se fermer. Le cœur pompe alors le sang oxygéné à travers le corps. Pour un bon déroulement de ce mécanisme, le sang doit passer dans le bon sens à travers les quatre cavités du cœur, qui sont connectées entre elles par des valvules.

Les anomalies congénitales peuvent impliquer les valvules connectant les cavités, un trou entre deux ou plusieurs cavités ainsi qu'une mauvaise connexion entre les cavités et les artères ou les veines. Si votre bébé semble tout d'abord rose, puis devient bleu après quelques jours, il est possible que le canal artériel ouvert ait initialement permis une diffusion de l'oxygène dans son corps. Le problème le plus préoccupant est la cardiopathie cyanotique, dans laquelle le bébé est bleu à la naissance ou devient bleu dans les jours suivant l'accouchement à cause du manque d'oxygénation.

Diagnostic et traitement

La cardiopathie congénitale est souvent détectée lors d'une échographie prénatale. La naissance du bébé est alors préparée en conséquence. Il peut arriver qu'un bébé aille bien à la naissance, mais devienne bleu et présente des difficultés pour respirer ou pour se nourrir par la suite. Un bébé bleu (cyanosé) est une urgence. Il doit être transféré dans les plus brefs délais vers une unité spécialisée pour être opéré.

Le cas où le bébé se porte bien et où le médecin entend un souffle lors de l'examen est beaucoup plus courant. Ce problème n'est généralement pas préoccupant. Il s'agit simplement du bruit que produit le sang en passant à travers le cœur. Dans ce cas, le souffle est dit « innocent ». Votre médecin peut faire passer à votre enfant une échocardiographie ainsi que d'autres tests. Même si un petit trou est décelé dans le cœur, sachez que la plupart d'entre eux se referment spontanément. Évitez donc de vous inquiéter inutilement.

Troubles génétiques et autres

Certaines maladies ont une cause génétique connue. Il peut s'agir d'un problème avec un chromosome entraînant une pathologie telle que le syndrome de Down, ou avec un ou plusieurs gènes, comme dans la fibrose kystique. D'autres maladies, telles que la paralysie cérébrale, ont rarement une cause génétique.

Le syndrome de Down ou trisomie 21

C'est probablement l'aberration chromosomique la mieux connue. Elle affecte de la même façon les filles et les garçons et survient quand un bébé possède un chromosome surnuméraire (voir encadré ci-après). Ses symptômes sont nombreux. Un enfant atteint du syndrome de Down peut présenter :

■ **Une hypotonie musculaire à la naissance :** ce problème s'améliore par la suite, mais les acquisitions physiques de l'enfant sont retardées.

■ **Des caractéristiques faciales :** fentes palpébrales obliques et étroites avec un repli de l'angle cutané interne des paupières.

■ **Des caractéristiques physiques :** nuque assez plate avec un excès de peau (le « pli nucal » est contrôlé lors des échographies prénatales) et diverses autres caractéristiques physiques telles que des cheveux implantés bas sur le front.

■ **Un risque accru de troubles congénitaux :** troubles incluant les malformations cardiaques (présentes chez environ 50 % des bébés atteints du syndrome de Down) et l'atrésie duodénale (voir page 303).

■ **Des difficultés d'apprentissage :** l'ampleur de ce problème varie en fonction de l'enfant. Il est probable qu'il puisse fréquenter une école primaire classique, mais il aura probablement besoin d'une éducation secondaire spécialisée.

Les chromosomes de votre bébé

Dans toute cellule du corps, il existe quarante-six chromosomes. Ils sont organisés en vingt-trois paires, composées d'un chromosome de la mère et d'un chromosome du père. Les bébés atteints du syndrome de Down ont généralement un chromosome surnuméraire sur la 21ᵉ paire (trisomie 21), ce qui leur fait un total de quarante-sept chromosomes. Un petit pourcentage de bébés atteints du syndrome de Down présentent une translocation chromosomique, dans laquelle un morceau de chromosome 21 vient se fixer sur une autre paire de chromosomes. Ce type d'anomalie peut être héréditaire et n'entraîne pas nécessairement le syndrome de Down. Si votre bébé présente une translocation chromosomique, vous pouvez passer des tests pour évaluer le risque de transmettre ce même problème à votre prochain enfant.

Bien que le risque d'avoir un bébé atteint du syndrome de Down augmente avec l'âge de la mère, il faut savoir que les femmes plus âgées ont moins d'enfants trisomiques que les jeunes, car elles bénéficient d'un meilleur suivi prénatal. Si vous découvrez que votre bébé est atteint du syndrome de Down, l'aspect le plus difficile sera de surmonter le choc et la douleur de ne pas avoir le bébé que vous espériez. Vous aurez peut-être également des sujets d'inquiétude concernant une éventuelle maladie cardiaque susceptible de menacer son pronostic vital ainsi que concernant d'autres problèmes nécessitant une surveillance et un traitement réguliers. L'allaitement sera un peu plus lent à mettre en place et la croissance sera soigneusement notée sur un graphique spécifique, car ces enfants sont plus petits que la moyenne. La plupart des enfants trisomiques parviennent à mener une existence heureuse. Grâce à la chirurgie, il est désormais possible de traiter les problèmes cardiaques beaucoup plus efficacement et l'espérance de vie est plus longue. Le Regroupement pour la trisomie 21 du Québec vous apportera son soutien (voir page 312).

Paralysie cérébrale (PC)

Ce problème affecte environ un bébé sur cinq cents et englobe une multitude de désordres neurologiques. Il est comparable à un accident cérébral chez un adulte et peut entraîner une faiblesse d'un ou plusieurs membres, des difficultés d'apprentissage, une épilepsie ainsi que des problèmes de vision et d'audition.

Si une paralysie cérébrale est diagnostiquée chez votre bébé, il est possible que les médecins ne soient pas en mesure de vous en indiquer la cause. Dans de nombreux cas, la paralysie cérébrale est due à un événement apparu au cours de la grossesse ou lors de l'accouchement. L'extrême prématurité est une cause en constante progression. Certaines maladies survenant après la naissance du bébé, telles qu'une hémorragie cérébrale, une jaunisse sévère (voir page 35) ou une infection, peuvent également entraîner une paralysie cérébrale.

La paralysie cérébrale légère est assez fréquente et peut être considérablement améliorée au moyen de la physiothérapie et de l'ergothérapie. Un enfant souffrant de PC légère aura probablement une intelligence normale et sera capable de suivre un cursus scolaire classique avec une aide adaptée à ses besoins. S'il présente une paralysie cérébrale sévère, une aide plus importante sera requise, comprenant de la physiothérapie, de l'ergothérapie et de l'orthophonie. Un soutien intensif lui sera nécessaire dans le cadre scolaire.

Aider votre enfant

■ Les membres raides doivent être étendus pour éviter la formation de contractures.

■ Une stimulation régulière par le jeu et la parole sera profitable au développement de votre enfant. Il est important de le faire sortir, de stimuler tous ses sens, y compris le toucher et l'odorat et de le faire participer au plus grand nombre d'activités possible.

■ Votre enfant vous comprendra, mais s'il présente des difficultés de langage, vous devrez l'aider à communiquer.

■ Efforcez-vous d'obtenir du soutien, bien que ceci puisse être difficile en raison de la forte demande et de votre lieu de résidence. Si vos services locaux ne sont pas bien coordonnés, il peut être utile de créer un dossier avec les copies de tous les papiers concernant votre enfant. Votre médecin généraliste pourra vous aider à trouver le bon soutien.

Fibrose kystique ou mucoviscidose

C'est une maladie congénitale et familiale, caractérisée par une viscosité excessive de la sécrétion des glandes exocrines et entraînant des troubles digestifs et respiratoires chroniques. La fibrose kystique n'affecte pas l'intelligence et les aptitudes de l'enfant, mais la plupart développent à long terme du diabète, une cirrhose du foie et une stérilité pour les garçons. L'espérance de vie des malades est abrégée.

Une greffe cœur-poumon peut améliorer les conditions de vie, mais ce n'est qu'une option parmi d'autres. Cependant, les perspectives des enfants nés aujourd'hui sont meilleures que jamais, et il est probable que, dans l'avenir, la thérapie génique améliore encore le pronostic.

La fibrose kystique peut être diagnostiquée par un test de dépistage pratiqué systématiquement à la naissance depuis 2002. Les bébés atteints de fibrose kystique souffrent généralement d'une occlusion intestinale ainsi que d'infections pulmonaires récurrentes entraînant des kystes et des abcès. Il peut arriver que l'enfant ne présente que des symptômes légers qui ne sont diagnostiqués qu'après dix ans.

Aider votre enfant

■ Votre enfant a besoin de séances de physiothérapie quotidiennes pour l'aider à libérer ses poumons. De plus, il devra suivre un traitement médicamenteux visant à favoriser l'absorption de nourriture et à lui fournir des suppléments.

■ Allez chercher de l'aide auprès de l'Association québécoise de la fibrose kystique (voir page 312).

Spina-bifida

Ce terme, qui signifie épine fendue en deux, désigne une malformation d'origine congénitale de la colonne vertébrale, entraînant l'absence de soudure de la partie arrière d'une ou plusieurs vertèbres et laissant un espace plus ou moins important à travers lequel le contenu de la colonne vertébrale est susceptible de faire saillie et d'être endommagé. Le spina-bifida se développe chez le fœtus durant les premiers mois de grossesse et nous avons des preuves démontrant qu'un régime riche en acide folique permet de réduire le risque. C'est pourquoi des suppléments sont prescrits. Le problème est généralement décelé lors d'une échographie prénatale, mais dans le cas contraire, et si la maladie se révèle très sévère, les parents peuvent décider en association avec l'équipe médicale d'arrêter le traitement dans l'intérêt de l'enfant.

La gravité de l'atteinte est très variable… Elle peut aller d'une légère faille se situant dans la région lombaire basse, et ne nécessitant aucun traitement, à des problèmes sévères atteignant la vessie et les intestins, et entraînant une incapacité de marcher ainsi qu'un retard de développement. L'hydrocéphalie, où le liquide présent en excès dans la boîte crânienne de l'enfant ne circule pas correctement, est également un symptôme fréquent du spina-bifida. Un système d'évacuation est généralement inséré dans les ventricules cérébraux pour drainer le surplus liquidien. Heureusement, le pronostic pour la plupart des enfants s'améliore.

Aider votre enfant

■ Pour plus d'information, vous pouvez contacter l'Association de spina-bifida et d'hydrocéphalie du Québec (voir page 312).

Épilepsie

Si votre enfant souffre de convulsions dont la cause n'est ni une fièvre (voir page 259) ni une maladie, il se peut qu'il fasse des crises d'épilepsie. Pendant une convulsion, les membres de l'enfant se raidissent et peuvent s'agiter violemment. Il est possible qu'il devienne blanc et tombe sur le sol.

Il est très fréquent que les enfants aient une crise de convulsions isolée. Si c'est le cas du vôtre, il n'est pas atteint d'épilepsie. Si, cependant, les crises se reproduisent, il devra passer des tests et la mise en place d'un traitement devra être envisagée avec l'aide d'un spécialiste. Habituellement, une médication quotidienne est prescrite durant deux ans environ. Elle est réduite progressivement lorsque l'enfant n'a plus de convulsions.

La bonne nouvelle est que la plupart des enfants guérissent de l'épilepsie en grandissant. En outre, ce problème n'entraîne aucune difficulté d'apprentissage ultérieure.

Aider votre enfant

■ Si votre enfant a une convulsion, placez-le dans la position latérale de sécurité (voir page 287).

■ Ne mettez jamais vos doigts dans sa bouche. Il n'y a pas de risque d'étouffement avec la langue si la tête est sur le côté.

■ S'il s'agit de sa première convulsion, appelez les secours. S'il en a déjà fait antérieurement, assurez-vous de savoir ce que vous devez faire si la crise dure plus de quelques minutes et quand appeler les secours.

■ Ne laissez jamais un enfant souffrant d'épilepsie sans surveillance dans un bain, même peu profond, car il risquerait de se noyer en cas de convulsion.

■ Il est possible que vous ayez des médicaments à lui glisser le long de la gencive pour arrêter une convulsion.

■ Prenez contact avec l'Association québécoise de l'épilepsie (voir page 312).

Déficience auditive

Si votre bébé est sourd, sa déficience auditive peut être de deux types. La surdité de transmission est liée à un obstacle dans la transmission des sons jusqu'aux liquides de l'oreille interne. Ce type de surdité est généralement dû à un problème fréquent et réversible qu'est l'otite moyenne séreuse (voir page 267). De 5 à 10 % des enfants souffrent d'une surdité de ce type. Généralement transitoire, elle ne nécessite aucun traitement.

La surdité de perception affecte un à deux enfants sur mille. Dans cette pathologie, le mécanisme qui transmet le son de l'oreille interne au cerveau ne fonctionne pas correctement, ce qui entraîne une perte d'audition plus ou moins profonde. Plus le problème est détecté tôt, meilleures sont les facultés de langage et de communication.

La surdité profonde est détectée par le test de dépistage effectué après la naissance (voir page 27). La surdité peut quelquefois être héritée, isolément ou comme composante d'un syndrome. Elle peut également apparaître à la suite d'une maladie sévère, telle que la méningite (voir page 270). Si votre enfant présente un déficit auditif, vous devrez toujours rester à portée de sa vue ; en effet, il ne pourra pas se rassurer par le son de votre voix et par les sons familiers qui attestent de votre présence. Il sera privé de nombreux éléments essentiels pour comprendre son environnement, tels que les sons du dîner en cours de préparation. Si vous n'êtes pas consciente de sa surdité, il court le risque d'être tenu à l'écart d'une grande partie des activités familiales. C'est pourquoi une surdité non détectée peut affecter sévèrement le développement.

Selon le type de surdité de votre enfant, une aide auditive amplifiant les sons ou un implant cochléaire peuvent vous être proposés. L'implant est un petit dispositif électronique qui fournit un sens du son à une personne atteinte de surdité profonde. Bien qu'il ne puisse pas restaurer l'audition, il aidera votre enfant à comprendre les discours et les autres sons de son environnement.

Aider votre enfant

■ Si vous pensez que votre bébé n'entend pas, parlez-en à votre médecin généraliste ou à votre pédiatre. Si votre enfant vous entendait auparavant et semble maintenant vous ignorer, il est peut-être atteint d'une otite séreuse moyenne. Dans ce cas, consultez votre médecin. Il est fréquent pour les enfants de faire semblant d'ignorer leurs parents. Pour en avoir le cœur net, offrez-lui un biscuit au chocolat. Vous saurez ainsi immédiatement s'il vous entend ou non !

■ Une fois la surdité de votre enfant diagnostiquée, vous pouvez l'aider à maximiser ses facultés de communication. De nombreux professionnels vous apporteront leur soutien et vous conseilleront au sujet de la langue des signes.

■ Pour aider votre enfant, il vous faudra travailler en étroite collaboration avec un certain nombre de spécialistes. L'Association du Québec pour enfants avec problèmes auditifs (AQEPA) vous fournira tous les conseils et informations utiles (voir page 312).

COMMUNICATION *Si votre enfant est sourd, toute la famille devra apprendre la langue des signes et toutes les personnes qu'il rencontrera auront besoin de vos instructions sur la façon de communiquer avec lui.*

Déficience visuelle

Si votre bébé ne vous fixe pas et ne vous suit pas des yeux à six semaines, il a peut être un problème visuel. Certains nouveau-nés qui semblent ne pas bien voir souffrent d'un syndrome nommé retard de maturation visuelle. Même aux alentours de trois ou quatre mois, ils sont incapables de fixer et de suivre un objet du regard, mais présentent un développement normal dans les autres domaines. Ce problème se corrige généralement de lui-même entre six et douze mois. Les problèmes visuels sévères sont rares. Les enfants à risque sont ceux souffrant d'une paralysie cérébrale (voir page 308) et les grands prématurés. Des antécédents familiaux de cécité ou de strabisme (voir page 298) sont également des facteurs prédisposants.

Aider votre enfant

■ Efforcez-vous de tisser un lien fort en donnant à votre enfant beaucoup de câlins, en lui parlant et en lui chantant des chansons. En grandissant, parlez-lui constamment pour l'aider à comprendre ce qui se passe autour de lui et encouragez-le à utiliser le toucher pour explorer.

■ Veillez à vous ménager un accès aux nombreux experts qui peuvent vous assister et vous conseiller au sujet du traitement et des stratégies à adopter pour aider votre enfant à atteindre tout son potentiel.

■ Il existe au Québec des associations pour les sourds et aveugles qui vous fourniront de précieux conseils.

Adresses utiles

Info-santé
À toute heure du jour ou de la nuit, une infirmière répond à vos questions sur la santé.
Numéro disponible pour chaque CLSC (Centre local de services communautaires).
Pour connaître le vôtre :
(514) 948-2015

Ligne Parents
1-800-361-5085

Association des CLSC et des CHSLD du Québec
1801, rue de Maisonneuve Ouest
Montréal (Québec) H3H 1J9
Tél. : (514) 931-1448

Hôpital Sainte-Justine
Le plus grand centre hospitalier universitaire mère-enfant du Québec.
3175, Côte-Sainte-Catherine
Montréal (Québec) H3T 1C5
Tél. : (514) 345-4931
www.hsj.qc.ca

Centre québécois de ressources à la petite enfance (CQRPE)
Un organisme qui contribue au bien-être et à l'épanouissement de l'enfant.
Tél. : (514)369-0234
1-877-369-0234
www.cqrpe.qc.ca

Soins de nos enfants
Site élaboré par la Société canadienne de pédiatrie
www.soinsdenosenfants.cps.ca

Petit Monde
25 000 pages de dossiers, infos, trucs et astuces en éducation, santé, vie de famille, maternité et paternité.
www.petitmonde.com

Maman pour la vie
www.mamanpourlavie.com

Bébé infos
www.bebeinfos.com

Clinique d'évaluation neuropsychologique et des troubles d'apprentissage de Montréal
www.centam.ca
Tél. : (514) 528-9993
1-877-628-9993

Association québécoise des allergies alimentaires
www.aqaa.qc.ca

Association de spina-bifida et d'hydrocéphalie du Québec
www.spina.qc.ca
Tél. : (514) 340-9019
1-800-567-1788

Diffusion allaitement
www.allaitement.net

Ligue La Leche
www.allaitement.ca

L'asthme au quotidien
www.asthme-quebec.ca

Association québécoise de la fibrose kystique
www.aqfk.qc.ca

Association québécoise de l'épilepsie
www.cam.org/~aqe

Association du Québec pour enfants avec problèmes auditifs (AQEPA)
www.aqepa.surdite.org

Regroupement pour la trisomie 21
www.trisomie.qc.ca

Syndrome de la mort subite du nourrisson
www.phac-aspc.gc.ca

Société canadienne de pédiatrie
www.cps.ca/francais

Le développement du cerveau et les troubles d'apprentissage
www.ldac-taac.ca/indepth/identify_brain-f.asp

Fédération québécoise de l'autisme et des autres troubles envahissants du développement
www.autisme.qc.ca

Ambulance Saint-Jean
www.sja.ca

Enfant & famille Canada
www.cfc-efc.ca

Association des parents de jumeaux du Québec
www.apjtm.com

Bibliographie sélective

COLLECTIF, *Fais dodo! Résoudre les troubles du sommeil de la naissance à six ans,* Montréal, Hurtubise HMH, 2006, 160 pages.

GAGNON, Michèle et al., *Le Nouveau Guide info-parents,* Montréal, Éditions de l'hôpital Sainte-Justine, 2003, 456 p.

LAPORTE, Danielle, *Être parents, une affaire de cœur,* nouvelle édition, Montréal, Éditions de l'hôpital Sainte-Justine, 2005, 280 p.

REGAN, Lesley , *Votre grossesse au jour le jour,* Montréal, Hurtubise HMH, 2006, 448 p.

SUNDERLAND, Margot, *La Science au service des parents : comprendre et élever son enfant grâce aux récentes découvertes scientifiques,* Montréal, Hurtubise HMH, 2007, 288 pages.

Index

Remerciements

Remerciements des auteurs

Nous souhaiterions remercier notre éditeur, Esther Ripley, pour avoir pris le risque de publier des auteurs inconnus, Maya Isaaks pour enthousiasme dont elle a fait preuve depuis le début du projet et sa compétence en tant que mère et écrivain, Dawn Bates pour son rôle habile en tant qu'assistante d'édition, Emma Forge pour son travail fantastique de mise en page, Sally Watkin pour avoir lu des brouillons sans fin, nos patients et leurs parents qui nous ont tellement appris, et nos amis et collègues qui nous ont encouragés et dont les citations sont reprises tout au long du livre. Nous aimerions souligner tout particulièrement la contribution de Kate Barker et Banu Mawjee pour la section traitant du thème de l'adoption. Nous remercions également Leon Hawthorne, directeur de la chaîne de télévision The Baby Channel pour avoir encouragé Su à diffuser ses idées concernant la santé de l'enfant puis à les écrire.

Nous remercions enfin tout particulièrement nos enfants Alex, Emily et Eddie pour nous avoir fait connaître la réalité et les joies de la parentalité et pour avoir supporté notre ignorance envers eux pendant que nous écrivions et réécrivions ce livre.

Remerciements de l'éditeur

L'éditeur souhaite remercier Viv Armstrong et Andi Sisodia pour la relecture, Sue Basanko pour la compilation de l'index, Romaine Werblow, pour la documentation graphique, Debbie Maizels pour les illustrations, Lottie Sveas pour son assistance lors des prises de vue et toutes les familles ayant participé à nos prises de vue.

Crédits photographiques

L'éditeur adresse les remerciements suivants pour leur aimable autorisation à reproduire leurs photographies :
(a-au-dessus; b-bas; c-centre; l-gauche; r-droit; t-haut)

41 Alamy Images: Picture Partners. **58 Alamy Images:** Janine Wiedel Photolibrary. **60 Mother & Baby Picture Library.** **61 PunchStock:** BananaStock. **70 Alamy Images:** thislife pictures. **73 Photolibrary:** Philippe Dannic. **80 Mother & Baby Picture Library.** **89 Photolibrary:** GYSSELS. **90 PunchStock:** Corbis. **91 Mother & Baby Picture Library.** **96 Alamy Images:** Peter Griffin (br). **100 Getty Images:** Lena Granefelt. **116 Mother & Baby Picture Library.** **117 PunchStock:** digitalvision. **123 Bubbles:** (tr). **Mother & Baby Picture Library:** (br). **146 Mother & Baby Picture Library.** **147 Mother & Baby Picture Library.** **158 PunchStock:** Brand X Pictures (bl). **165 PunchStock:** BananaStock. **191 Alamy Images:** Luca DiCecco. **206 PunchStock:** BananaStock. **220 Getty Images:** Elizabeth Young. **260 PunchStock:** Brand X Pictures. **261 Mother & Baby Picture Library.** **264 Mother & Baby Picture Library.** **265 Bubbles:** Bubbles. **270 National Meningitis Trust www.meningitis-trust. org. 272 Biophoto Associates:** (bl). **Science Photo Library:** Lowell Georgia (br); Dr H. C. Robinson (bc). **273 Biophoto Associates:** (bl). Kate Cronan: (bc). Science Photo Library: Dr P. Marazzi (br). **276 PunchStock:** BananaStock. **279 Bubbles.** **281 Mother & Baby Picture Library.** **282 Science Photo Library:** Dr P. Marazzi. **283 Science Photo Library:** Dr P. Marazzi. **284 Mother & Baby Picture Library:** EMAP. **294 PunchStock:** Digital Vision. **299 Science Photo Library:** Adam Gault. **302 Science Photo Library:** Lauren Shear. **304 Alamy Images:** Shout. **311 Alamy Images: Christina Kennedy Growth Charts:** adapted from charts provided by the Child Growth Foundation, London
Jacket images: Front: **Getty Images:** Iconica/Jamie Grill bc; Taxi/Darren Robb t. Spine: **Getty Images:** Iconica/Stretch

All other images © Dorling Kindersley